国家出版基金项目
NATIONAL PUBLICATION FOUNDATION

中国共产党
理论武装一百年丛书

马克思主义大众化一百年

MAKESI ZHUYI DAZHONGHUA YIBAI NIAN

中共广东省委宣传部 编

SPM
南方出版传媒
广东人民出版社
·广州·

图书在版编目（CIP）数据

马克思主义大众化一百年 / 中共广东省委宣传部编. —广州：广东人民出版社，2021.6（2022.3 重印）
（中国共产党理论武装一百年丛书）
ISBN 978-7-218-15073-4

Ⅰ. ①马… Ⅱ. ①中… Ⅲ. ①马克思主义—大众化—研究—中国 Ⅳ. ①D61

中国版本图书馆 CIP 数据核字（2021）第 104538 号

MAKESI ZHUYI DAZHONGHUA YIBAI NIAN
马克思主义大众化一百年
中共广东省委宣传部 编

出 版 人：肖风华

出版统筹：钟永宁 卢雪华
责任编辑：黎 捷 梁 晖 李宜励
责任校对：林 俏
封面设计：河马设计
版式设计：书窗设计工作室
责任技编：吴彦斌 周星奎

出版发行：广东人民出版社
地 址：广州市海珠区新港西路 204 号 2 号楼（邮政编码：510300）
电 话：（020）85716809（总编室）
传 真：（020）85716872
网 址：http://www.gdpph.com
印 刷：广州市豪威彩色印务有限公司
开 本：787mm × 1092mm 1/16
印 张：24.5 字 数：320 千
版 次：2021 年 6 月第 1 版
印 次：2022 年 3 月第 3 次印刷
定 价：80.00 元

中国共产党理论武装一百年丛书

编 委 会

《马克思主义大众化一百年》
编撰人员

－主　编－

谢迪斌

－著　者－

谢迪斌　曾　荣

前　言

思想是行动的先导，理论是实践的指南。坚持以科学理论引领、用科学理论武装，是马克思主义政党永葆先进性纯洁性的根本保证，也是中国共产党历经百年风雨依然风华正茂的重要法宝。一百年来，我们党之所以能历经磨难而不断发展壮大，很重要的一条就是始终重视思想建党、理论强党，用党的科学理论为中国革命、建设、改革提供强大思想武器，坚持用科学理论武装广大党员、干部的头脑，使全党始终保持统一的思想、坚定的意志、强大的战斗力，在攻坚克难中从胜利走向胜利。

我们党的历史，是一部不断推进理论创新、进行理论创造的历史，是一部不断推进马克思主义中国化、时代化、大众化的历史。一百年来，我们党不断推进马克思主义中国化。自诞生之日起，我们党就把马克思主义确立为自己的指导思想，坚持把马克思主义基本原理同中国具体实际相结合，坚持解放思想和实事求是相统一、培元固本和守正创新相统一，产生了毛泽东思想、邓小平理论、“三个代表”重要思想、科学发展观，产生了习近平新时代中国特色社会主义思想，指引近代以来久经磨难的中华民族实现了从站起来、富起来到强起来的伟大飞跃。一百年来，我们党不断推进马克思主义时代化。肩负不断开辟马克思主义新境界这一神圣职责，我们党坚持用马克思主义观察时代、解读时代、引领时代，立足时代之基，回答时代之问，引领时代之变，不断探索时代发展提出的新课题、面临的新挑战，形成了既一脉相承又与时俱进的科学理论体系。一百年来，我们党不断推进马克思主义大众化。时刻牢记“人民群众是历史的创造者”，促进“理论掌握群众”向“群众掌握理论”转化，我们党始终把组织群众、宣传群众、凝聚群众、服务群众作为重要职责，注重用人民群众普遍接受的方式宣传马克思主义，使马克思主义为人民群众所理解和接受、认同和信仰、掌握和运用，让科学理论在掌握群众的过程中不断转化为群众认识世界、把握规律、追求真理、改造世界的强大力量。

党的十八大以来，以习近平同志为主要代表的中国共产党人，坚持马克思主义立场观点方法，根据时代特点和实践要求，以崭新的思想内容丰富和发展了马克思主义，创立了习近平新时代中国特色社会主义思想。这一思想，是新时代中国共产党的思想旗帜，是国家政治生活和社会生活的根本指针，是引领中国、影响世界的当代中国马克思主义、21 世纪马克思主义。站在“两个一百年”的历史交汇点上，统筹中华民族伟大复兴战略全局和世界百年未有之大变局，更好推进全面建设社会主义现代化国家、向第二个百年奋斗目标进军，必须始终坚持马克思主义指导地位，持续抓好理论武装工作，用习近平新时代中国特色社会主义思想统一思想、统一意志、统一行动。要坚持马克思主义立场观点方法，坚持唯物史观，教育引导广大干部群众从深层次上掌握党的创新理论的精髓要义，不断提高政治判断力、政治领悟力、政治执行力，切实把增强“四个意识”、坚定“四个自信”、做到“两个维护”落实到行动上。要坚持推进实践基础上的理论创新，加强对改革开放和社会主义现代化建设实践经验的系统总结，深化对重大理论和现实问题的研究，提炼出有学理性的新理论，概括出有规律性的新实践，为丰富和发展党的创新理论作出新的贡献。要坚持推进理论宣传普及，努力构建接地气有生气、富有吸引力感染力的大众话语体系，广泛组织开展分众化、对象化、互动化理论宣讲，用丰富多样、有时代气息的形式载体进行宣传普及，架起科学理论通向人民群众的桥梁，推动习近平新时代中国特色社会主义思想“飞入寻常百姓家”。

在中国共产党百年华诞之际，由中共广东省委宣传部组织省内部分高校和省委党校专家学者历时两年时间编撰的《中国共产党理论武装一百年丛书》得以公开出版。这套丛书由《马克思主义中国化一百年》《马克思主义时代化一百年》《马克思主义大众化一百年》和《马克思主义在广东传播一百年》4 部专著组成，系统回顾和总结了我们党一百年来推动马克思主义中国化、时代化、大众化的伟大历程、生动实践和宝贵经验，以及广东在这一历程中的重要地位和特殊贡献，为广大干部群众了解我们党开展理论武装工作的历史提供了一套简明、生动、系统的著作，值得广大干部群众认真阅读、学习。希望这套丛书能够帮助广大干部群众更好地感悟马克思主义的真理力量和实践伟力，特别是结合党的十八大以来党和国家事业取得历史性成就、发生历史性变革的进程，深刻学习掌握新时代党的创新理论，坚持不懈用习近平新时代中国特色社会主义思想武装头脑、指导实践、推动工作。

中共广东省委宣传部

2021 年 5 月

目　录

第一章

马克思主义大众化概述

“理论一经掌握群众，也会变成物质力量。”[①] 马克思主义（包含而且主要是中国化马克思主义，下同）在中国一百多年来的历史发展充分证明了马克思的这一著名论断。在中国积贫积弱的历史条件下，在帝国主义侵略封锁的国际背景下，中国共产党将马克思主义世界观与方法论传播给人民群众。中国人民在这一理论指导下站起来、富起来，并迎来了强起来的中华民族伟大复兴雄伟征程。这就是理论变成物质力量的巨大成效。之所以取得这样的巨大成效，就在于广大中国人民较好地掌握了马克思主义这一科学而革命的理论武器。马克思主义这一科

① 《马克思恩格斯选集》第1卷，人民出版社2012年版，第9页。

学而革命的理论一旦被伟大的中国人民所掌握，所激发的巨大能量，就必然转化成推动生产力发展和生产关系变革的强劲动力。这种巨大物质力量之所以形成并发挥作用，就在于中国共产党一直高度重视并大力推进马克思主义武装人民群众的伟大工程，坚持不懈在人民群众中宣传和普及马克思主义，通过各种方式，让人民群众了解、接受并运用马克思主义，让群众掌握马克思主义，通过让马克思主义最大限度地服务于人民群众的根本利益，让马克思主义掌握群众。中国共产党成立以来，在推进人民群众掌握马克思主义和马克思主义掌握人民群众的“一体二维”工作上，作出了巨大努力。人民群众掌握马克思主义和马克思主义掌握人民群众二维过程就是马克思主义大众化。一百年来，中国共产党就是通过坚持推进马克思主义大众化，才能领导中国人民取得革命、建设和改革开放的伟大成就。今天，中国特色社会主义事业进入新时代，马克思主义大众化的任务依然十分艰巨和繁重。回顾和总结中国共产党成立一百年马克思主义大众化的历程和经验，认识和把握一百年马克思主义大众化的本质和规律，对于继续推进马克思主义大众化，有着十分重要的理论价值和实践意义。

马克思主义大众化既是一个历史过程，又是一个现实行动，它有着主体、客体、内容、方式等要素，这些要素通过一定的机制构成一套结构性系统，共同启动和推进马克思主义大众化的过程实施和目标实现。

一、马克思主义大众化的内涵

什么是马克思主义大众化？顾名思义，就是把马克思主义理论面向广大人民群众转化。马克思主义大众化的实践早在建党之际就已经开展起来，但马克思主义大众化概念的正式提出却比较晚，虽然毛泽东在延安时期提出过革命文艺大众化的概念，但毕竟与马克思主义大众化还存在一定差异。马克思主义大众化概念最早是由胡锦涛在党的十七大报告中提出来的。[①] 党的十七大报告指出："开展中国特色社会主义理论体系宣传普及活动，推动当代中国马克思主义大众化。"[②] 马克思主义大众化概念简单明了，清晰确切。概念本身的大众化意蕴外显突出。但在这一看似简单而明确的概念之下，却包含着十分丰富的内容，体现着十分曲折而又艰辛的过程和环节。从内容上看，它不仅是具体的马克思主义理论观点和实践方案的大众化，而且还包含着马克思主义理论价值取向本质理念的群众性掌握。从过程上看，马克思主义大众化包括形式转换、内容传播、运用实践、沉淀巩固等。

（一）马克思主义话语的通俗性转换

1923 年京汉铁路工人大罢工运动中，有这样一句口号："劳工万岁！"[③] 这句口号非常简单，非常朴素，工人一看就明白。但就是

---

① 商志晓主编：《马克思主义大众化研究》，山东人民出版社 2013 年版，第 14 页。

② 胡锦涛：《高举中国特色社会主义伟大旗帜　为夺取全面建设小康社会新胜利而奋斗》，人民出版社 2007 年版，第 34 页。

③ 《永远的丰碑》（四），人民出版社 2005 年版，第 18 页。

这句口号包含了深刻的马克思主义大众化的内涵。这句口号是马克思主义的基本观点，用工人群众能够理解和接受的逻辑与修辞表达，在工人运动中产生了深刻的影响和巨大的作用。这句口号具有典型的话语转换的形式，劳工就是马克思主义理论中的无产阶级或者工人阶级，而万岁则是一种中国式的赞颂与评价，是中国基层社会的典型话语。马克思主义所揭示的无产阶级先进性和革命性，无产阶级利益神圣性，都包含在了这句 4 个字的标语口号之中。

马克思主义是科学理论，科学理论必然是一套完整的理论逻辑和思辨建构之后的观点呈现和表达，就需要有特定的话语。这种话语来自历史过程与现实生活，但它必须高于历史叙述和生活记录。所以，马克思主义有着严谨而规范的话语表达体系。没有这样一套严谨而规范的话语体系，就不能将历史进程中的规律和现实生活的本质概括和呈现出来。正是因为有了这一严谨而规范的话语体系，马克思主义理论才会形成一套完整而全面的理论体系，为无产阶级革命提供坚实的理论依据，特别是能够抵御反动势力对马克思主义理论的攻击和污蔑。正因为如此，马克思主义理论形成 170 多年来，其科学性和真理性不但没有被时光所磨洗而显得苍白，反而在历史的锤炼中越发闪耀光芒。

马克思主义理论体系的严谨而规范的话语，对中国社会大众来说，却是一道理解和认识的障碍。这种障碍是三个方面的原因造成的：一是中国社会大众的文化水平偏低，抽象概念和话语的理解认知能力不够。新中国成立之时，中国文盲半文盲占总人口的比例高达 80%[①]，而这 80% 主要是劳动群众特别是乡村劳动群众。二是马克

① 孙万勇主编：《见证纪念石家庄解放六十周年新闻作品选编 1947—2007》下，河北人民出版社 2008 年版，第533 页。

思主义理论本身产生的时空环境与中国人民群众的生活时空存在着较大的差异。19 世纪的西欧是马克思主义产生和发展的时空场域，而中国革命、建设和改革开放发生在 20 世纪和 21 世纪的东方，时间与空间的差异，决定了话语表达习惯上必然存在差异，中国的社会大众从 20 世纪和 21 世纪中国的时空环境下，理解马克思主义必然存在着话语上的隔阂和障碍。三是文化传统的差异。马克思主义理论是以西欧特别是德意志文化传统为基础，其话语表达具有很强的抽象和思辨的理性色彩，而东方社会特别是中国文化是以“务实”生活话语为文化传统的，具有具体实在的生活特性，相对缺少思辨和抽象的特性。这种差异性也决定了中国社会大众在认知和理解马克思主义理论上存在话语障碍。

马克思主义必须深入群众，人民群众也需要马克思主义指导，那就必然要求突破马克思主义与人民群众之间的那道话语的形式障碍。因此，话语转换就是马克思主义大众化的重要内涵和基本环节，也是马克思主义大众化的重要前提，同时也是马克思主义大众化的重要任务。马克思主义大众化的话语转换，包含三个方面的内容层次：

首先，对马克思主义重要观点的准确理解与把握。要进行话语转换，就必须对基本原理表述的深刻含义理解清晰和准确。马克思主义是一个博大精深的体系，观点和文本非常深刻，所以，要将这些基本原理传播和普及给人民群众，马克思主义大众化的主体也就是党的宣传部门和马克思主义理论工作者，必须要先准确理解马克思主义基本原理，特别是一些重要观点，否则就很难保证后续的马克思主义大众化话语转换的准确性。京汉铁路工人大罢工中的“劳工万岁”口号，之所以能够发挥马克思主义大众化的重要作用，成为马克思主义大众化的典型案例，就在于当时的马克思主义分子，对马克思主义基本原理中的无产阶级地位与作用的理解，对无产阶级的范畴的准确把握。只有在这一准确理解的基础上，才会将马克思主义关于无产阶级的历史评价与政治定位用中国话语进行转换，用中国话语中的“劳工”来承接马克思主义话语中的无产阶级，实现从无产阶级向“劳工”的话语转换。

其次，用中国文化和思维来理解马克思主义基本原理。在准确理解马克思主义话语的原始意义基础上，还要进行理解的思维转换，将马克思主义基本原理中的西欧特别是德国的理论和学术思维方式，转换成中国社会大众日常生活化的思维与理解。这是马克思主义大众化话语转换的第二个重要环节，只有将马克思主义基本原理中的重要观点进行中国社会大众生活化的思维和逻辑处理之后，才能在这一基础上，寻找恰当而匹配的概念和话语来进行转换。这在马克思主义大众化的百年历史进程中，有着丰富的成功经验，也有一些失误的深刻教训。比如，马克思主义理论主要是无产阶级寻求自由和解放的理论，因此马克思主义理论的价值取向和实践目的，就是无产阶级和劳动群众的自由与解放。自由与解放是欧洲近代启蒙运动之后的重要概念和话语，但对于中国社会大众来说，自由与解放的内在含义实际很不容易理解，所以，就比较难以向中国的广大人民群众特别是文化落后的乡村民众，宣传自由与解放的革命基本概念。中国共产党的马克思主义理论家和根据地的宣传工作者，提出了一个很好的转换性与替代性概念“翻身”。这一话语转换，是建立在对马克思主义自由与解放这个核心概念和话语中国式的理解转换基础之上的。自由和解放就是改变劳动群众的受压迫和被剥削的现状，将身体翻转为一种舒适和愉悦的状态。将身体翻转过来，称为“翻身”。从此，中国人民寻求自由和解放的革命行动，就是劳动群众要“闹翻身”的过程。如果没有对自由与解放的革命原理进行中国式的理解转换的话，自由与解放的话语转换就无法完成。无产阶级是马克思主义理论体系中最为基本和核心的话语概念，有着严格的外延边界和内涵本质。由于工人阶级文化程度不高，数量不大，所以，中国社会特别是劳动群众对无产阶级话语概念的理解存在障碍。所以，中国马克思主义理论工作者就必须对无产阶级概念进行人民群众维度的思维转换，但由于对无产阶级的“无产”之中的“产”的群众思维理解转换得不准确，因而在马克思主义大众化话语转换过程中，用“穷人”作为无产阶级话语转换的承接者。显然，“穷人”很难支撑和实现马克思主义“无产阶级”话语概念的全部内涵。所以，用“无产阶级”话语转换“穷人”的大众化转换是不准确的。

再次，用人民群众的语言来表达深刻的马克思主义概念和原理。人民大众的话语朴实而通俗，但仍然可以表达深刻的科学理论和事物本质。中国很多民意话语有着深刻社会洞察和人生哲理。毛泽东在《反对党八股》一文中提到“到什么山上唱什么歌”就是典型。这句话表面看起来浅显甚至还有点粗糙，但实际包含着唯物辩证法的深刻逻辑和规律。古希腊伟大哲学家赫拉克利特的深刻名言“人不能两次踏进同一条河流”不就是具有同样的含义吗？马克思主义大众化话语转换的一个重要环节就应该是这样，将马克思主义的基本原理，用人民群众一听就懂、一懂就用的话语表达，但二者又蕴含着同样深刻的道理。所以，这就要求遵循两个方面的原则，一是话语形式的变换，二是话语内容上的保持，既要将马克思主义基本原理用人民群众的话语形式再表达，这种再表达又不能脱离马克思主义基本原理的深刻含义。所以，马克思主义大众化话语转换中的话语再表达，不仅是一个简单用人民群众通俗的语言来替代马克思主义基本概念和原理的问题，还是一个同样传达马克思主义基本原理的基本原则和要求的过程。马克思主义大众化话语转换中的语言再表达实质上是一个再创造的过程，不是生硬地将马克思主义的一些原话转译成民间话语，而是选择准确的群众语言承载和传达马克思主义基本原理的真实而深刻的原则和立场。马克思主义大众化话语转换过程中的群众语言再表达是马克思主义大众化整体进程中的决定性环节。中国共产党推进马克思主义大众化的百年历史进程中，有很多马克思主义大众化话语转换的群众语言再表达的成功案例。当然也存在一些群众语言再表达不准确和不深刻的个案。

（二）马克思主义观点的社会化传播

马克思主义大众化的话语转换之后，就需要通过一定的载体、平台和途径，将这些话语传达和灌输到广大人民群众之中去，让他们了解、认识和接受马克思主义的基本原理和重要观点。马克思主义基本原理和重要观点在用大众话语进行转换之后，并不会自动到达人民大众之中去，还需要马克思主义宣传教育工作者，通过符合时代特征而又能够与人民大众密切对接的平台、渠道和途径进行传播和扩散，将知识分子掌握的马克思主义变成大部分社会成员所认知和接受的马克思主义。这就是马克思主义的社会化进程。相对于马克思主义的形式与内容转换，社会化传播难度更大，因为内容与形式的转换在某种程度上，只是知识分子和理论工作者自身范围里的循环，应该说相对是一件比较单纯的工作。而在人民大众中进行马克思主义的传播与灌输就显得更为复杂一些，因为这不仅仅是知识分子和理论工作者本身的工作，而且还要了解传播对象的利益诉求表现和思想观念特征，结合传播和灌输对象的利益诉求和思想观念，再设计和选择马克思主义基本原理和重要观点的传播平台、渠道和途径。不仅要研究马克思主义理论本身，还要研究社会大众的利益和心理。

中国共产党在推进马克思主义大众化进程中，探索创设了多种形式来实施马克思主义的社会化传播。农民夜校就是马克思主义社会化传播的成功范例。马克思主义大众化的第一个环节——内容与形式的转换，给农民夜校这种途径和平台准备了恰当的材料，文化程度不高的农民特别需要经过转换之后的通俗易懂的马克思主义，农民对改变自身现状的渴望（对翻身的渴望）的利益诉求，为农民进入夜校提供了物质动力，农民白天劳动、晚上空闲的时间分配特征，为农民进入夜校提供了时间上的可能性。马克思主义宣传教育工作者正是在深入研究农民的利益诉求、思想特征和时间分配特征之后，才创造了农民夜校这种平台与渠道，向农民传播和灌输马克思主义，而经过内容和形式转换的马克思主义，在夜校之中，一听就懂，一想就明。正因为如此，在马克思主义大众化的历史进程中，农民夜校这一平台和载体历久弥新，无论是建党初期，毛泽东在自己家乡韶山开办农民夜校，或是中华人民共和国成立初期普遍存在的土改夜校，或是当今中国特色社会主义新时代，农民夜校都承担了马克思主义大众化的重要职能，发挥了重要作用，产生了巨大成效。

马克思主义大众化的社会化内涵不仅要设计和选择恰当的平台与渠道，更重要的是建构理解和接受的空间与过程。接受马克思主义理论的空间是激发人民大众对马克思主义基本原理和重要概念的情感共鸣，必须通过要素和仪式，形成一种情感场域和思维空间，通过空间的渲染，将社会大众的情感和精神调动起来，在强烈的情感互动与共鸣空间中，完成了对马克思主义基本原理和重要概念的认同与接收。情感的反复生成与强化，最后在内心深处形成巩固的认知和理念，对马克思主义基本原理和重要观点从认知走向认同，从认同走向接受。

（三）马克思主义理论的群众性实践

马克思主义理论不仅用于解释世界，以观察事物的世界观与方法论来分析社会现象，更重要的是要以这种世界观和方法论为指导，通过实践行动，改造客观世界。马克思主义大众化最重要的内涵，也就是检验大众化成效的根本标准，就是广大人民群众在认同和接受马克思主义基本原理和重要观点之后，将基本理论和重要观点运用到日常行动之中去，用自己主观见之于客观的中间环节，发挥马克思主义基本理论和重要观点的重要指导作用。

从马克思主义大众化概念内涵及其百年历程来看，马克思主义基本原理和重要观点，在广大人民群众的日常生活与社会行动中被运用，改变了自身的物质世界、社会交往和日常生活，甚至改变了近现代和当代中国历史发展进程。

马克思主义基本原理和重要观点，被人民群众用于观察自然和社会，得出了革命和改革结论。马克思主义世界观，是一种发展观，对于中国社会大众具有极大的启蒙性和指导性，因为中国传统的自然观和社会观是“天不变道亦不变”的静态哲学，制约了社会大众的进取精神，经过马克思主义唯物史观的教育和引导，社会大众的主动性和积极性被调动起来，人民大众之中所蕴含的智慧被激活，中国革命、建设和改革开放之所以能够克服困难，在中国共产党领导下，不断取得胜利，开创了当今中国特色社会主义新时代的良好局面，从根本上来说，就是广大人民群众实践智慧和奋斗精神的必然结果。有很多行动方案是广大人民群众创造出来的，这种创造是在马克思主义基本原理和重要观点指导下创造的，没有马克思主义大众化，人民群众的奋斗精神和发展智慧就不会被调动和激活，人民群众的实践行动就不会在正确的方向上。例如，长期以来，中国社会大众存在着“宿命论”的思想观念，认为自己的物质贫穷与精神压抑，是命运造成的，是无法改变的，马克思主义的阶级理论灌输到人民群众中之后，人民群众才知道是由于制度的不平等，造成了自己的贫穷和愚昧，所以需要改变这种制度，建立有利于自身存在与发展的新制度。在社会主义政权建立之前，要通过暴力革命改变旧的社会制度，要积极参与武装斗争，赢得革命胜利，在社会主义政权建立之后，要通过探索合理的制度，来调动自身的劳动积极性。所以，在革命战争年代，广大人民群众积极参军参战，并创造发明了“游击战”“地道战”等有效的行动方案，为的是通过自身的努力改变自己的悲惨命运，在社会主义建设时期，人民群众以极大热情投入到劳动之中，并在劳动过程中，探索和发明了家庭联产承包责任制等富有智慧的行动方案。这些创造和发明，实际上就是马克思主义大众化百年历程的启蒙结果，同时也是马克思主义大众化内涵的应有之义。

马克思主义大众化不仅在具体行动和解决方案上结出硕果，在行动和方案的基础上，经过理论思考和总结，上升为符合马克思主义基本原理的经验总结和理论概括，成为马克思主义理论发展中的重要组成部分，有的甚至成为具有普遍意义的理论观点。这主要表现为两个不同的层次。

首先是人民群众马克思主义大众化实践经验的概括与总结，人民群众在认同和接受了马克思主义基本原理和重要观点之后，通过实践的反复运用与总结，最后概括出一种相对稳定的，具有一定程度的可复制性和可推广性的做法。例如，在社会主义改造时期，为了将马克思主义公有制理论运用于中国农村经济发展中，既不超越当时农村生产力发展水平，又要推进公有制的实施，人民群众在实践之中探索和发明了多种不同特点的合作社制度，毛泽东对这些不同特征的创造非常重视，认为这是人民群众对马克思主义的运用，亲自挑选和编辑了《中国农村的社会主义高潮》一书，对人民群众的做法和经验，以按语的形式进行点评，高度肯定和赞赏人民群众的做法和经验，认为这些做法和经验具有推广价值，希望全国各地农村结合自身的情况，学习和借鉴这些有效的做法和成功的经验。这是马克思主义大众化实践在做法和经验层面提炼和总结的重要形态。

其次是人民群众马克思主义大众化实践经验上升为党的政策和理论。马克思主义大众化背景下，人民群众的创造经验上升为制度，成为具有规范和政策层面意义的理论成果，在全国范围进行无差别推广和普及。在马克思主义基本原理和重要观点指导下，一些地方的人民群众在实践中探索创造出了具有更大普遍性的经验做法，经过总结提炼后成为一种机制性的模式，这种模式超越了区域性和行业性色彩。如改革开放初期，安徽小岗的农民群众在十分困难和复杂的条件下，推行的家庭联产承包责任制，在小岗乃至安徽取得巨大成功之后，成为一种具有普遍意义的做法和经验。这种做法和经验不管在沿海还是内地，都有着重要的推广价值，小岗的经验就成为“小岗模式”，经过中国共产党的理论总结和转换，形成可以在全国范围里推广的政策，大大提升了马克思主义大众化实践经验的系统性和普遍性，通过中央文件形式的肯定，成为社会主义建设理论的重要阶段性理论，超越了地方甚至国别的色彩，上升为马克思主义发展史的重要理论成果，极大地丰富了马克思主义理论宝库。这是马克思主义大众化过程与环节的重要表现形式，也是马克思主义大众化基本内涵的重要组成部分。

二、马克思主义大众化的动因

马克思主义大众化的百年历程，内容丰富，过程精彩，成效明显，马克思主义大众化，极大地改变了中国社会大众的思想观念和精神状态，对中国人民的物质生产和精神生活有着十分重要的启蒙作用。中国共产党在百年历程中，一直高度重视马克思主义大众化，倾注了大量的精力来组织和实施马克思主义大众化。这是因为马克思主义大众化有着极大的历史必然性与现实必要性，近现代中国社会蕴藏着马克思主义大众化的强劲动力，中国共产党将这种强劲的动力加以组织和引导，最终将这种强劲的动力转化为马克思主义大众化的持续过程。

（一）武装人民群众的需要

马克思主义大众化之所以能够有效展开和推进，并取得巨大成效，最根本的动力和原因就在于无论是近现代，还是在当下的中国特色社会主义新时代，中国人民都有着强烈的武装自身思想的渴望，需要有一种不同于传统思想理论的新的思想理论来武装思想和指导行动，没有这种内在的需要，任何外在的重视和推动，都不会产生预期的效果与作用。

近代中国社会突然出现的巨大变动和深刻危机，不仅给国家政权和精英分子带来了巨大冲击和刺激，而且给最广大的人民群众带来了深刻影响。这种影响是全面的，包括物质利益、社会尊严和精神生活，普通民众对于变动和危机的感受更为直接。因为他们比精英阶层更加直接体验了外国的入侵，对他们物质利益的掠取、社会尊严的剥夺、精神价值的解构。正是这种全面的影响，迫使包括知识分子在内的社会大众，都在反思自身思想文化的有效性，用传统的儒家文化思想理论不能解释西方入侵之后的中国社会现象，更加改变不了社会大众的物质贫困、社会动荡与精神匮乏。“半部论语治天下”的理论自信受到极大的削弱，对传统文化的怀疑，但又无法摆脱长期以来形成的交融状态，成为近代以来中国社会大众普遍的思想理论矛盾与精神空白，社会大众急需一种新的思想理论来缓冲这种紧张的思想理论矛盾状态，需要一种有效的思想理论来填补质疑传统儒家理论之后的精神空白状态，需要新的思想理论武装自身精神。所以，1840 年之后，中国社会向外部索取思想理论资源的动力非常强大，这种强大不仅表现在精英阶层，而且表现在普通民众，其中一个重要表现就是西方宗教理论在中国的传播，虽然没有官方推动，甚至官方还进行了打压，但 1840 年之后，西方宗教在中国大地哪怕是最偏远的地区都有出现。原本，中国宗教（宗教形态的文化）应该是比较丰富的，无论是正式的佛教、道教还是其他各种地方化的信仰系统，是比较发达的，所提供的理论资源和精神支撑，基本能够满足人民大众日常的生活需要，但这种状态，被西方列强的入侵所打破，西方列强入侵所带来的巨大负面影响，导致中国的社会大众对传统的信仰体系开始质疑甚至放弃。因为这套信仰体系解释不了社会现象，更加改变不了因为西方列强入侵而出现的悲惨命运。但这套系统仍然深深交融于社会大众的意识之中，旧的结构状态无法去除，但旧的功能已经失去。这就是近代中国思想理论系统的基本状态，正是这种状态给了西方宗教体系进入中国的可能性，但这种状态决定了西方宗教不能原生性地进入中国，因为中国传统思想理论系统的结构还停留在中国社会大众的内心，所以就出现了以中国信仰系统结构，吸收西方信仰系统的内容与功能的双重状态。洪秀全的拜上帝教就是这种双重信仰特征的最为典型表现。除了宗教之外，中国社会大众还对所有的思想理论表现出极大的兴趣与期待。

1840年后的一百多年，中国知识分子几乎将所有的西方近代思想理论，都引进和介绍到中国，直至今天，西方的一些理论思潮对中国社会仍然有着一定的吸引力，而在党的十八大之前，中国共产党还没有提出理论自信的命题的时候，西方的一些理论成为中国知识分子向民众进行引荐和推介的重要内容，如改革开放后，在中国盛行的存在主义、结构主义、后现代主义等思潮就是这种现象的具体表现。这种现象就在于中国社会对思想理论的巨大需求与热切盼望，因为中国人民迫切希望改变自身的命运，要改变命运，就必须有思想理论，所以，向外部世界特别是向西方学习思想理论就成为改变自身命运的必要前提。寻找和引进外部思想理论的过程是十分复杂而艰难的，中国社会大众以为是有效的思想理论，学习之后进行热情实践，但大多结果都是以失败而告终。例如洪秀全中国式的基督教理论、康有为梁启超的社会达尔文理论、孙中山的民主共和理论，都曾经让部分中国民众所认同和接受，并付出了巨大的代价进行实践行动，但最终结果都失败了。其根本原因就在于这些思想理论本身存在的缺陷或者中国社会结构的复杂性，无法让外部理论与内在社会结构形成对接，所以就无法达到改造中国社会，从而改变自身命运的预期。这些知识分子向人民大众引荐和推介的思想理论都未能在中国落地生根，开花结果。

经过多次的思想理论引进，虽然未能改变中国社会，也未能改变社会大众的悲惨命运，但中国社会大众对思想理论的渴望与期盼，不仅没有降低，反而更加强烈，正是在这种更加强烈的渴望和期盼之下，在中国人民迫切需要思想理论的时候。马克思主义这种经过俄国十月革命检验的科学与革命理论来到中国，立即引起了中国人民的极大兴趣，这种兴趣成为马克思主义大众化的最大动力，这种动力激发了中国共产党和中国的先进知识分子宣传和普及马克思主义工作热情。因为人民群众有需要，马克思主义大众化才会在一百年的历史进程中，从来没有停歇，保持持续推进的势头。人民群众需要理论，人民群众尤其需要科学而革命的理论，正是这种需要，构成了马克思主义大众化百年历程的持久动因。

（二）动员人民群众的需要

没有革命的理论，就不会有革命的运动。[①] 人民群众要改变自身的命运，就必须进行社会改造活动。近代中国，社会改造活动的形式很多，社会大众自发的社会改造行动（民变与暴动）经常出现，但很多形式的改造行动并没有正确的理论指导，通过一些不正确的思想理论甚至欺骗手段，将社会大众吸引到行动之中，由于缺乏正确的思想理论引领，虽然有些群众加入改造社会行动之中，但最后都没有科学而革命理论的凝聚，成为松散而乏力的社会改造行动，大多数并没有取得社会大众所期望的社会改造效果，更谈不上改变人民大众的命运。

要让最广大的社会民众，从自发的或非正确的社会改造行动中摆脱出来，而集聚到有效的社会改造行动中，也就是经过理论和历史证明了是有效而正确的革命行动中来，也就是要将具有强烈改造社会欲望的社会大众集合在中国共产党的革命旗帜下，这就必须有一个有效的动员过程，而这个动员过程必须有一个思想理论的基础。也就是先让广大群众掌握科学而革命的世界观与方

① 《列宁选集》第1卷，人民出版社2012年版，第311页。

法论，在世界观与方法论基础上，再对人民群众进行说服和动员，人民群众对马克思主义理论指导下和中国共产党具体组织下的革命行动，才会产生认同，并在认同的思想前提下，参加到中国共产党领导的革命行动中来。不把理论问题给人民群众说清楚，不把革命的必要性和可能性、革命的道路和策略传达给人民群众，人民群众就对革命的过程和前途缺乏了解，就不可能对革命的发展和胜利抱有信心，就不能将革命与改变自我的命运结合起来，要让人民群众参加一个不能改变自身命运的行动过程，显然是不可能的。从这个意义上说，列宁“没有革命的理论，就不会有革命的行动”这一论断，说明了理论宣传与教育，是动员人民群众参与革命行动的前提性和基础性作用。

有了理论的宣传与教育，人民群众接受和认同了理论，在这种理论指导下的社会改造行动就会顺利得多。例如，土地改革是一项深刻的社会革命，对人民群众的命运改变也是非常巨大的，千百年来，中国农民对土地的渴望十分强烈，然而，在一些地方，没有经过充分的理论教育和政策宣传，人民群众对免费无偿分配土地并不积极，不乐意参加土地改革行动，不愿意用行动保卫革命的胜利果实，因为在人民群众思想上并没有认同无偿获得土地。

有的村庄分了土地农民不敢要、不敢种，造成不少土地荒芜；有的地方明分暗不分，分得土地的农民将收获的粮食暗地里悄悄送给了地主；有的地方解放军在，收获的粮食归分地农民，国民党军来了，收获的粮食送给地主。[①]

这段材料的叙述充分说明了用马克思主义革命理论教育群众的

---

① 中共新野县委党史研究室编：《中共新野县历史》第1卷，河南人民出版社1998年版，第107页。

重要性，理论宣传是动员群众参加改造社会行动的重要前提，没有一定的理论基础和思想前提，哪怕给予人民群众一定的物质利益，他们也不一定理解革命行动的内在本质和根本目的，还以旧的思想理论基础来看待社会现象，认为土地是地主的，浮财也是地主的，不应该被无偿分配给自己，即使很想要这些财富，但在思想上就是接受不了。因为他们对马克思主义的阶级剥削理论没有进行很好的认知和理解，不知道这些土地和财产本来就是属于人民群众的，只是由于旧的制度，少数统治阶级将这些土地和财富从人民群众的手中夺走了。革命行动就是推翻压迫和剥削劳动人民财产的旧制度，在推翻旧的政权之后，将这些原本属于劳动群众的土地和财产，通过一定的方式进行重新分配，包括原有的地主阶级也可以平均分得土地和财产，只不过是原本属于劳动群众的自身财产回到劳动群众的手中而已，这种分配不仅具有道德上的正义性，而且从调动劳动积极性，增加社会财富的生产力发展角度也是积极而且必要的。只要弄清楚这个道理，劳动群众对土地改革的合理性与必要性，对土地革命的光明前景就会有正确的认识，在正确认识的前提下，就会积极乐意接受土地改革的成果，并主动参与到这个深刻的社会变革之中去，还会用自己的实际行动，防止反动阶级对土地革命的破坏，保卫土地革命的胜利果实。相反，如果没有对广大群众进行马克思主义基本理论的通俗化宣传，没有对革命行动的合理性和正当性讲清楚，要动员人民群众参加土地改革这项重大的社会改造行动，群众就不理解，也就不会接受动员，更不会主动积极参与到行动进程中来，即使将土地和财产分配下去了，人民群众也没有接受的意愿，接受了土地但并不去耕种，白天接受的财产，晚上又给地主送了回去。这就说明，理论宣传与教育，对于动员人民群众参与革命行动，是必要的理论前提。在一百年的历史进程中，中国共产党之所以能够较好地动员人民群众参加革命、建设和改革开放的伟大实践行动，并取得了人民群众的热烈响应，重要的原因之一就是中国共产党始终重视对人民群众的理论宣传和教育，持续推进马克思主义大众化的各项工作。

（三）引领人民群众的需要

人民群众是地域分散、地域分布广阔、精神状态多元的广泛性群体，虽然有着强烈的革命动力，但同时也有着严重的自发性和分散性，尤其是中国革命的基本力量是具有小资产阶级性质的广大农民，其自发性和分散性就更为强烈。这种分散性和自发性，往往会使改造社会的革命行动，按照他们的分散利益和自发观念塑造和发展，最终表现为革命的局限性和短期性，缺乏对革命长远目标的规划，更没有对革命根本价值指向的追求，就是这种自发性和分散性所产生的局限性与短期性，被反动阶级所利用，并以此作为突破口，来瓦解革命队伍的意志，破坏革命队伍的政治纯洁，最终使快要取得胜利，甚至已经取得胜利的人民群众的革命功败垂成，一哄而散，中国历史上无数次的农民起义，最终结果差不多都是如此，农民的革命最终沦为封建统治者改朝换代的工具，没有在推动历史发展和社会进步上发挥应有的作用。

在近现代中国历史上，自给自足的自然经济是中国生产方式最主要的形态，虽然在沿海大城市中，有一些大机器生产和商业经济模式，但其比例偏低，在中华人民共和国成立前夕，自给自足的农业产业仍然占有绝对的比重。“1949 年中国经济结构中农业、轻工业、重工业的比重分别为 84.5%、11%、4.5%”。[①] 在中华人民共和国成立之后至改革开放前的一段时期内，虽然工业和商业经济在

① 孙洪升：《经济史与经济思想史论丛》，群言出版社 2017 年版，第 94 页。

国民经济结构中的比例有了大幅度提升，但农业仍然占有28%的产值，特别是吸收了70.5%的劳动人口，也就是说，直到1978年，中国仍然有将近四分之三的劳动力在从事基本为手工模式的农业生产。这一生产模式的从业人员，就打下了非常深厚的产业烙印，那就是分散性、自然性与自发性，缺乏劳动生产的社会组织性与内在协同性，一个人可以分散进行劳动。正因为如此，中国共产党在组织和领导以中国农民为主体的革命、建设和改革开放的过程中，必须对具有分散性和自发性的农民进行引导，如果不进行有效的规范，以农民为主体的革命、建设和改革开放最后都会呈现出分散性与自发性，任何一项改造的行动，最终都淹没在小生产的自发性之中，在小生产者局部和短期利益驱使下，社会改造的战略目标和终极价值，最终会被葬送。而对农民引导的最基本前提就是思想的引导，必须让他们克服小生产者的自发性，而将思想向无产阶级的纪律性、集体性上转化。而思想的引导就必须通过理论的宣教和教育，让农民从旧的观念和习惯中解脱出来，而进入无产阶级革命所需要的思想高度上来。

1949年，中国新民主主义革命即将取得胜利，社会主义革命和建设即将全面展开，在这一重要的历史转折时期，毛泽东发表了重要的理论文章《论人民民主专政》，全面总结了新民主主义革命取得胜利的基本经验，展望了即将到来的社会主义革命和建设的伟大事业，并确立了未来革命与建设的基本思路理念和战略构想。在这篇重要的著作中，毛泽东将对农民进行马克思主义教育作为一项重要的经验和未来的任务提出。他写下了一句十分深刻的论断："严重的问题是教育农民。"①

① 《毛泽东选集》第4卷，人民出版社1991年版，第1477页。

毛泽东在新民主主义革命即将取得胜利，社会主义革命和建设即将开始的时候提出如此严肃的命题和任务，有着对历史经验的深刻总结和对未来方向的明确把握。从历史经验来说，1927 年中国革命的主体空间从城市转移到农村，中国革命的基本力量由工人阶级转化为农民阶级。按照传统的马克思主义观点，依据俄国十月社会主义革命经验，共产党领导的革命空间和阶级力量必须是城市和工人，转向农村和农民，注定是要失败的。所以无论是共产国际还是斯大林本人，并不看好毛泽东的农村革命。然而，毛泽东却使中国的农村革命保持着强劲的发展势头，并且保证了农村革命的正确政治方向。其中最基本的原因就是将马克思主义基本原理贯穿于农村空间和农民阶级之中，在用马克思主义基本原理和重要观点教育农民上，花了大量精力，做了大量工作，取得了突出成效，农民自发性和分散性的本能，被改造和引导进入组织和集体性。在农村革命根据地，中国共产党新发展的党员基本都是农民，但这些农民入党之后，并没有将中国共产党的性质带向自发性和分散性偏移，反而，具有自发性和分散性的农民在入党之后，都变成了具有共产党理想和组织纪律的革命战士。这是如何做到的？根本一条就是从思想上建党，思想上建党就是教育广大农民，特别要重点教育广大农民党员。用什么教育农民，首先是用马克思主义基本原理和重要观点教育农民，什么是马克思主义基本原理和重要观点？在不同的历史时代，有着不同的内容。毛泽东“严重的问题是教育农民”的重要论断，实质上就是揭示了马克思主义大众化在引导农民方面的极端重要性，也是毛泽东在总结新民主主义革命基本经验基础上的重大启示——引导以农民为主体的人民群众是马克思主义大众化的重要动力。

如果说“严重的问题是教育农民”的论断，是基于总结经验维度上说的话，那么，总结经验是为了更好地启示未来。毛泽东《论人民民主专政》主要写作目的，还在于对即将开始的中国社会主义革命与社会主义建设进行理论思考和实践设计。在对未来的理论思考和实践中，对农民为主体的人民群众的马克思主义教育，也就是马克思主义大众化，理所当然地成为毛泽东高度重视和反复强调的重大问题（严重问题）。在毛泽东看来，中国农民需要一场深刻的现代启蒙，近代以来的思想启蒙在革命意义上都失败，五四运动对城市进行了一次启蒙，取得了较好的效果，农村和农民的启蒙从农村根据地时期开始，但这种启蒙只是在根据地，还有很多非根据地的农村和农民没有得到启蒙，甚至根据地的马克思主义大众化启蒙也不是完整和系统的。还需要在原有马克思主义大众化启蒙的基础上，进行更为全面、系统和深刻的马克思主义大众化启蒙。毛泽东认为，没有对农村和农民的马克思主义大众化启蒙，中国的社会主义革命和社会主义建设就很难推进，就可能达不到预期的目标。因为毛泽东深知，在中国要完成社会主义革命，推进社会主义建设，不对全国进行一场广泛的马克思主义教育是不可能的，是没有理论基础的，而农民是人民群众的最主要组成部分，农民的马克思主义教育达到了目的，农民实现马克思主义的思想启蒙，马克思主义大众化的基本任务就完成了。所以，对于未来的社会主义革命和建设来说，关键问题（严重）就在于教育农民，就在于向农民宣传马克思主义基本原理和重要观点，就是要持续在农民当中推进马克思主义大众化。

中国共产党领导中国革命、建设和改革开放，是通过制定并执行一系列正确的路线、方针、政策来实现的。马克思主义政党不仅要有强大的路线、方针和政策的制定能力，更重要的是要有高超的路线、方针和政策的执行和落实能力，执行能力的重要前提必须是依靠广大人民群众的实践，把党的路线、方针和政策转化为群众的行动指南。要让群众接受和实践党的路线、方针和政策，除了这些路线、方针和政策符合人民群众的根本利益之外，还在于人民群众对党的路线、方针和政策必须有理解和认识能力，仅仅建立利益基础上的认同往往是短期和局部的，从长期利益和根本价值方面来看待和认识党的路线、方针和政策，必须对这些路线、方针和政策的长期目标和价值指向有一定的认识和理解。这就要求人民群众必须具备一定的马克思主义基础知识，因为党的路线、方针和政策都是基于马克思主义基本原理和重要观点来制定的，渗透着马克思主义基本原理和重要观点的思想方法和价值指向。因此，加强对人民群众的马克思主义教育，持续推进马克思主义大众化，是执行和落实党的路线、方针和政策的必要前提，也是马克思主义大众化在中国共产党百年历程中持续推进的重要动力。

改革开放是中国共产党的基本路线、方针和政策，在中国社会主义建设中具有极其重要的作用。改革开放既包含着路线，也具有方针、政策的内容，是在马克思主义基本理论基础之上的发展和创新，必须从马克思主义的实践观，从马克思主义发展观，从马克思主义的人民观等多重基本原理和重要观点上对改革开放进行理解和认识。没有马克思主义基本理论原则和方法，对改革开放的理解和认识就会出现偏颇。就会从“左”和右两个方面误解改革开放的路线、方针和政策。从“左”的方面来说，认为改革开放不符合中华人民共和国成立以来的一些理论观点和经验做法，固守马克思主义的一些具体观点，改变这种观点就是抛弃马克思主义，就是修正主义，就是放弃马克思主义的理论和社会主义实践要求；从右的方面来理解，认为既然要改革开放，就必须抛弃过去的做法和经验，全盘向西方学习，放弃公有制，发展私有制，对社会主义根本制度和党的领导进行变革。在改革开放政策酝酿之时，中国社会思潮中这两个方面的倾向非常明显而对立。如果这种思想状态在人民群众中占有决定性影响的话，党的改革开放路线、方针、政策要得到正确而有效的贯彻执行，显然是不可能的。解决问题的唯一办法，就是在马克思主义基本原理和重要观点上统一人民群众的思想。这就需要对人民群众进行一次全面的马克思主义思想理论教育。正因为如此，党的十一届三中全会之前，中国共产党组织了大规模的真理标准问题的学习与讨论。实践标准是马克思主义的最基本原则，也是马克思主义唯物史观的具体体现。这场讨论，就是一次深刻的马克思主义理论教育，就是马克思主义大众化的最为典型的表现和成功范例。正是有了这场深刻的马克思主义大众化教育活动，党的改革开放政策才会被人民群众正确理解和认识，才会得到人民群众的拥护和执行，才会转化为人民群众的实践行动。

正如邓小平在党的十一届三中全会之前的中央工作会议上强调，在改革开放的路线、方针、政策实施之际，全党和全国必须进行一次深入的学习："学习什么？根本的是要学习马列主义、毛泽东思想，要努力把马克思主义的普遍原则同我国实现四个现代化的具体实践结合起来。"[①] 学习的内容就是一次全面而深刻的马克思主义大众化活动。马列主义、毛泽东思想就是马克思主义大众化的根本内容。大众化的目的就是要在正确认识的基础上，最后落实到中国实现四个现代化的伟大革命之中去。实现四个现代化是一场伟大的革命，这场伟大的革命，没有马克思主义大众化的支撑，就很难深入推进下去。所以，让人民群众理解和执行党的路线、方针和政策，就必须在人民群众中进行马克思主义大众化的教育，向人民群众宣传党的路线、方针、政策就成为马克思主义的重要内存动力。

① 《邓小平文选》第2卷，人民出版社1994年版，第153页。

三、马克思主义大众化的主体与对象

马克思主义大众化就是具有一定马克思主义理论水平和基本知识的主体，对广大人民群众进行马克思主义基本原理和重要观点宣传、教育和普及的行为过程。其中主体和对象在这一过程发挥着重要的作用，主体和对象是马克思主义大众化过程中的两个有机联系的整体，而且还有可能发生转换。马克思主义大众化的主体并不是天然的马克思主义者，他们也是通过学习、教育和培训才掌握马克思主义基本原理和重要观点的，广泛意义上，就是马克思主义大众化的结果，在成为马克思主义大众化的主体之前，自身首先要经过马克思主义大众化的过程，而一些人民群众，原来没有接触和掌握马克思主义基本原理和重要观点，但经过了马克思主义大众化的教育和引导之后，自身的马克思主义基本知识有所增加，也可能向别人宣传和表达他所掌握和理解的马克思主义理论，也就由原来的马克思主义大众化的对象，变成了马克思主义大众化的主体。教育者先受教育，马克思主义大众化的主体必须先是马克思主义大众化的对象。这一点在马克思主义大众化主体建设和对象确认过程中，有着重要的意义，否则，一些马克思主义大众化的主体，本身对马克思主义的基本原理和重要观点并不特别理解，甚至错误理解，在承担马克思主义大众化主体责任的时候，不符合主体资格要求，不能很好地宣传马克思主义基本原理和重要观点，反而传播错误的思想和观点。习近平总书记指出，马克思主义大众化主体必须先接受马克思主义教育，先要做马克思主义大众化的对象："教师是人类灵魂的工程师，承担着神圣使命。传道者自己首先要明道、信道。高校教师要坚持教育者先受教育，努力成为先进思想文化的传播者、党执政的坚定支持者，更好担起学生健康成长指导者和引路人的责任。”① 习近平总书记在这里明确了马克思主义大众化主体与客体二维一体的重要意义。教师特别是思想政治理论课教师是党领导下传播马克思主义基本原理和重要观点的骨干力量，是马克思主义大众化的重要和基本实施主体。在承担这一主体责任的过程中，教师也必须接受各种方式的学习和培训，接受党安排的马克思主义大众化活动，只有这样才能够先受教育。

马克思主义大众化的对象，是全体党员干部和人民群众，在中国革命、建设和改革开放过程中，任何一个愿意参与到中国共产党领导的伟大事业中的社会成员，都应该成为马克思主义大众化的对象。而对于已经加入中国共产党队伍之中的党员干部，更应该积极主动地承担好马克思主义大众化对象的责任与义务，主动接受马克思主义大众化进程中的宣传、教育。任何一个党员干部，甚至中国的社会大众都不应该逃避成为马克思主义大众化的对象。少数党员干部不愿意主动成为马克思主义大众化的对象，游离和飘浮于马克思主义大众化进程之外，甚至进入一些错误的社会思潮的传播体系。“应该看到，在当前社会思潮多元化的形势下，一些同志忽视马克思主义的学习，有的人对马克思主义知之甚少、却盲目接受西方传播的诸多非马克思主义观点，这是造成理想信念缺失现象的重要原因之一。”② 马克思主义大众化的主体与对象的二维一体的结构性联系，决定了马克思主义大众化的目标达成，主体和对象都有着重要的甚至关键性的作用。正因为如此，中国共产党在推进马克思

---

① 《习近平谈治国理政》第 2 卷，外文出版社 2017 年版，第 379 页。

② 程建宁等：《活着的马克思》，中央编译出版社 2015 年版，第 3 页。

主义大众化的百年历史进程中，对于马克思主义大众化的主体建设和对象选择是高度重视的。

（一）马克思主义大众化的主体

主体就是一项行动的承担者，包括组织机构和具体行为个体。马克思主义大众化是一项长期而系统的行为过程，在马克思主义大众化百年历程中，主体的自身建设与主体的作用发挥，都较好地保证了马克思主义大众化的正确方向和有效行动，是马克思主义大众化得以成功的重要组织和资源保证。在马克思主义大众化百年历程中，中国共产党所建构的马克思主义大众化主体主要分为四种类型。

第一，早期的马克思主义知识分子。

马克思主义大众化最早主体是非建制性。所谓非建制性就是自发的、分散性质的。这一主体的存在与活动主要是在马克思主义大众化初期，也就是在中国共产党成立前，中国一批优秀的知识分子，在寻找救国救民真理过程中，发现了马克思主义理论的科学性和革命性，认为有必要将其介绍推送给中国人民，让人民群众运用这一理论来改造中国社会。

俄国十月革命之后，这批马克思主义大众化的主体开始形成并迅速成长起来。十月革命之前，马克思主义在中国也有所传播，但只是在学术领域内的有限介绍，还谈不上马克思主义大众化。十月革命胜利之后，马克思主义的科学性和革命性得到了有效验证，寻求救国救民真理的知识分子认为有必要将这一理论介绍给中国的社会大众。正是在这个意义上，毛泽东后来在总结马克思主义大众化的发展历程时，将十月革命放在马克思主义大众化的历史起点上："十月革命一声炮响，给我们送来了马克思列宁主义。十月革命帮助了全世界的也帮助了中国的先进分子，用无产阶级的宇宙观作为观察国家命运的工具，重新考虑自己的问题。”① 十月革命让中国知识分子认识到了马克思主义理论的巨大威力，因为它彻底改变了俄国命运，要改变中国命运，也可以运用马克思主义理论，要运用马克思主义理论就必须将这一理论推荐和传播到广大的人民群众中去，正是在十月革命之后，中国的一批优秀知识分子决定将自身修炼成为马克思主义大众化的主体，这个修炼过程就是自身学习和研究马克思主义，在自身学习和研究马克思主义基本原理和重要观点的基础上，再向人民群众宣传马克思主义，开启马克思主义大众化。正如毛泽东所说，要成为马克思主义大众化的主体，首先必须要用无产阶级的宇宙观作为观察国家命运的工具，重新考虑自己的问题。

李大钊和陈独秀是中国最早的马克思主义大众化主体的杰出代表。十月革命后，李大钊重点向平民特别是劳工宣传马克思主义的理论，他的马克思主义理论文章朴实性和通俗性不断增强，改变了原来较为浓厚的学术理论色彩，向着人民群众易于理解的直白色彩特征转化。十月革命后，李大钊的第一篇宣传马克思主义文章是《法俄革命之比较观》，文章的理论性和思辨性比较强，面向具有较高文化程度的知识分子和青年学生，一般民众还比较难以理解。这篇文章是从世界历史发展变化的大逻辑来考察十月革命的重要意义的：“俄罗斯之革命，非独俄罗斯人心变动之显兆，实二十世纪全世界人类普遍心理变动之显兆。桐叶落而天下惊秋，听鹃声而知气运。历史中常有无数惊秋之桐叶、知运之鹃声唤醒读者之心。”② 对

① 《毛泽东选集》第 4 卷，人民出版社 1991 年版，第 1471 页。

② 《李大钊文集》第 2 卷，人民出版社 1999 年版，第 219 页。

于人民群众而言，这种宏大逻辑还不是很好理解。李大钊在对十月革命观察和思考一段时间后，认为俄国革命的性质和特征根本在于人民群众性，是人民群众自我解放的革命行动。中国要学习借鉴这种革命的模式，必须将革命的理论传播到人民群众中去，让人民群众自己行动起来。李大钊在 1918 年 11 月发表题为《庶民的胜利》的文章，文章认为十月革命和第一次世界大战的结束“是社会主义的胜利，是 Bolshevism 的胜利，是赤旗的胜利，是世界劳工阶级的胜利，是二十世纪新潮流的胜利”，“是马客士（Marx）的功业”。[①]在这篇文章中，李大钊提到了两个重要的概念：“劳工阶级”和“马客士”。也就是社会主义革命的两个最基本的要素：革命的理论和革命的力量。而要将这两者结合起来，就必须将马克思的革命理论传播和普及到劳工阶级中去。这是革命启动的必要前提，也是俄国十月革命取得胜利的基础，李大钊在文章中反复强调以列宁为首的布尔什维克党在这方面的重要作用和贡献。李大钊也决定要在这方面发挥自己的作用，所以将马克思主义宣传的对象重点转向了劳工阶级。他是马克思主义大众化主体的第一人。

陈独秀也是马克思主义大众化开启阶段的重要人物，是马克思主义大众化知识分子主体的杰出代表。陈独秀马克思主义大众化的知识分子主体身份十分明显，他作为新文化运动的旗手，是知识分子的领军人物，但在十月革命后，他认识到马克思主义的科学性与革命性，更加从十月革命经验中觉悟到了人民群众在改造社会中的重要和关键作用，所以，要把马克思主义理论传播到人民群众中去，成为陈独秀的一个重要思想转折。从此之后，他在马克思主义大众化行动中，投入了大量精力，做了大量工作，也取得了明显成

① 《李大钊文集》第 2 卷，人民出版社 1999 年版，第 242 页。

效。为马克思主义与中国工人阶级及工人运动的结合，打下了理论基础和组织基础。1920 年，他指示和委托李汉俊在上海小沙渡开办沪西工人半日学校，[①] 到广州工作后，他又组织成立了机器工人夜校、印刷工人夜校，并亲自到工人夜校上课，[②] 向广大群众宣传马克思主义和革命道理，成为马克思主义大众化的知识分子主体的最重要成员。

中国共产党成立之后，马克思主义主体基本都归属于中国共产党的建制之下，由中国共产党进行领导、协调和行动，但同时也存在一些人数不多还在党外，进行马克思主义理论宣传的知识分子，如新中国成立前，北平、上海等地方的左翼知识分子，基于自身对马克思主义科学性和革命性的认识，致力于将这一理论传播给社会大众，让社会大众运用来改造落后而不平等的社会。1930 年成立的上海左翼作家联盟，简称左联，在向知识分子和城市居民宣传马克思主义基本原理和重要观点方面，发挥了一定的作用，在当时严酷的政治环境下，马克思主义大众化在城市得以存续，这就得益一批受中国共产党影响但并不完全都是共产党员（如鲁迅）的优秀和进步知识分子，以马克思主义大众化的主体力量出现。中国左翼作家联盟的成立“是中国左翼文化发展历程中的标志性事件。它的成立也具有示范效应和辐射作用，在它的影响之下，北京、天津、青岛、广州乃至日本东京、南洋等地也陆续建立起左翼文化组织”[③]。

---

① 中华全国总工会编：《中国工会百科全书》上，经济管理出版社 1998 年版，第 576 页。

② 赵军祥：《陈独秀创建中国共产党的历史贡献》，《安庆师范学院学报》2006 年第 5 期。

③ 杨剑龙：《都市上海的发展与上海文化的嬗变》，上海文化出版社 2012 年版，第 126 页。

在上海发动并扩散到全国甚至海外的左翼文化活动中，涌现出了诸如鲁迅、郭沫若、茅盾等一大批优秀和进步的知识分子，成为马克思主义大众化的重要主体，这些优秀和进步的知识分子在马克思主义大众化进程中的主体作用与地位，是建制性的主体无法替代的。在中华人民共和国成立后，中国共产党也非常注重培养这种类型的马克思主义大众化知识分子，如民主党派、无党派知识分子和社会知名人士，他们在传播马克思主义基本原理和重要观点的行动中，在马克思主义大众化过程中，继续发挥着重要作用。

第二，中国共产党的领袖群体。

中国共产党领袖群体的人数规模虽然不大，但其发挥的马克思主义大众化的作用是重要而十分独特的，与其他马克思主义大众化的主体相比，有着不可类比的重要作用。从酝酿建党初期，领袖群体的马克思主义大众化行动就已经开始了。如果说五四运动之前，马克思主义大众化的主体核心是优秀和进步的马克思主义知识分子的话，那么，五四运动之后，中国知识分子准备将马克思主义理论与中国工人运动相结合而成立马克思主义政党的时候，这批知识分子大部分的主体身份发生了转变，成为中国共产党领袖群体的马克思主义大众化主体了。其中李大钊和陈独秀是这种转变的典型代表。中国共产党成立后，历代党的领导都是马克思主义大众化的核心主体，如第一代领导人毛泽东在马克思主义大众化的历史进程中的作用和贡献是十分巨大的，他在马克思主义大众化三个环节上的贡献都非常突出。在马克思主义的形式重构和话语转换上，毛泽东十分重视，并亲自倡导和实践。他坚决反对对马克思主义理论在形式上的全盘翻译与复制，主张和要求以大众化语言来宣传马克思主义。在延安整风时期，他将用通俗和简洁的文风来宣传马克思主义作为一项重要的整风内容，并亲自撰写了《反对党八股》一文，强调要在形式和话语上，对马克思主义理论进行群众喜闻乐见的重构和转换。他写道："还是应该继承。现在中党八股毒太深的人，对于民间的、外国的、古人的语言中有用的东西，不肯下苦功去学，因此，群众就不欢迎他们枯燥无味的宣传，我们也不需要这样蹩脚的不中用的宣传家。"①

毛泽东关于马克思主义大众化语言转换的最成功范例就是用"实事求是"的中国传统话语，将系统而艰深的马克思主义认识论表达得一清二楚。所以说，毛泽东是马克思主义大众化的高手，在艰深的马克思主义理论的大众语言转换方面得心应手。毛泽东在马克思主义通俗化内容的教育传播方面也是十分重视并亲自实践的，他在安源向工人传播马克思主义，在自己的家乡韶山开办农民夜校，向农民乡亲宣传马克思主义和革命道理。在广州，他主持农民运动讲习所，为马克思主义在农村向农民传播培养新的主体。在马克思主义大众化的实践经验总结上，毛泽东也是高度重视的，他根据广大群众运用马克思主义理论的实践行动，提炼和总结出了一系列重要的马克思主义发展观点，他的革命军事理论，他的农村集体化理论，很多都是直接从人民群众的实践经验中提炼而来。1963年，毛泽东总结中国共产党理论创新的历史经验，发表了著名的《人的正确思想是从哪里来的》的讲话。他强调："人们的社会存在，决定人们的思想。而代表先进阶级的正确思想，一旦被群众掌握，就会变成改造社会、改造世界的物质力量。"② 讲话详细论述了马克思主义大众化的重要内容与环节在党的理论创新中的重要作用。毛泽东在马克思主义大众化三个环节上的高度重视和亲自实

---

① 《毛泽东选集》第3卷，人民出版社1991年版，第838页。

② 《毛泽东著作选读》下册，人民出版社1986年版，第839页。

践，充分说明了毛泽东作为党的领袖群体一员在马克思主义大众化进程中的重要主体作用。

除了毛泽东之外，还有很多党的领袖都是马克思主义大众化主体的杰出代表，在用马克思主义基本理论和重要观点宣传和教育人民群众方面，做了大量工作，取得了突出成效。例如邓小平，他用极其通俗的语言宣传马克思主义的科学理论，强调学马列要精要管用，反对在理论宣传和教育上的形式主义。他用摸着石头过河的说法，非常形象而准确地阐释了马克思主义认识论和发展论的基本原则，很快就被人民群众接受，并被人民群众作为改革开放的最基本的原则和方法，在改革开放伟大进程中被广泛运用。在中国特色社会主义新时代，马克思主义大众化的任务更加艰巨和复杂，在多元社会思潮和分化的利益格局下，要将马克思主义基本原理和重要观点传播和灌输到人民群众中去，并为人民群众所认同和接受，是一项十分复杂的系统工程。习近平总书记不仅高度重视马克思主义大众化的主体建设，而且本身就是马克思主义大众化主体的典范，他在马克思主义基本理论和重要观点上的通俗表达，用中国传统文化的话语范式来进行转换，产生了良好的效果。《习近平用典》生动记载了习近平总书记用中国传统的文化典故和成语，表达马克思主义和中国特色社会主义的一些重要观点的内容，是一部马克思主义大众化的生动教材，习近平总书记作为党的领袖群体，也成为马克思主义大众化主体中的杰出典范。

第三，党的理论宣传工作者。

马克思主义政党十分重视对人民群众的理论宣传和教育，在其组织机构中都设有专门的组织和人员，负责对人民群众的理论宣传和教育培训工作。这些理论宣传与教育培训工作是马克思主义大众化的重要组成部分。因此，这部分人也就成为马克思主义大众化主体的重要组成部分，承担着马克思主义大众化的组织、协调和管理工作，当然更重要的是还直接进行马克思主义大众化的具体工作。

中国共产党从成立伊始，就高度重视马克思主义大众化工作，在最初的机构中就设有中央宣传局。“中国共产党第一次全国代表大会决定设立党的宣传局，宣传局由《共产党》主编李达担任主任，主持党的宣传工作。到‘二大’时，中央委员蔡和森又接手负责这项工作。由于确定专人领导宣传工作，所以中国共产党的宣传阵地不断加强，宣传影响日益扩大。”[①] 按照中央机构设立的基本框架，各级地方党委都基本设立有专门的宣传机构，名称上没有统一的规范，有的叫宣传部，有的叫宣传局，如在国民革命时期，中共广东区委是中国共产党的重要地方党组织，在组织领导国共合作的具体工作中发挥着重要的作用，中共广东区委下面的宣传部则是宣传革命理论，教育和动员广大群众的重要机构，担任中共广东区委宣传部领导职务的都是著名的理论家和革命活动家，如罗亦农、张太雷都曾担任过中共广东区委宣传部部长的职务。无论是中央宣传部还是地方党委宣传部，都在机构下设立一批专职的理论宣传工作者，除了极少数进行理论研究和文件起草之外，大部分专职工作者，都以向人民群众宣传马克思主义基本理论和党的方针政策为主要任务，是马克思主义大众化最正规的建制化的主体。无论是革命、建设或改革开放时期，党的宣传机构及其工作人员，都是马克思主义大众化最主要和最重要的主体构成。除了中央和地方党委的宣传机构及其工作人员之外，各基层党支部还设有专门的宣传委员，负责对本支部所在的行业、部门或者地区的马克思主义理论教育和政策宣传工作的组织与协调。无论是在革命、建设或改革开放

---

① 林之达主编：《中国共产党宣传史》，四川人民出版社 1990 年版，第 43 页。

时期，中国共产党数量庞大的基层党支部的宣传委员是马克思主义大众化的主体，他们承担着对基层群众进行直接宣传和教育的工作，在推进马克思主义大众化方面发挥了重要的作用，很好地履行和完成了马克思主义大众化的艰巨任务。

中华人民共和国成立后，中国共产党成为执政党，在马克思主义大众化的主体建设方面，有更多的资源和手段，建立了除党的宣传机构及其工作人员之外的马克思主义大众化主体构成，这些主体要素，在不同的时期，有不同的名称和组织机构形式及人数不同的思想理论宣传工作者。最主要的是以媒体形式表现出来，新中国成立后，除了继续办好传统的媒体——报纸杂志之外，还建立了正式的广播、电视机构，作为政府机构或者事业单位存在，从中央政府到乡镇级政府，几乎都有相应的媒体机构和工作人员，中央电视台、中央人民广播电台，县一级也有同样的机构和人员，乡（公社）、镇一级有广播站和广播员，这些媒体和工作人员主要任务是进行新闻宣传和理论教育，与党的宣传工作部门的理论教育没有本质区别，都属于马克思主义大众化的范畴。所以媒体平台中除了少量从事技术保障的工作人员之外，大部分工作人员应该纳入马克思主义大众化的主体中来。

第四，学校思想政治理论课教师。

在学校开设思想政治理论课，系统进行马克思主义基本原理和重要观点的教育，是马克思主义大众化的重要途径和载体，思想政治理论课是社会主义教育事业的内在本质和外在特征。要推进这项重要的马克思主义大众化工作，就必然要组建一支数量充足、结构合理的学校思想政治理论课教师队伍。新中国成立后，中国共产党对教育体系和内容进行根本改造之后，逐渐建立了一支思想政治理论课教师队伍。这支学校思想政治理论课教师队伍，在马克思主义大众化的历史进程中，发挥了不可替代的重要作用。习近平总书记对学校思想政治理论课在马克思主义大众化进程中的重要地位和作用高度重视和十分关心。2019 年 3 月，他亲自主持召开了学校思想政治理论课教师座谈会。代表党中央确认和肯定了学校思想政治理论课教师在马克思主义大众化中的主体地位和主导作用。

早在中华人民共和国成立前，中国共产党在革命根据地举办的一些学校中，就已经配备了思想政治理论课教师，开设与时代和认知相适应的思想政治理论课。1927 年后，中国共产党在全国各地建立了一批农村革命根据地，为了提高农民后代的文化水平，很多根据地都办起了初级教学体系，当时统称为列宁小学。列宁小学以教授文化知识为主，但将思想政治理论作为重要内容，基本上都配备了兼职和专职思想政治理论课教师。据《红色中华》记载，瑞金的列宁小学教师经过了严格培训，其中思想政治常识是培训的重要内容，目的就是为列宁小学提供合格的思想政治理论课教师。[①] 在福建长汀县，苏维埃政府建立之后，在全县举办了多所列宁小学，招收适龄儿童入学，在学习文化知识的同时，加强思想政治教育。“1930 年 4 月，长汀县涂坊区苏维埃政府成立。不久，在全区相继创办了 12 所列宁小学或夜校识字班。”“学习的课程主要是语文、算术、自然和政治课。”[②]

中华人民共和国成立后，中国共产党及其新政权在对教育体系进行全面改造的进程中，将在各级各类学校开设思想政治理论课作为基本的要求。党中央和毛泽东十分重视和关注高等学校的思想政

① 《红色中华》1932 年第 12 期。

② 中国人民政治协商会议福建省长汀县委员会文史资料委员会编：《长汀文史资料》第 45 辑，2014 年，第 175 页。

治理论课教师队伍建设，将其作为马克思主义大众化的重要主体来进行建设。高等教育主管部门以政策规定的形式对课程和师资进行了具体执行和落实，学校思想政治理论课老师这个马克思主义大众化的重要主体的建设进入了全新的历史阶段。“高校在此基础上还进行了马克思主义理论教育，1952 年 10 月 7 日，教育部发出了《关于全国高等学校马克思列宁主义、毛泽东思想的课程指示》，规定了综合性大学、艺术院校、财经类院校依照一、二、三年级持续开设新民主主义论 100 学时，政治经济学 136 学时，辩证唯物主义和历史唯物主义 100 学时，三门课共一学年。”①

为了对高校思想政治理论课教师进行培养和管理，各高校在成立政治理论课教学机构的基础上，成立了马列主义教研室，思想政治理论课教师由兼职为主走向了专职为主，从此之后，高校马克思主义教学机构（各时期的名称有所不同）及其专职教师就成为对青年学生进行马克思主义基本原理和重要观点教育的主要力量，也就成为马克思主义大众化的重要主体。这一主体具有建制齐备规范、资源保障较为有力、人员理论水平高等优势，在中华人民共和国 70 多年的马克思主义大众化进程中，发挥了极其重要的作用。重庆大学马列主义教研室成立于 1953 年 9 月 15 日，当时的教师是刚从北京中国人民大学马列主义研究班毕业的青年研究生，他们是谭宗级、潘立斋、黄芰裳、彭运卿、赵建中、代宗培、梁余共 7 人，教研室主任郑思群（重庆大学党委书记、兼校长），副主任宋殿宾（重庆大学党委副书记、兼政治辅导处主任），秘书丁乐瑞。学校党委对马列主义教研室的成立非常重视，在 1953 年的一次全校师生员

---

① 柳恩铭：《思想政治教育的文化传承与创新研究》，广东人民出版社 2009 年版，第 56 页。

工大会上，郑思群庄严宣布：重庆大学马列主义教研室成立了，它是重庆大学政治生活中的一件大事，今后马列主义教研室对党委将起到秘书组和参谋部的作用。[①]

2019 年 3 月，习近平总书记主持召开学校思想政治理论课教师座谈会，对当前和今后一个时期的思想政治理论课教师队伍建设做出了部署，对各级党委提出了明确要求。学校思想政治理论课教师队伍建设，在中国特色社会主义新时代进入了一个新历史阶段。2019 年 8 月，中共中央办公厅、国务院办公厅印发《关于深化新时代学校思想政治理论课改革创新的若干意见》，对学校思想政治理论课教师的数量做出了明确的规定，其中，对高校是这样规定的："加快壮大学校思政课教师队伍。各地在核定编制时要充分考虑思政课教师配备要求。高校要严格按照师生比不低于 1∶350 的比例核定专职思政课教师岗位，在编制内配足，且不得挪作他用，并尽快配备到位。"按照这一规定，高校思想政治理论课老师队伍必然有一个很大扩充，马克思主义大众化主体的数量建设水平将大大提升。

（二）马克思主义大众化的对象

马克思主义大众化的根本目的就是向人民群众宣传马克思主义基本原理和重要观点。人民群众就是当然的马克思主义大众化总体对象，但在不同的历史条件下，在总体的对象中，也有不同的对象区分。只有将总体对象进行具体区分，马克思主义大众化在不同的时空条件下的针对性和精准性才更强。因为不同的群众层次的思想状态和利益诉求存在很大差别，同时不同历史阶段的马克思主义大

---

① 重庆大学老年高等教育工作者协会编：《情怀重庆大学》，2008 年，第 174 页。

众化的内容重点也在变化发展中，内容的变化发展，也就决定对象重点选择的变化。所以，在马克思主义大众化历史进程中，必须将对象的内在结构和基本状态了解清楚，从而为马克思主义大众化工作的顺利展开提供依据。

第一，党员干部。

党员干部在马克思主义大众化的进程中，具有双重的身份，对提高马克思主义大众化成效具有关键性的作用，是马克思主义大众化的主体，承担着向人民群众宣传马克思主义的重要职能，同时又是马克思主义大众化的重要对象，必须首先接受马克思主义基本原理和重要观点的教育和培训。毛泽东曾经对作为马克思主义大众化对象的党员干部，在接受和掌握马克思主义基本原理和重要观点问题上的重要性作过明确而具体的论述。他说："如果我们党有一百个至二百个系统地而不是零碎地、实际地而不是空洞地学会了马克思列宁主义的同志，就会大大地提高我们党的战斗力量。"[①] 在这段论述中，对于党员干部特别是高级干部的马克思主义理论学习和教育，毛泽东透露出两个方面的意蕴：一是抗日战争时期，党员干部作为马克思主义大众化对象的任务还非常艰巨，要达到真正成为系统而不是零碎、实际而不是空洞地掌握马克思主义理论，需要努力学习和不断培养。当时，党内真正成为系统而实际的马克思主义者人数并不多，远远没有达到一百个至二百个，因为毛泽东在这里是用的假设语——如果全党真正已经具备一百个至二百个优秀的马克思主义者，毛泽东就不会专门来讨论这一目标了。二是毛泽东对马克思主义大众化对象——党员干部特别是高级干部的马克思主义理论要求非常高，最重要的就是两个方面的标准：系统而全面地掌握

① 《毛泽东选集》第 2 卷，人民出版社 1991 年版，第 533 页。

马克思主义基本原理和重要观点，能够熟练掌握和运用马克思主义基本原理和重要观点。这又与马克思主义大众化的基本内容与环节联系起来。毛泽东在领导新民主主义革命和探索社会主义建设过程中，从来都没有放松对党员干部特别是高级干部的马克思主义理论教育与培训。中国共产党在推进马克思主义大众化的百年历程中，一直将党员干部作为大众化的重要对象，建构了一系列有效的机制，在将党员干部作为马克思主义大众化的重要培养对象上投入了大量精力，取得了突出成效。

在中国特色社会主义事业进入新时代之后，党员干部作为马克思主义大众化对象的重要地位，再一次凸显出来，必须对干部进行系统而全面的马克思主义、中国特色社会主义，21 世纪马克思主义的教育和培训。习近平总书记重温了毛泽东关于加强培养党员干部马克思主义理论素养的重要观点，并赋予了新的时代含义，对中国特色社会主义新时代马克思主义大众化在党员干部中的实施问题作出了新部署，提出了新要求。习近平总书记指出："党的领导干部特别是高级干部，要把系统掌握马克思主义基本理论作为看家本领。广大党员干部要老老实实、原原本本学习马克思列宁主义、毛泽东思想、邓小平理论、'三个代表'重要思想、科学发展观，党校、干部学院、社会科学院、高校、理论学习中心组等都要把马克思主义作为必修课，成为马克思主义学习、研究、宣传的重要阵地。新干部、年轻干部尤其要抓好理论学习，通过坚持不懈学习，学会运用马克思主义立场、观点、方法观察和解决问题，坚定理想信念。"① 在这里，习近平总书记根据新的时代要求，将马克思主义大众化对象教育和培养的重点放在党员干部特别是年轻党员干部的

① 《学习习近平总书记 8·19 重要讲话》，人民出版社 2013 年版，第 2 页。

身上，因为中华民族伟大复兴是一个长期而艰巨的过程，必须将马克思主义大众化对象的党员干部培养和教育重点放在年轻党员干部身上，才能在快速变化和发展的经济社会形势与全球竞争背景下，使中国共产党始终立于不败之地，牢牢夯实党的长期执政之基。

中国共产党成立之后，一直把党校作为党员干部教育和培训的重要平台，重视党校建设一直是中国共产党加强马克思主义大众化对象教育和培训的重要经验。早在 1924 年，中国共产党就成立了两所最早的党校——安源党校、北京党校。1925 年 1 月，党的四大重申："党中央教育机关除支部具其一部分作用，另外于可能时更有设立党校有系统地教育党员……增进党员相互间对于主义的深切认识之必要。"[①] 那时，全国党员只有 900 多人，中国共产党就如此重视设立党校问题。1926 年 2 月，党中央特别会议通过《开办最高党校问题》的决定，明确提出"在北京及广州各办一长期党校"[②]。1927 年，党的五大同意在武汉创立中共中央党校，成立了筹备处，后因汪精卫叛变未能如期开学。1933 年 3 月，中共中央局在苏区创办马克思共产主义学校，这是中央党校的前身，到 1934 年 10 月红军长征时停办。在一年半时间里，初级班、中级班、高级班三批学员、大约 300 人从马克思共产主义学校毕业，其中既有基层干部也有高级干部，既有党政军干部也有群众团体干部，为苏区建设作出了很大贡献。中国特色社会主义进入新时代，党校在马克思主义大众化的重要作用日益突显，党校自身建设面临的新问题也日益突出。为了更好地推进党校在党员干部教育和培训中的重要作用，发

① 中共中央文献研究室编：《建党以来重要文献选编（1921—1949）》第 2 册，中央文献出版社 2011 年版，第 257 页。

② 中共中央宣传部办公厅，中央档案馆编研部编：《中国共产党宣传工作文献选编：1915—1937》，学习出版社 1996 年版，第 701 页。

挥党校在马克思主义大众化的主渠道和主阵地作用，中共中央于2015年召开了中央党校工作会议，习近平总书记在会上发表了重要讲话。他强调："各级党委应该从党和国家兴旺发达、长治久安的高度，充分认识加强和改进新形势下党校工作的重大意义，增强使命感、责任感、紧迫感，把我们党的这个独特优势保持好、发挥好。"①

第二，工农兵群众。

无论是解放生产力还是发展生产力，离开了人民群众就不可能实现。要很好地解放和发展生产力，就必须让人民群众掌握一定的思想理论武器，需要通过理论的认识和思想的转变，提高对参加解放和发展生产力的主动性和积极性。中国历代农民起义的参与人数和行动规模都是很大的。这些农民的起义行动，在微观方面和短期内对生产力的解放与发展有一些具体的推动作用，如平均土地，让农民暂时成为拥有土地的自耕农，生产的积极性有所提高，因而对生产力的短期和局部正面影响是存在的。但从根本变革上，历次农民起义并没有推动生产力量的飞跃。其中的一个重要原因就在于农民起义是一种原生态的农民自发反抗行动，没有自觉的理论设计和制度预期，在得到暂时的利益实现之后，发展生产力的制度变革就立即停止了。所以，在中国共产党领导人民群众的解放和发展生产力的过程中，就必须克服人民群众的这种原生态的行动自发性，让他们对解放和发展生产力的行为过程和奋斗目标有一个最基本的理解和认同。这样人民群众解放和发展生产力的行动就不会停留在本能与自发的状态，解放和发展生产力的持久性和坚韧性就会大大增强。提高理论认识和思想觉悟的唯一路径就是理论宣传与思想教

① 习近平：《在全国党校工作会议上的讲话》，《求是》2016年第9期。

育，就是将马克思主义的基本原理和重要观点传达到他们的头脑之中去。这就是马克思主义大众化的过程。人民群众中的最主体部分就是工人、农民和军队士兵。这三种群体占了马克思主义大众化对象的主要成分，无论从人数比例，还是工作难度方面都是当然的最普遍和最广大的马克思主义大众化对象。

中国共产党历来对马克思主义大众化进程中的工农兵群众高度重视，把对他们马克思主义理论宣传和思想政治教育作为马克思主义大众化的重要组成部分。无论是总体上对工农兵群众的马克思主义宣传教育，还是分别在三个不同对象上的针对性宣传教育，一直都是中国共产党马克思主义大众化百年历程的主体工作。工人和农民作为革命、生产和建设及改革开放的最基本力量，当然要为中国共产党的马克思主义大众化工作所重视。无论是工人夜校还是农民夜校，各种形式的马克思主义大众化平台和载体，都将工农群众作为重要的马克思主义大众化对象。

士兵群众严格意义属于工农群众，他们是代表和保卫工农群众利益的特殊工农群体，是工农的子弟兵。因此，他们也就当然成为马克思主义大众化的重要对象之一，与工农群众一样，甚至比工农群众的重要性更为突出。所以，中国共产党马克思主义大众化的百年历程，士兵群众这一重要对象，从来都是马克思主义理论教育和思想政治教育的重中之重。从“三湾改编”支部建在连上开始，中国共产党对军队指战员的马克思主义大众化工作都是放在最为重要的地位来看待的。因为，在革命战争年代，没有一支服从党的领导、忠于人民利益的军队，革命行动就无法实施。在井冈山时期，为了加强对士兵群众的马克思主义理论宣传和思想政治教育，中国共产党成立了红军学校。毛泽东对开办红军学校一事高度重视，从国民党办黄埔军校中得到了启示，他形象地说，国民党办了一个

“黄埔”，我们就要办一个“红埔”。1930年，红军刚刚站稳脚跟，以革命军人为对象的马克思主义大众化工作便在红军中酝酿开展起来。1930年4月，中央军委强调：“建立红军学校，创造工农自己的军官。”[①] 在这一精神的指导下，闽西、鄂西、赣南、湘赣、信江、洪湖、湘鄂赣等地先后办起了红军学校，培训红军中的基层干部，红军学校很快发展起来。在各根据地红军学校的基础上，中央苏区于1931年底成立了第一所正规的马克思主义理论教育和军事技术培训的学校——中国工农红军中央军事政治学校，标志着红军院校建设开始向较为正规化的方向发展。[②] 以革命军人为对象的马克思主义大众化进程进入了一个正式和规范的阶段。教学的主要内容分为三大部分：政治、军事和文化，三者虽有区分，但相互之间的联系与协调非常明显，寓军事于政治、寓理论于文化的教育教学特色非常明显，马克思主义大众化以革命军人为对象的教育培训产生了重要成效，革命军人的思想政治觉悟有了很大提升，流寇色彩大大减少。毛泽东经常参与红军学校的教学工作，他是马克思主义大众化的杰出典范，他去红军学校作报告，总是能够从浅显的事实出发，阐发一些深刻的道理。据当时红军学校担任教务工作的伍修权回忆：有一次毛泽东讲的内容是，帝国主义侵略对中国民族经济的破坏。这本来是个比较枯燥且深奥的政治经济学问题，“他就指着旁边老百姓家的木桶、木盆说，中国自古以来都是用竹篾来箍桶箍盆，这样就有了一批竹篾、竹器手工业者，丰富的竹林资源也就有了销路。可是后来从外国进口了铁丝，用它来箍桶箍盆比竹篾结实

---

① 中共中央文献研究室，中央档案馆编：《建党以来重要文献选编（1921—1949）》第7册。

② 姜廷玉主编：《我们的队伍向太阳》，党建读物出版社2007年版，第251页。

省事，却冲击了中国传统的竹篾市场，产品推销不了，大批竹篾手工业者因此失业，原有的民族经济受到破坏，外国资本家却因此发了财”[①]。深刻的道理被他讲的几个比喻，表达得清晰明了。因此，毛泽东在红军学校作的报告，往往受到热烈的欢迎。马克思主义大众化以红军为对象的宣传教育活动，规模不断扩大，效果不断提升，奠定了军队马克思主义大众化的坚实基础。自此之后，以革命军人为对象的马克思主义大众化教育和培训活动，规范化和制度化水平不断提升。在当今中国特色社会主义新时代，军队的马克思主义大众化更是进入了一个全新的历史阶段。

第三，知识分子。

与党员干部群体一样，知识分子在马克思主义大众化的历史进程中，有着双重角色与功能。首先，部分进步的知识分子是马克思主义大众化的主体，在中国共产党成立前，马克思主义大众化还没有进入组织化与建制化阶段的时候，知识分子就发挥了主导和实施的两个功能，在中国共产党成立之后，马克思主义大众化的组织和主导工作由各级党组织来承担，但在马克思主义大众化的具体实施工作中，知识分子仍然具有不可替代的作用，因为马克思主义大众化的三个环节，最主要还是依靠知识分子来完成。正因为知识分子在马克思主义大众化中的重要功能和作用，他们首先必须是马克思主义大众化的对象，因为只有经过了马克思主义的理论教育和培养之后，他们才能具备向其他群众传播马克思主义理论的知识和能力。

中国知识分子的思想基础和价值取向，决定了他们之中的大部分比较容易成为马克思主义大众化的对象，因为中国知识分子都有着关注现实和改造社会的家国情怀，尤其是在近代中国，民族危

---

① 《伍修权传》编写组：《伍修权传》，当代中国出版社 2016 年版，第 41 页。

机、国家落后和人民困苦的现状，促使中国知识分子寻求救国救民的济世良方。马克思主义的科学性和革命性与知识分子的渴求形成契合。成为他们学习和运用马克思主义基本原理和重要观点的内在动力。中国共产党成立之后，对作为马克思主义大众化对象的知识分子的理论宣传和思想教育十分重视。毛泽东基于对知识分子的重要作用来强调将知识分子作为马克思主义大众化对象的必要性："革命力量的组织和革命事业的建设，离开革命的知识分子的参加，是不能成功的。"[①] 中国共产党针对知识分子这一马克思主义大众化的特定对象群体，制定了适合其思想特征的马克思主义理论大众化的形式与内容：将实践教育作为知识分子马克思主义大众化的重要内容。在延安时期，中国共产党针对大量国统区知识分子到来的实际情况，让他们首先熟悉根据地的实际情况，与工农群众相结合，与革命、建设和改革开放的实践相结合，提高他们对马克思主义的认识，是马克思主义大众化的重要环节，中国知识分子特别需要在这一环节上，重点开展马克思主义大众化的学习和理解行动。毛泽东对此问题的理解非常深刻，将知识分子是否走与工农相结合的道路，作为衡量知识分子马克思主义大众化成功与否的根本标志。

在中国的民主革命运动中，知识分子是首先觉悟的群体。辛亥革命和五四运动都明显地表现了这一点，而五四运动时期的知识分子则比辛亥革命时期的知识分子更广大和更觉悟。然而知识分子如果不和工农民众相结合，则将一事无成。革命的或不革命的或反革命的知识分子的最后的分界，看其是否愿意并且实行和工农民众相结合。他们的最后分界仅仅在这一点，而不在乎口讲什么三民主义或马克思主义。真正的革命者必定是愿意并且实行和工农民众相结

① 《毛泽东选集》第2卷，人民出版社1991年版，第641页。

合的。[1]

毛泽东在这里对知识分子作为对象的马克思主义大众化，提出了更为重要的实质性要求，如果说以党员干部和工农兵群众为对象的马克思主义大众化的主要任务是理论学习与思想教育的话，那么，以知识分子为对象的马克思主义大众化的根本任务就在于使知识分子能够将理论与实践相结合，能够在与工农兵群众的革命斗争结合中，完成自己的思想改变，从而变成一个真正的马克思主义者。因为知识分子学一些书面上的马克思主义知识是比较容易的，他们也比较容易认同和接受马克思主义的基本原理和重要观点。但他们在实践行动上处于摇摆状态，经常处于理论与行动的分离状态，为了改变这种状态，真正将马克思主义基本原理消化和融合在自己的实践行动中，就必须与工农兵群众的革命实践相结合。

四、马克思主义大众化的方式

马克思主义大众化是一个理论宣传和思想教育的行动过程。既然是一个行动过程，就必然要有外化的承载形式与实施方法。由于马克思主义大众化的主体多样性和对象复杂性，马克思主义大众化的方式必然也是多元和广泛的。在马克思主义大众化的百年历程中，中国共产党根据时空条件的变化和对象特征的区别，采取和运用了丰富多彩的行动方法与实施形式，正是在丰富多彩的方式下，马克思主义大众化才能在中国革命、建设和改革开放的进程中，得到很好的开展和推进，并取得了巨大成效，为中国

① 《毛泽东选集》第2卷，人民出版社1991年版，第523—524页。

革命、建设和改革开放取得胜利，奠定了坚实的马克思主义理论的群众基础。

（一）理论教育与培训

马克思主义理论的系统性和整体性决定了马克思主义大众化的基本形式，必然是以宣传和灌输马克思主义基本原理和重要观点为主要的目标。而这一任务的艰巨性和复杂性也就在于此。因为马克思主义大众化对象的大部分群体文化水平不高，认知和理解能力偏低，所以只能通过教育和培训的方式，来帮助他们认识和理解马克思主义基本原理和重要观点。

马克思主义大众化行动中的教育培训方式最根本的特征是，主体和对象在同一空间中，即时地进行马克思主义基本原理和重要观点的单向传播，同时辅之以主体与对象之间的双向交流。所以，这对时间和资源投入的要求都比较高，实施的难度也比较大，但这是马克思主义大众化最主要的方式，无论多大的困难或多高的成本，都必须坚决推进。在建党初期，中国共产党人就已经意识到了这个问题的极端重要性。在十分困难的条件下，最大限度地以这种形式展开马克思主义大众化行动。毛泽东冒着被军阀政权跟踪和抓捕的危险，多次前往工人集中的安源煤矿，建立工人夜校和党校，就是要在与马克思主义大众化对象面面相对的同一空间中，形象直观而生动地解释马克思主义对改造中国社会、改变工人命运的重要意义，说明运用马克思主义理论和道路来改造社会与改变命运的有效性。

从 1921 年陈独秀在上海小沙渡创办第一个工人半日校开始，从 1924 年中国共产党在安源建立第一个党校开始，从 1930 年中央根据地建立第一个列宁小学开始，从 1949 年之后，中华人民共和国的所有学校都开设思想政治理论课开始，中国共产党在百年马克思主义大众化历程中，建立了完整的各级党校体系、学校思想政治理论课教育体系、各种形式的企业职工培训机构和农民夜校。这是一套完整的马克思主义理论教育和培训体系。这些教育培训体系结构不断发展和完善，功能不断优化和强大，为马克思主义大众化的有效推进提供了最为重要的组织形式和实施方法。正如习近平总书记在学校思想政治理论课教师座谈会上所指出：我们办中国特色社会主义教育，就是要理直气壮开好思政课，用新时代中国特色社会主义思想铸魂育人，引导学生增强中国特色社会主义道路自信、理论自信、制度自信、文化自信，厚植爱国主义情怀，把爱国情、强国志、报国行自觉融入坚持和发展中国特色社会主义事业、建设社会主义现代化强国、实现中华民族伟大复兴的奋斗之中。思政课作用不可替代，思政课教师队伍责任重大。①

学校教育和课程培养作为马克思主义大众化最具有规范性的形式与方法，经过中国共产党领导的马克思主义大众化百年行动和努力，已经形成多层次、全方位、多功能的课程体系，无论是党校的专题教育课还是国民教育中的思想政治理论课、无论是企业培训中的理论教育还是农民夜校中的政策宣传，都是马克思主义大众化学校教育与课程培养的有机组成部分，共同构成了百年马克思主义大众化进程中的最重要形式和方法，也是有效的方法。正是在对于这一形式与方法的高度重视，马克思主义理论才会不断传播到一代又一代的马克思主义大众化对象之中去，并转化为他们参加革命、建设和改革开放伟大实践的强大思想智慧和力量源泉。

---

① 《习近平主持召开学校思想政治理论课教师座谈会强调用新时代中国特色社会主义思想铸魂育人　贯彻党的教育方针　落实立德树人根本任务》，《人民日报》2019 年 3 月 19 日。

习近平总书记对中国特色社会主义新时代的学校教育与课程培训继续发挥在马克思主义大众化中的重要作用，提出了更新更高要求。他在全国党校工作会议上指出：

党校是我们党对领导干部进行马克思主义理论教育的主阵地，必须引导和促使学员努力学习和掌握辩证唯物主义和历史唯物主义基本原理和方法论，特别是要把马克思主义中国化最新成果作为理论教育中心内容，提高战略思维能力、辩证思维能力、综合决策能力、驾驭全局能力。[①]

党的十八大以来，习近平总书记对马克思主义大众化形式和方法的学校教育与课程培养的三大构成要素都有过重要的论述。习近平总书记分别就党校工作、军校工作和学校思想政治理论课工作发表过重要讲话，这些讲话所提出的一些原则和要求，构成了中国特色社会主义新时代马克思主义大众化最重要的形式与方法，是加强和完善学校教育与课程培养的根本方向与实施路径。

（二）媒介传播与阐释

马克思主义大众化的大众以社会成员的形式分散在各个不同的空间中，在对特定的对象进行建制化的马克思主义大众化教育和培养的基础上，还是需要普遍和广泛地对社会成员进行无差别的马克思主义大众化宣传和教育。如果说学校教育和课程培养是马克思主义大众化的空间固定基础上的点对点的教育和培养的话，那么，还需要在开放的广阔空间中进行马克思主义的单向传播，也就是在没有专设的传播空间和受众对象的情况下，进行马克思主义大众化的宣传和教育。这时就需要不同的载体和方法了。传播媒体在马克思

① 习近平：《在全国党校工作会议上的讲话》，《求是》2016 年第 9 期。

主义大众化进程中的重要地位和作用就显示出来了。传播媒体就是传播信息的中介载体，主要是书报杂志、广播电视、网络平台及其他一些传播介质，如标语口号等。

书报杂志是传播媒体的最传统的形式，也是马克思主义大众化历史最悠久的形式与方法。中国共产党在推进马克思主义大众化百年进程中，对书报杂志的高度重视和精心运用，是马克思主义大众化顺利推进并取得巨大成效的重要形式和方法保障。早在中国共产党成立之前，进步知识分子就开始创办书报杂志，来进行马克思主义大众化的宣传工作，《新青年》可以说是中国共产党主导的最早的马克思主义大众化传播媒体。这份由民主知识分子创办的进步杂志原名是《青年杂志》，在马克思主义分子主持之后，为了将马克思主义宣传的主题与民主主义的宣传主题区分开来，就将《青年杂志》更名为《新青年》，将马克思主义基本原理和重要观点的宣传作为最主要的任务。在后来的马克思主义大众化进程中，中国共产党对书报杂志的重视程度不断提升，毛泽东对书报杂志如何发挥马克思主义大众化的重要性有过精辟的论述。他特别强调要政治家办报，毛泽东认为报纸的主要任务就是宣传和教育群众："就是教育群众，让群众知道自己的利益，自己的任务，和党的方针政策。"①

宣传和教育群众的核心就是以马克思主义和中国化马克思主义的基本原理与重要观点为核心内容，引导和转化群众的思想意识，促使其更加积极主动地参加到中国共产党领导的革命、建设和改革开放事业中来。报纸书刊形式与方法的运用合理准确，能够在空间传播的广度上产生学校教育与课程培养无法达到的效果。如 1978 年 5 月 11 日《光明日报》发表的《实践是检验真理的唯一标准》，引

① 《毛泽东选集》第 4 卷，人民出版社 1991 年版，第 1319 页。

起了全国范围的极大反响，在全国范围开展了一次全面而深刻的马克思主义认识论教育，同时也是对在中国如何开展社会主义建设的思考进行了方向上的引导。这次马克思主义大众化教育为党的十一届三中全会的召开和改革开放大幕的开启奠定了思想理论基础。

广播电视是马克思主义大众化的形象生动渠道。广播电视的最大特点就在于传播速度快和形象性强，宣传教育的即时性传播与纸质媒体相比，有了很大改变，不需要印刷、发行这些复杂的中间环节，能够将宣传和教育的内容与信息即时传送到对象之中去。广播电视的形象性是纸质媒体不能比拟的，经过制作，可以通过声音和影像的形式将传播的内容表达和呈现出来，生动性增强了。广播电视克服了纸质媒体的识字水平约束。人民群众对纸质媒体的阅读，必须认识和掌握一定的汉字词语，才能认知和理解传播的内容。广播电视则可以以口头语言的形式来传播内容，一个不识字的文盲，它可以听懂广播、看清电视，虽然不能全部理解和深刻认识传播的内容，但对其基本的意涵也能有所了解。所以，广播电视是真正的大众传播，能够对传播的时间和空间进行切割和重组，大大提升了传播的规模，每个村中都接上广播，通过大喇叭的形式进行播放，田间地头的每一个角落都听到，而且并不耽误农活，可以边干活边听。所以，广播电视在马克思主义大众化进程中所发挥的作用，也是非常重要的。广播电视的运用和普及，是人民群众更新观念、解放思想的重要条件，是中国文化现代化与社会现代化的重要前提。

中国共产党对广播电视的重要作用，特别是在马克思主义大众化的重要地位高度重视。早在中央根据地时期，苏维埃政府就创立中华通讯社，以无线电报的形式播发消息，中华通讯社下设新华广播电台，虽然并未独立开展广播，但中国共产党广播事业的基础就以此开始的。红军长征到达陕北后，新华广播电台的机构不断完善，功能不断增强，除了播发电讯稿之外，还进行独立的理论宣传和政策鼓动。解放战争时期，延安新华广播电台更名为陕北广播电台，随着人民解放军占领和接管的城市越来越多，各个城市都以地名加人民广播电台来作为各自的广播电台的名称和呼号。中国共产党掌握的广播电台数量也迅速增加，到新中国成立前夕，广播电台达到 40 多个。[①] 新中国成立后，中国共产党领导的广播事业不断发展，在宣传马克思主义理论和党的方针政策方面的作用更加集中体现出来。为了加强对广播事业的领导和协调，中央成立了广播事业局，将北平新华广播电台更名为“中央人民广播电台”，初步建成了以中央人民广播电台为核心的广播宣传网，包括中央、大行政区、省、市四级广播电台。在城市中，还试办了特定内容的职工台、经济台、工商台、广告台和有线广播台等。[②] 国家广播电台的地位被确立起来。20 世纪 50 年代之后，电视进入了实用阶段，成为马克思主义大众化的重要渠道。中国的电视事业起始于 1958 年 5 月 1 日北京电视台（中央电视台的前身）的成立。电视从其诞生开始，就以其独特的优势发挥着在马克思主义大众化中的重要地位和作用。中国第一部电视剧《一口菜饼子》于 1958 年 6 月 15 日在北京电视台播出，讲的是一个忆苦思甜的故事，宣传艰苦奋斗的革命精神，受到广泛好评和热烈反响。[③] 改革开放以后，广播电视技术改进，传播质量和效率提高，在马克思主义大众化进程中的重要作用也更加凸显出来。马克思主义理论和党的方针政策通过广播电视进入了千家万户，是推动改革开放的重要思想基础和舆论保障。中

---

① 郭镇之：《中外广播电视史》，复旦大学出版社 2016 年版，第 168 页。

② 郭镇之：《中外广播电视史》，复旦大学出版社 2016 年版，第 168 页。

③ 崔军：《影视艺术概论》，河南大学出版社 2012 年版，第 166 页。

央电视台的“新闻联播”成为人民群众的精神生活组成部分，每天晚上7点，全国有相当部分群众在聚精会神地收看。电视台制作的一些理论专题片，形象生动地传播了马克思主义基本理论及其在中国的重要影响。2018年，为了纪念马克思主义200周年诞辰，中央电视台在影响最大的综合频道黄金时间连续4天播出了大型纪录片《马克思是对的》，产生了广泛的社会影响，发挥了电视在马克思主义大众化中的重要作用。

互联网的兴起，给马克思主义大众化带来了新机遇，同时也提出了一些新问题，如何利用其优势，限制其负面影响，是马克思主义大众化行动过程中必须面对的问题。20世纪90年代以来，中国共产党对互联网在马克思主义大众化的重要地位和作用高度重视，网络理论宣传和思想政治教育正在成为重要方式与途径。特别是中国特色社会主义进入新时代之后，中国共产党对互联网的重视达到了空前的高度。习近平总书记将运用互联网提升到保证中国共产党的执政地位和国家长治久安的战略高度来考虑和部署：“做好网上舆论工作是一项长期任务，要创新改进网上宣传，运用网络传播规律，弘扬主旋律，激发正能量，大力培育和践行社会主义核心价值观，把握好网上舆论引导的时、度、效，使网络空间清朗起来。”[①]

（三）群众实践与运用

马克思主义的本质是实践的，因为它的来源是实践，因为它的指向是实践，因为它的价值是实践。马克思主义“不是在每个时代中寻找某种范畴，而是始终站在现实历史的基础上，不是从观念出

① 《习近平谈治国理政》第1卷，外文出版社2018年版，第198页。

发来解释实践，而是从物质实践出发来解释观念的形成”[①]。马克思主义是实践的产物，马克思主义之所以具有强大的生命力，根本原因就在于其始终根植于实践之中，并且在指导实践的过程中得到了不断丰富与发展。[②] 正因为如此，马克思主义大众化的形式与方法就必然要包括指导和帮助人民群众去实践运用。也许所有的理论在向群众传播之后，都强调要“学以致用”，作为马克思主义理论特定的实践性特征。所以，如果不将群众实践作为马克思主义大众化的一个必要环节的话，马克思主义大众化的行动过程就不可能完成，最多也就是让人民群众学到了一些理论知识，而这些知识如果不与改造社会和改变自身命运结合起来，那么这些知识没有多大意义。从这个意义上说，马克思主义大众化包括了“内化”和“外化”两个过程，“内化”就是将马克思主义和中国化马克思主义的基本原理与重要观点吸收到自己的内心思想观念之中，是一个由外向内的传播与输入过程；“外化”则是人民群众在党的领导下，将“内化”的马克思主义和中国化马克思主义基本原理与重要观点转化为自己的行动，是一个由内心向外的行为过程。马克思主义大众化的过程真正是一个“内化于心，外化于行”的双向互动过程。实践运用在马克思主义大众化行为过程中具有三个方面的重要作用。

第一，实践运用是马克思主义大众化的根本目的。

经世致用是中国传统文化的重要价值取向，这与马克思主义的实践性有着内在吻合。所以，在马克思主义大众化进程中，中国共产党人一开始就确立了宣传是为了运用的指导思想，而马克思主义

---

① 《马克思恩格斯选集》第 1 卷，人民出版社 1995 年版，第 92 页。

② 郑洁、白嵘：《网络社会发展问题研究》，西南交通大学出版社 2015 年版，第 55 页。

的实践性特征，又为这一指导思想提供很好的实现条件，马克思主义的一些重要观点马上就能为改造社会和改变自身命运提供最直接的帮助。所以，马克思主义大众化在完成了宣传和教育的任务之后，就必须将宣传和教育的内容放在革命、建设和改革开放的实践中去，指导和帮助人民群众去运用，否则，马克思主义大众化就失去了意义，也最终无法吸引人民群众去接受马克思主义。邓小平在南方谈话中提出了一个著名的论断："学马列要精，要管用的。"[①]要管用就是马克思主义大众化的根本目的和价值所在，也是马克思主义大众化的根本动力所在。所以，人民群众的实践就成为马克思主义大众化的重要形式与方法。通过指导实践运用，让人民群众更深刻而具体认识和理解马克思主义理论的意义，学习和接受马克思主义理论的积极性和主动性就会更加增强。

人民群众在学习、掌握马克思主义和中国化马克思主义基本原理、重要观点之后，就会大大提高在革命、建设和改革开放中的实践能力，就能够在理论的引领下进行实践创新，这种实践创新所形成的经验，又被中国共产党概括提炼为理论和政策，在更广阔的时空范围里指导实践。邓小平指出："实事求是是马克思主义的精髓。要提倡这个，不要提倡本本。我们改革开放的成功，不是靠本本，而是靠实践，靠实事求是。农村搞家庭联产承包，这个发明权是农民的。农村改革中的好多东西，都是基层创造出来，我们把它拿来加工提高作为全国的指导。"[②] 农民群众的实践不是盲目的实践，是在马克思主义和中国化马克思主义基本原理和重要观点的宣传教育基础上的自觉实践，这种实践符合马克思主义基本原理的唯物辩证

① 《邓小平文选》第3卷，人民出版社1993年版，第382页。

② 《邓小平文选》第3卷，人民出版社1993年版，第382页。

法要求，因而人民群众的实践往往能够推动社会改造的加速进行，同时又能改变自身的命运。

第二，指导实践运用有助于人民群众深化和巩固对马克思主义理论的认识。

实践是检验真理的唯一标准，宣传和教育中的马克思主义理论当然是科学的、革命的和正确的，这是从总体上而言的。但在不同的时空条件下，马克思主义和中国化马克思主义的基本原理和重要观点能否发挥作用，如何作用，却存在很大的区别，需要在实践过程中，帮助人民群众对这些基本原理和重要观点进行适当的调整，以便更加适合社会现实条件，而这种适当调整，必须根据实践的需要来进行。马克思主义和中国化马克思主义的基本原理与重要观点在人民群众的实践之后，才会知道其中巨大的实践作用。有些理论从语言上就能看出其实践指导力，有的理论从表面上看，实践作用力似乎并不明显，所以，就要帮助人民群众在实践行动之中加以正确运用，理论对实践的指导作用就显示出来了。所以，经过自身的正确实践运用之后，才真正理解和认识马克思主义理论的深远意义和重大价值。毛泽东其著名的哲学著作《实践论》中，对人民群众运用马克思主义基本原理在马克思主义大众化进程中的重要作用，进行了深刻而全面的论述："无论何人要认识什么事物，除了同那个事物接触，即生活于（实践于）那个事物的环境中，是没有法子解决的。"① 毛泽东在这里对认识过程的论述，在一定程度上就是针对马克思主义大众化过程中的偏向而言的。因为在建党以后的一段时间内，对马克思主义理论和苏联经验的认识，具有一定的神化色彩与主观主义倾向。其重要特征就是轻视对人民群众的指导实践运

① 《毛泽东选集》第1卷，人民出版社1991年版，第286—287页。

用，只注重理论观点和历史经验的宣传和教育，教育内容绝对化和教条化，且片面地要求人民群众去执行，轻视理论观点和历史经验在革命实践中的调整性适应与合理性运用，机械地要求全盘照搬理论观点和历史经验。这就必然会与复杂的现实情况产生差异，让整体上基本正确的理论和经验在实践运用中不能达到预期的效果，从而影响了人民群众对理论和经验正确性的认识和理解，降低人民群众对马克思主义大众化进程中理论学习和实践运用的积极性，因为教条理解和机械运用的效果并不能在改造社会和改变命运的行动中产生预期效果。这样的理论学习和思想教育就失去了意义。所以，毛泽东强调必须在实践中认识到理论运用的复杂多样性，从而认识马克思主义理论的基本原则和指导思想的正确性。在这种实践运用之后，马克思主义理论的实际作用就会发挥出来，人民群众对马克思主义理论的价值和意义的认识与理解才会提升，在这一基础上，人民群众学习和接受马克思主义理论的积极性也才会调动起来，马克思主义大众化的推进才更具有强大的动力。毛泽东在《实践论》中关于实践运用在马克思主义大众化中的重要性论述，是马克思主义大众化经验的阶段性总结，意味着中国共产党对实践运用的形式与方法在马克思主义大众化中的重要作用开启了一个新历史阶段，从此之后，马克思主义大众化的实践运用环节就更为自觉。

第三，指导实践运用有助于调整和完善马克思主义大众化的行动策略。

马克思主义大众化的推进路径与行动策略是否正确有效，最终要通过群众的实践运用体现出来，人民群众的实践运用正确合理并且在革命、建设和改革开放中发挥重要作用，说明马克思主义大众化的策略方法是正确的，反之，则需要反思马克思主义大众化的路径与策略。人民群众的实践运用必须在马克思主义大众化主体的指导和帮助下开展，如果没有指导和帮助，人民群众的实践就带有自发性和盲目性，人民群众的实践运用就有可能不正确，效果不理想。从这个角度来说，马克思主义大众化过程中的指导人民群众实践运用，是上一个马克思主义大众化行动的结尾阶段，同时又是下一个马克思主义大众化行动的开始阶段。因为只有对上一个行动的效果进行评估反思之后，才能制订下一个行动的计划与方案。如果上一个行动是充分而有效的，那么，下一个马克思主义大众化行动就要继续保持上一个行动的基本框架和特征，如果上一个马克思主义大众化行动效果欠佳，那么就需要对原因进行反思之后，对下一个马克思主义大众化行动计划和方案进行修改和调整，以避免上一个行动中的缺陷再次出现在下一个行动之中，影响马克思主义大众化的实施效果。

中国共产党在推进马克思主义大众化进程中，十分注重对在实践运用效果评估基础上的计划与策略调整。早在民主革命时期，毛泽东在总结了马克思主义大众化经验之后认为，必须高度重视人民群众在接受和认同马克思主义理论之后，实践运用效果的总结，从而为当下和今后的马克思主义大众化行动提供策略依据。毛泽东在《反对本本主义》中写道："共产党的正确而不动摇的斗争策略，决不是少数人坐在房子里能够产生的，它是要在群众的斗争过程中才能产生的，这就是说要在实际经验中才能产生。因此，我们需要时时了解社会情况，时时进行实际调查。"① 总结马克思主义大众化的经验来自人民群众对马克思主义理论的实践和运用，正因为中国共产党对人民群众实践运用的高度重视，将其作为马克思主义大众化的重要形式与方法，马克思主义大众化的行动才会在总结经验中不

① 《毛泽东选集》第1卷，人民出版社1991年版，第115页。

断发展和完善，成效也才会不断增强。毛泽东在对马克思主义大众化进程中，指导人民群众实践运用的经验总结基础上，对马克思主义大众化的行动策略提出很多新要求，其中一个重要的策略原则就是马克思主义大众化必须更进一步贴近人民群众的生活，贴近人民群众的语言。他强调："什么叫做大众化呢？就是我们的文艺工作者的思想感情和工农兵大众的思想感情打成一片。而要打成一片，就应当认真学习群众的语言。"① 这是毛泽东对马克思主义大众化历史经验总结的基础上的深刻反思。这种反思是建立在马克思主义大众化进程中人民群众实践运用基础之上的，在延安整风之前的人民群众对马克思主义实践运用总是存在着这样或那样的问题，在革命过程中，总是遭受严重挫折，就是马克思主义理论实践运用不到位的直接结果。而这种结果当然与马克思主义大众化进程中的教条主义、形式主义有着联系，总是不能通俗易懂地将马克思主义理论传达到人民群众中去，人民群众对马克思主义理论的理解和运用就不到位，所以，在之后的马克思主义大众化进程中，用工农兵群众的语言开展马克思主义大众化的宣传和教育就成为基本的策略原则。

① 《毛泽东选集》第3卷，人民出版社1991年版，第851页。

第二章

新民主主义革命时期的马克思主义大众化

1919 年，毛泽东在《湘江评论》发表《民众的大联合》长文，连续 3 期刊载完毕。其核心思想就是要把最底层的人民大众组织发动起来，形成一个联合体，共同对付已经形成联合体的反动统治阶级。如何才能进行联合，毛泽东提出首先要用理论对民众进行教育，至于用什么样的理论，针对当时比较有影响的两种理论——马克思主义和无政府主义，毛泽东认为马克思主义是中国民众应该选择的理论："有一派很激烈的，就用'即以其人之道还治其人之身'的办法同他们拼命的捣蛋。这一派的首领，是一个生在德国的，叫做马克斯。”[1] 通过马克思主义理论将民众联合起来——毛泽东早期思想之中就包含马克思主义大众化的理论逻辑与实践逻辑。中国共产党成立后，开始领导中国人民进行反帝反封建的新民主主义革命，就是用马克思主义理论将广大的人民群众动员和组织起来，这是对毛泽东在《民众的大联合》中提出的马克思主义大众化理论逻辑的展开和实践逻辑的运用。正是这种理论逻辑的展开和实践逻辑的运用，经过28 年艰苦卓绝的斗争，新民主主义革命终于取得了胜利。

---

① 中共中央文献研究室、新华通讯社编：《毛泽东新闻作品集》，新华出版社 2014 年版，第 37 页。

一、马克思主义建党理论的大众化

领导人民群众进行革命，必须要有一个核心领导组织。在无产阶级革命过程中，这个核心组织称为共产党。这个党的组织有着坚实的理论基础和广泛的阶级基础。共产党的诞生和发展必须要让这两个基础结合起来，也就是要把马克思主义理论传播给工人阶级为主体的劳动阶级。所以，百年马克思主义大众化的历史首先是从建党理论大众化开始的。

（一）中国共产党成立之前的建党理论宣传

马克思主义建党理论大众化在建党初期是党的理论建设的首要任务。这一时期建党理论的大众化处在一个非常特殊的传播框架之中：马克思主义建党理论的大众化主体和大众化客体高度重合。因为在当时，马克思主义理论刚传入中国，在建党理论上几乎是空白，一些马克思主义者对建党理论的认知与理解也基本上处于初级甚至空白阶段。毛泽东与远在法国的蔡和森频繁通信，讨论建党问题，毛泽东表示了对党建理论的极度渴望，他在给友人的信中坦承：

老实说，现在我于种种主义，种种学说，都还没有得到一个比较明了的概念，想从译本及时贤所作的报章杂志，将中外古今的学说刺取精华，使他们各构成一个明了的概念。[①]

① 中共中央文献研究室编：《毛泽东年谱（1893—1949）》上册，中央文献出版社1993年版，第55页。

这说明他们作为马克思主义最早的传播者，除了有着坚定的党的基础理论信念之外，对建党理论的具体内容的理解也在学习和思考之中，但与此同时，他们不能像研究学术那样，专心致志地研究马克思主义建党理论，现实要求他们把他们已经了解到的有限的马克思主义建党理论知识传播到其他知识分子和劳动群众中去。几乎就是马克思主义建党理论的“活学活用”。毛泽东将马克思主义宣传的重点放在青年知识分子身上。他认为中国青年尤其需要新思想：

没有新文化由于没有新思想，没有新思想由于没有新研究，没有新研究由于没有新材料。湖南人现在脑子饥荒实在过于肚子饥荒，青年人尤其嗷嗷待哺。文化书社愿以最迅速、最简便的方法，介绍中外各种最新书报杂志，以充青年及全体湖南人新研究的材料。也许因此而有新思想、新文化的产生，那真是我们馨香祷祝、希望不尽的！[①]

虽然不是集中于马克思主义建党理论的宣传，但通过一定的组织机构有效地推进马克思主义新思想的研究和宣传，其中必然包含建党理论和实践的成分，正是有了文化书社、新民学会这些革命团体的组织基础和思想基础，湖南共产主义小组才会横空出世。

李大钊是中国马克思主义大众化的第一人，十月革命之后，他就开始以形象生动的语言，向中国社会宣传马克思主义理论。其中就包含了马克思主义建党理论。他在1921年3月发表的《团体的训练与革新的事业》一文中断言：

所以我们现在还要急急组织一个团体。这个团体不是政客组织

① 中共中央文献研究室编：《毛泽东年谱（1893—1949）》上册，中央文献出版社1993年版，第62页。

的政党，也不是中产阶级的民主党，乃是平民的劳动家的政党，即是社会主义团体，中国谈各种社会主义的都有人了，最近谈 Com-munism 的也不少了，但是还没有强固精密的组织产生出来。[①]

李大钊在宣传马克思主义政党理论方面已经走在全国的前列，这篇文章刊载在《曙光》杂志上，具有广泛的影响，李大钊的这些观点对于提升青年知识分子的建党理论认识，对于马克思主义建党理论的普及与应用都有着十分积极的作用。李大钊向马克思主义者和社会民众阐明了两个重要的观点，这两个重要观点是马克思主义建党理论的核心思想：一是马克思主义政党与过去和现存的一切政党都有着本质区别，一切非马克思主义政党都是政客为了实现自身的利益而组织起来的利益集团。而无产阶级革命所需要的不是这种政客利益集团，而是平民和劳动人民的政党，其成立不是为了少数人的利益，而是为了绝大多数劳动人民的利益，通过这个组织争取劳动人民的利益。二是这个政党是马克思主义理论武装起来的，不是什么别的思想为基础的，是社会主义的，是 Communism 的。

陈独秀是中国共产党最主要的创建者，他在建党过程中，非常注重马克思主义建党理论的宣传和教育。陈独秀对马克思主义理论的传播比较讲究针对性，会根据对象的不同来选择传播的方式、内容与载体。特别是在两个不同对象的传播上，陈独秀采用了区分的方式来进行处理。对于知识分子，陈独秀主要以学理性阐释，系统性宣传马克思主义的理论体系与深刻内容，他主办的《新青年》主要是针对知识分子，在传播马克思主义的方式上就是强调系统性与思想性。

五四运动之后，陈独秀由北京来到上海，《新青年》也随他一

① 《李大钊文集》下册，人民出版社 1984 年版，第 444 页。

起迁到上海。离开北京之前，陈独秀已经与共产国际代表就在中国建立共产党组织的问题进行讨论，离京之际，与李大钊进行了长谈，商定了建党的一些重大问题，并对建党的区域工作进行了分工。这就是历史上著名的“南陈北李，相约建党”。也就是说，陈独秀主要负责南方地区的建党工作，李大钊主要负责北方地区的建党工作。到达上海之后，建党工作就列入了陈独秀的重要议事日程，也成为他思想活动和理论创造的核心主题。

首先，他将《新青年》改造为上海党组织的刊物，具有党刊的性质，其办刊宗旨和选稿标准发生了重大变化，如果说此前《新青年》还只是一份进步刊物的话，那么，迁到上海之后的《新青年》实质上已经成为上海地方党组织的机关刊物。而此时上海地方党组织在全国各地的建党活动中，又有着示范性和指导性的作用。因此，《新青年》也是全国各地党组织的党刊性质与意义的风向标。《新青年》办刊宗旨的转向，引起了一些非马克思主义学者的反对，胡适等北京原有的核心成员，因不满《新青年》刊载文章的倾向，逐渐淡出了刊物的编撰工作。此时，陈望道等一批青年马克思主义者在刊物中发挥了重要的作用。《新青年》在中国共产党成立之前的建党理论宣传中，发挥了主体和核心作用，为中国共产党的成立做好了理论和思想准备。

其次，出版通俗性刊物，宣传马克思主义建党理论。如前所述，陈独秀宣传马克思主义，从来都是两种方式和两个路径推进，一是面对知识分子，一是面对劳动群众。来到上海之后，他一方面通过《新青年》继续在知识分子中阐释马克思主义建党理论。另一方面，他又创建了一份与《新青年》相补充的刊物，直接取名为《共产党》。相对于《新青年》，《共产党》更加直接和通俗地宣传马克思主义建党理论，介绍建党的基础知识，特别是组织工作的程序与方法等方面的内容。《共产党》刊登《俄国共产政府成立三周年纪念》《俄国共产党的历史》《共产党同他的组织》《共产党第九次大会》《共产党未来的责任》等文章，详细地介绍俄罗斯共产党的相关情况。[①] 除了在知识分子中发行之外，还在工作之中进行秘密传播，较好地发挥了马克思主义建党理论大众化的作用和功能。

最后，在平民学校中，宣传马克思主义建党理论。陈独秀十分注重通过面授的方式宣传马克思主义理论，特别是对于文化水平不高的劳动群众来说，他们没有条件和能力进行书面的学习，对《新青年》这样的理论刊物不易理解，所以，陈独秀一直坚持在劳动群众中传播马克思主义，要用平民学校的方式进行。在北京期间，他就经常去长辛店工人夜校去上课，到了上海之后，他又安排上海的马克思主义者积极创办平民学校，并亲自到学校去授课。1920 年 8 月，上海共产主义小组成立，陈独秀认为，共产党是工人阶级的先锋队，要壮大党的力量，必须设法接近工人，在工人中灌输马克思列宁主义，组织工人参加工会。但工人缺少文化，很难接受马克思主义教育，因此决定举办工人学校。是年秋，由上海共产主义小组成员、湖南省知识青年李启汉负责，选择了上海纺织工人最集中的沪西小沙渡，创办了工人半日学校，李启汉兼任教师。[②]

（二）中国共产党成立初期的建党理论教育

如果说中国共产党成立之前，马克思主义建党理论大众化的主要目的是在群众中进行宣传，旨在为成立党组织进行政治动员的

① 徐信华：《中国共产党早期报刊与马克思主义大众化》，人民出版社 2013 年版，第 103 页。

② 张玲：《苏北人与上海革命运动：1921—1949》，人民出版社 2016 年版，第 83 页。

话，那么，中国共产党成立之后，建党理论的宣传对象和目的就有了一定的发展变化。除了继续在群众中广泛宣传马克思主义建党理论之外，重点已经聚焦于党内，对各地的党员干部进行马克思主义建党理论宣传。因为这些党员干部在各地党组织的发展壮大中，具有十分关键的作用，他们能否坚持马克思主义建党理论，在发展学员时能否坚持标准，对尚处在幼年时期的中国共产党来说是非常重要的，所以首先必须要将这部分人建党理念统一到马克思主义建党理论上来。

第一，制定马克思主义建党理论宣传的机构与规范。

1921 年 7 月，中国共产党第一次全国代表大会召开，这既是马克思主义建党理论大众化的重大实践成果，同时又是马克思主义建党理论大众化的新起点。在中共一大上，党的宣传工作得到重视，并且在组织机构与人事安排上予以了保障。

1921 年，在嘉兴南湖上完成了中共一大的最后议程。其中重要的内容就是选举成立了党的最高领导机构。从这次会议的安排来看，中国共产党对宣传工作是相当重视的。尤其是对民众的宣传，从一开始就是重点内容之一。中共一大召开时，陈独秀正在广州担任广东省教育委员会委员长，事务缠身，无法出席，但他对会议高度重视，始终主导着会议。他派了专门代表包惠僧参加会议，以信件的方式对大会的议程与内容提出了建议。其中第一条就是大力发展党员，要发展党员就必须加大宣传动员力度。其原话是“一曰培植党员（即征求党员）”[①]。共产国际代表在这一问题上的态度和观点与陈独秀高度一致。在中共一大开幕会上，共产国际代表马林的

① 中国社会科学院现代史研究室、中国革命博物馆党史研究室编：《“一大”前后》（二），人民出版社 1980 年版，第 173 页。

致辞中，在谈到大会应该讨论的问题时强调：目前中国共产党的成员还是以知识分子为主，工人阶级的成分太少。大会应该重点讨论这一问题，并在今后的工作计划与组织安排上，对如何宣传和动员工人阶级，扩大工人党员问题上进行充分讨论。陈独秀的建议与马林的致辞，实际上就是对加强中国共产党成立后的宣传和组织工作提出的设想，也为大会的讨论内容做出了指引。

这些建议在中国共产党的组织人事安排上得到了体现。中共一大选举产生了最高领导机构中央局，中央局的工作主要有两项：一项是宣传工作，决定由李达负责；另外一项是组织工作，由张国焘负责。这一安排显然是有所考量的，将宣传工作放在了首要的地位，在组织人事安排上落实了陈独秀和马林的指导思想。因为陈独秀离开上海后，李达实际主持了上海共产主义小组的工作，而上海共产主义小组又是中共一大的承办方，在一大会务和人事安排上有着重要的发言权甚至决定权。李达的实际地位和在中央的作用，是高于张国焘的，李达实际上负责中央的宣传工作，这说明中共一大对党的宣传工作的高度重视。同时李达常驻上海，代替陈独秀主持中央局的日常工作，以中央局实际负责人兼任宣传工作，更是说明中央对宣传工作的重视。这就为中共一大后马克思主义建党理论的宣传特别是教育工作，奠定了坚实的基础。

中共一大通过了中国共产党历史上第一个《纲领》，对宣传工作的各级组织设置与内容重点都做出了具体安排，《纲领》规定，地方和基层党组织“十人以上者，设财务员一人，组织员一人，宣传员一人”①。对内容的要求是“组织工业劳动者，农业劳动者和士

① 中共中央党校科研办公室编：《中国共产党章程汇编》，中共中央党校科研办公室1986年版，第4页。

兵，宣传共产主义”①。宣传委员的主要职责是宣传共产主义，中国共产党从成立伊始，就将向工农群众宣传共产主义理论作为自己最根本的任务，并在各级组织机构的设立上予以了根本保证。中国共产党自成立伊始就保证自身建党原则和建党理论与马克思主义大众化的深度结合，这就为扎实打好中国共产党的群众基础提供了强有力的保证。通过理论的宣传，通过马克思主义大众化，把党和人民群众紧密结合起来，这是中国共产党成功的根本基因和原始密码。在一百年的惊涛骇浪中，这种根本基因和原始密码，一直是中国共产党领导中国人民进行革命、建设和改革并取得伟大成就的最有效运行机制。

第二，马克思主义建党理论宣传的重点推进。

中共一大结束后，陈独秀也尽快结束了广州的工作，辞职回到了上海，亲自主持中央的日常工作。毛泽东回到了湖南，宣传和动员人民群众，吸收新党员，发展壮大党组织，这也成为中央各地方领导人的首要任务。

陈独秀于1921年9月回到上海，在主持中央工作的过程中，对于马克思主义建党理论宣传和教育工作高度重视，从多个方面落实党的一大所确立的扩大群众宣传，加快发展党员的精神。

要宣传教育就必须找准对象，而且必须把对象有效地组织起来，否则宣传教育的针对性就会大大降低，宣传的效果也会达不到预期。所以，中央通告的目的非常明确，先把工人以工会的形式组织起来，然后，对这些组织起来的对象进行教育和宣传。将马克思主义理论特别是马克思主义建党理论灌输到他们的思想之中去。从

① 中共中央党校科研办公室编：《中国共产党章程汇编》，中共中央党校科研办公室1986年版，第3页。

而提升工人阶级加入中国共产党的积极性和主动性，壮大中国共产党的工人阶级成分，从而保证中国共产党的工人阶级性质。

陈独秀仍然将工作重点放在对工人阶级的宣传和动员上，坚持马克思主义建党理论的工人阶级基础原则。中共一大后，陈独秀回上海之前，中央已经在上海成立了中国劳动组合书记部，代表中国共产党领导组织对工人阶级的宣传与动员，同时创办《劳动界》杂志，作为向工人阶级宣传马克思主义理论、开展工人党员理论教育的机关刊物。陈独秀回上海之后，加强了这方面的工作，1921 年 11 月，中共中央局发出了第一号通告：《中国共产党中央局通告——关于建立与发展党、团、工会组织及宣传工作等》。从通告的标题就可以看出，第一号通告的重点仍然是在对工人阶级动员特别是宣传教育上，其目的是在马克思主义建党理论大众化的基础上，吸收更多的工人党员，为壮大党的力量而努力。这份以中央局陈独秀署名的通告。内容非常简洁清晰，那就是将工人为主的人民群众组织起来，向工人为主的劳动阶级进行理论宣传：

(C) 各区必须有直接管理的工会一个以上，其余的工会也须有切实的联络；在明年大会席上，各区代表关于该区劳动状况，必须有统计的报告。(D) 中央局宣传部在明年七月以前，必须出书(关于纯粹的共产主义者) 二十种以上。①

通告对宣传工作提出了近乎苛刻的要求。一是数量上的要求，在未来的 8 个月时间内，必须出书 20 种以上，这在当时的中央宣传部的人手现状和技术条件下，这个数量是非常之多的，体现了中共中央局和陈独秀对马克思主义理论宣传特别是马克思主义建党理论宣传的迫切心情。20 多种书就是马克思主义大众化的载体和工具，

① 邵维正：《日出东方——中国共产党创建纪实》，人民出版社 2011 年版，第 364 页。

这20多种书会把很多理论观点和实践主张传播到工人为主的人民群众之中去，马克思主义的理论就会被群众掌握，群众就会对共产党的主张和行动有着更为深入的理解和认识，入党的积极性就会大大提高。通告不仅在数量上提出了明确的标准，而且对出书的内容做了严格的规定，那就是内容必须是马克思主义的，而不是其他什么内容和观点的书籍。特别强调纯粹的共产主义者的内容。

在通告发出之后，中央宣传部立即开始行动，要出书就首先要有自己的出版机构，在李达的组织领导下，成立了中国共产党历史上第一家出版机构——人民出版社。这也是马克思主义大众化进程中的重要平台和载体，也是建党初期马克思主义建党理论传播的重要手段。出版社出版通俗性的以马克思主义建党理论为主的译介普及读物。在很短的时间内就出版了15部普及性读物。主要有《共产党宣言》《资本论入门》《共产党礼拜六》等宣传党的性质与任务的普及性读物。除此之外，出版社还以宣传单张、小册子的形式印制更多口号式的宣传品，结合一些时事热点和纪念活动，进行马克思主义建党理论的普及与宣传。

毛泽东回到湖南后，并没有立即开始组织发展党员工作，而是先在宣传教育工作上投入了很多精力。从《毛泽东年谱》的记载来看，他回到长沙后的第一件事就创办完善湖南自修大学。创办自修大学就是为了从根本上解决马克思主义建党思想的宣传机构与工作载体的问题。毛泽东在此投入了大量的精力，自修大学的办学形式与宗旨，大学的章程与规则都由他亲自起草，反复修订。为在湖南地区进行马克思主义建党理论宣传，培养思想上合格的发展对象播下了大批种子。自修大学的形式多样，对入学的人员没有设置门槛。自修大学宣言写道：

自修大学为一种平民主义的大学。校外学生凡有志向学均可入学，打破学术秘密。自修大学的学生可以到学校里研究，也可以在自己家里研究，也可以在各种店铺里、团体里和公事的机关里研究。自修大学的学习内容和方法，主要是："自己看书，自己思索"，"共同讨论，共同研究"，辅之以教师指导；学生"不但修学，还要有向上的意思，养成健全的人格，湔涤不良的习惯，为革新社会的准备"。①

湖南自修大学可以说是中共历史上第一所干部教育学校，学习的核心内容还是马克思主义理论，特别是马克思主义建党理论。从所用的教材就可以看出，毛泽东在干部的教育培养中是高度重视马克思主义建党理论的教育和宣传的。"这是中国共产党成立后建立的第一个培养干部的学校。他们以《共产党宣言》、《哥达纲领批判》为教材进行专题研究，学员采用自己看书、自己思考、共同讨论的方法学习马克思主义，并多次举办公开的马克思学说讲演会。"②

中共一大之后，李大钊回到了北京，根据大会的精神，继续宣传马克思主义理论，并且将重点内容转向了马克思主义建党理论的宣传，宣传的受众也更有针对性。他将早前成立的马克思主义研究会进行改组与扩编，指示邓中夏在《北京大学日刊》发布启事，明确研究会的宗旨与方针，公开向全社会招募会员，特别强调欢迎产业工人加入研究会。原来人数不多，而且局限在少数知识分子的研究会，在半年之内，人数就扩大到150多人，而且有一批产业工人加入。研究会有效地开展马克思主义建党理论的宣传和教育工作。

① 中共中央文献研究室编：《毛泽东年谱（1893—1949）》上册，中央文献出版社1993年版，第87页。

② 邵维正：《日出东方——中国共产党创建纪实》，人民出版社2011年版，第367页。

研究会购买了一大批进步书刊，如《共产党宣言》等通俗读物，方便研究会成员研读，并通过一定的形式为工人群众进行内容的解读。北京地方党组织还利用一些纪念日，向群众进行马克思主义理论的宣传工作，编印小册子，散发传单，发表演讲，向群众宣传党的理论和主张，发动和动员群众参加和支持党领导的各种革命，将马克思主义大众化的理论宣传，转化为人民群众的理论应用与实践活动，提升了马克思主义大众化的实际成效。

第三，指导马克思主义建党理论的应用实践。

在中共一大前后，马克思主义大众化的最基本内容就是马克思主义建党理论的宣传和实践应用。中共一大的召开是马克思主义大众化的最大成果。反过来，中共一大的召开又为马克思主义大众化的进一步展开提供了更好的组织基础。一大前后马克思主义大众化的主要内容是由中国革命的实际需要决定的。这一时期的马克思主义大众化必须解决中国革命的本体论问题。所谓本体就是中国革命必须要有一个坚强的领导组织核心。这在辛亥革命之后，已经成为中国社会的共识，同盟会式的松散机制证明不能承担起这一责任，必须有一个更加严密和更加有力的组织体系。俄国列宁式的组织就成为中国先进分子学习和模仿的对象。俄国党组织就是以马克思主义建党理论为基础的，所以，宣传马克思主义建党理论就成为组建中国新的革命领导核心，也就是构建中国革命本体——政党组织。

一大前后，马克思主义大众化的重要实践表现形式，就是在积极推动各地党组织的发展壮大，在传播马克思主义建党理论的前提下，大力发展党员。

上海作为中共中央所在地，马克思主义建党理论大众化的工作做得深入且广泛，实践效果也得到了很好的显现。党的一大后，上海地方和基层组织的发展迅速，党员人数增加很快。按照中央通告的要求，上海首先成立了中国共产党上海地方执行委员会，由陈望道担任书记，按照中央的框架，设立组织和宣传委员。上海地方党组织在宣传和动员群众加入中国共产党方面做了大量很有成效的工作。在1922年中共二大之前，上海已经有党员50多人，超额完成了中央局给上海安排的党员发展任务。

北京地方党组织在马克思主义建党理论宣传和教育的基础上，组织建设与党员发展的速度也很快，马克思主义建党理论大众化的实践工作取得了突出成绩。参加中共一大回到北京后，李大钊立即重点在工人群众特别是产业工人中发展对象，进行重点教育和培养，最终将这些重点对象发展成为共产党员。长辛店的工厂区，是北京地方党组织工作的重点，先后有一批产业工人在这里加入了中国共产党。根据中央的通告要求，李大钊成立了中国共产党北京地方委员会，李大钊任书记，下设宣传、组织和财务3个委员。为了扩大党组织在北方地区的影响，发展更多的党员，中共北京地方委员会又在北京附近的天津、张家口、唐山等建立了支部，马克思主义建党理论大众化的实践运用进一步展开和深化。

马克思主义建党理论大众化的实践运用在湖南地区也是有声有色，深入推进。毛泽东回到湖南之后，首先在马克思主义建党理论宣传和教育前提下，加快党员发展进度，先后发展了一大批学员，如易礼容等。然后是建立湖南地方党组织，一开始的名称是湖南党支部，于1921年10月成立，毛泽东任书记。后又迅速在其他重要城市成立支部，如衡阳、常德、岳阳等地都建立党支部或党小组，负责本地区的理论宣传和党员发展工作。1921年秋冬之际，湖南的党员人数已经达到了30多名，排在全国前列。在中央通告发布之后，湖南党支部又积极响应中央号召，成立中国共产党湘区委员会，毛泽东任书记，何叔衡、易礼容、李立三担任委员。

毛泽东在回顾马克思主义建党理论大众化及其应用历程与经验时说过："既要革命，就要有一个革命党。没有一个革命的党，没有一个按照马克思列宁主义的革命理论和革命风格建立起来的革命党，就不可能领导工人阶级和广大人民群众战胜帝国主义及其走狗。""自从有了中国共产党，中国革命的面目就焕然一新了。"[①] 马克思主义建党理论的大众化宣传及其实践应用，在中国共产党发展史上、在中国革命发展史上都有着极其重要的作用。在一个很短的时间内，马克思主义建党理论能够在中国得到如此快速的传播，并得到有效的实践运用，产生了中国共产党及其各级党组织，这充分说明了马克思主义建党理论的巨大威力，说明了中国的马克思主义者在马克思主义大众化工作上的有效性，也说明了中国的社会大众对马克思主义理论特别是马克思主义建党理论的需要与渴望。

二、马克思主义工人运动理论的大众化

如果说马克思主义建党理论大众化解决的是中国革命领导机构问题的话，那么，中国共产党这个领导机构必须通过解决中国社会所存在的严重问题，来证明实体的存在意义和价值。这就需要从中国革命的建党理论，走向中国革命的阶级行动。从中国共产党第二次全国代表大会开始，中国共产党就开始思考如何推进中国革命的重大理论与实践问题。马克思主义建党理论的宣传和教育继续推进的同时，理论宣传和教育的重点已经转向了如何动员和组织人民群众参加革命的实际行动了。马克思主义革命理论特别是工人行动理

① 《毛泽东选集》第 4 卷，人民出版社 1991 年版，第 1357 页。

论的大众化就必然成为这一时期的宣传和教育工作重点。中共二大对马克思主义理论大众化的内容重点做出了明确的规定，那就是必须以动员工农群众参加革命运动为主，重点向他们宣传为什么要革命，如何进行革命的道理。

（一）工人运动理论的宣传

中国共产党第一次全国代表大会，将中国共产党的性质确定为工人阶级政党。顾名思义，领导工人进行革命斗争，争取自身的解放，就必然成为中国共产党的中心任务。所以，在党的一大之后，中共中央和各级地方党组织逐渐由一大之前的以宣传马克思主义建党理论为主，向宣传马克思主义工人运动理论为主进行转变。因为要领导工人运动，首先必须进行思想动员，思想动员必须以马克思主义基本理论向工人的思想意识转化为前提。因为工人运动必然是政治运动，是通过政治运动，来获取工人阶级的彻底解放。

建立马克思主义工人革命理论的宣传阵地。

首先，中央和上海党组织举办了《劳动周刊》。上海是中国产业工人最集中的地方，也是中共中央所在地，其理论宣传能力与组织机制在全国也是处于前列。在当时，中共中央和上海地方党组织在很大程度上是重合的，在人数都不是很多，机构比较简单的情况下，马克思主义工人革命理论的宣传基本上是在一起做的。

党的一大之前，上海共产主义小组为了马克思主义建党理论大众化，专门办了《共产党》杂志，取得了良好的宣传效果。在这一经验的启发下，中共中央和中共上海地方执行委员会又办了一份刊物，取名为《劳动周刊》。从名字就可以看出，这是以劳动群众为对象创办的。这份刊物的影响不仅在上海，而且通过邮寄的方式，向中共其他地方党组织发行，可以说是一份全国性质的工人运动专门刊物，在中国共产党马克思主义工人革命理论大众化方面发挥了重要的作用，有着重要的影响。

“我们希望……扩大解放全人类的声浪，促进解放全人类的事业实现。”这一办刊宗旨就是马克思主义工人运动的直接表述，就是全世界无产阶级联合起来的工人运动方法和路径的明确呈现，充分说明了刊物以宣传马克思主义工人革命理论和工人运动方法为核心理念。宣传的对象当然是以工人阶级为主，同时也是对党内从事工人运动组织领导工作的党员干部的理论引领和方法指导。《劳动周刊》的特点是：语言通俗易懂，题材多样，贴近工人自身的生活，周刊很适合工人阅读和理解。当时《劳动周刊》被人们称为“教育训练劳工们一个最好的机关报”①。

其次，其他地方纷纷建立了工人运动的理论宣传阵地。在中央和上海地方党组织的示范带动下，全国其他地方党组织对于建立工人革命理论的宣传阵地非常重视，纷纷结合各自的实际，建立多种形式的工人革命理论和实践的宣传阵地。北京地方党组织在李大钊的领导下，创建了《工人周刊》。这一刊物可以说是上海《劳动周刊》的姊妹刊物，在北方地区有着重要的影响。特别是在北京地区的工人之中，其受欢迎的程度甚至高过《劳动周刊》。刊物的通俗化程度更高，同时特别强调从工人的利益出发，通过争取工人阶级的利益，再向工人宣传，要真正实现自己的利益，必须实现阶级解放，要实现阶级解放，就必须以马克思主义工人革命理论为思想基础，工人阶级要学习共产党所提供的理论，接受共产党的教育与领导。道理非常通俗，内容也非常深刻。这是北方地区马克思主义工人革命理论大众化取得重要成就的根本前提条件。

---

① 张宝明：《中共早期期刊历史系谱》上卷，人民出版社2018年版，第64页。

《工人周刊》很快就销行北方各地，成了北方最受工人欢迎的一个刊物，被誉为“劳动者的喉舌”，“北方劳动界的言论机关”。《共产党》月刊也称赞它“办得很有精神”。因此，创刊不久，“销数骤增”。一般的报纸当时常只销千把份，而周刊曾销行到两万份，至少也销五千份以上。每出刊一期，工人争相阅读。[①]

由于北方地区工人的宣传教育和实践活动开展得卓有成效，为工人运动的进一步发展打下了坚实的基础，1922 年 5 月，中央决定，将中国劳动组合书记部从上海迁到北京，以便有效利用北京地区马克思主义工人革命理论和工人运动方法大众化的有效成果。中国劳动组合书记部决定以《工人周刊》作为自身的机关刊物。《工人周刊》曾经是北方地区马克思主义工人革命理论和工人运动方法大众化的刊物，后成为向全国工人阶级宣传马克思主义工人革命理论和工人运动方法的普及性刊物，其地位和作用上升到了一个全新的高度。

（二）工人运动理论的培训与实践

办刊物，发文章，是一种开放性的宣传手段，其受众比较难以控制，而且效果也有长期性，只能从长期的思想宣传需要来考量马克思主义工人革命理论大众化的实际效果。要有可控的培养工人运动的骨干，同时在短期内有效动员工人群众，还必须进行面对面的教育和培训，而这一任务必须是通过建立教育培训平台来实现。

中共一大之后，中央通过劳动组合书记部向全国提出，要继续办好工人夜校、培训学校等理论宣传和工人教育的机构，为切实有效地进行马克思主义工人革命理论大众化提供组织基础。“‘中国劳

① 本书编写组：《李大钊传》，人民出版社 1979 年版，第 117 页。

动组合书记部’的日常工作，主要是举办工人业余学校和出版校刊，对工人进行马克思列宁主义的宣传教育；帮助各地工人建立工会组织；领导工人进行罢工斗争。”①

党的一大后，李大钊对北京地区原有的工人教育培训机构进行了强化和提升，以长辛店地区为基础，长辛店工人补习学校成立于1921年1月，一大之后，李大钊和北方区委决定将工人教育培训和工人运动实践结合起来，将原来工人补习学校改建为工人俱乐部。这一改动很有实用性和策略性。原来的补习学校班主要是以单向的宣传教育为主，俱乐部则可以进行工人的日常活动，可以加大工人的参与性，同时延长工人在俱乐部的逗留时间。改为俱乐部后，在演讲互动提问环节，有了很大的扩充，目的是让工人在听取演讲和提问答疑的过程中，加深对马克思主义工人革命理论的理解与认识。俱乐部重点加大了对工人政治知识的宣传，特别是加强对工人的阶级理论和唯物史观教育。当时的亲历者是这样叙述的：

每星期一次，在俱乐部开讲，一般都规定在下午，听众满座，全是工人。讲演的内容，通常是关于普通常识，但常常夹杂不少的政治问题，如：“甚么叫做政党，为什么工人要有自己的政党?”，“马克思学说主要的内容和他与工人运动的关系”，“为甚么我们要主张承认苏联?”等等。在讲演之后，工人听众每次都提问题，而且出了讲堂也有工人们和我谈话的，谈得亲密起来，有时还有请我到他们家里去休息的。我那时常利用这些机会和他们接近，宣传马克思主义要义及共产党为什么是工人阶级政党的理由。②

---

① 中共中央党校党史教研室：《中国共产党史稿》第一册，人民出版社1981年版，第59—60页。

② 朱务善：《中共成立前后在北京工作的回忆》，载《“一大”前后中国共产党第一次代表大会前后资料选编》（二），人民出版社1985年版，第99页。

马克思主义理论与工人阶级的结合，在北方地区取得了良好的实际效果，长辛店成为全国工人宣传教育的模范和示范地区，北方工人特别是各铁路的工人都“知道长辛店有个俱乐部，大家不觉油然而生羡慕之心；在当时工人们仿佛觉得长辛店是工人的‘天国’，于是各处纷纷派代表前来长辛店参观”。而这就又给了年青的党组织以更好的工作机会，“乘时宣传”，物色骨干，建立联系。各地代表归去后也模仿长辛店组织起俱乐部。①

毛泽东开完一大，回到湖南创办湖南自修大学。自修大学是针对全社会进行马克思主义理论和进步思想文化宣传，是马克思主义大众化的重要宣传与教育平台。虽然不是专门针对工人的马克思主义大众化，内容也不全是马克思主义工人革命理论，但自修大学的教育对象和宣传内容还是包括了工人与工人革命理论的。自修大学应该是建党初期，马克思主义工人革命理论大众化的重要平台。

当时产业工人比较集中的湘东的安源地区，当然引起了毛泽东的高度关注，1921 年底，毛泽东首次进入安源进行考察，在充分了解工人运动的思想状况之后，觉得很有必要在这里开办工人教育与培训机构，加强对工人的马克思主义工人革命理论宣传教育。于是他决定以湘区委员会的名义在安源开设工人补习学校。具体安排当时任区委委员的李立三具体负责。1922 年 5 月，安源工人补习学校扩大为工人俱乐部，工人教育的规模有了很大增长，内容也更加丰富。毛泽东还参加安源工人俱乐部干部会，同夜校工人谈话，访问工人家庭，强调工人要加强团结，壮大组织。刘少奇在补习学校与工人俱乐部的成立和发展过程中，发挥了重要作用。后来，为了适应工人运动的实际需要，安源工人俱乐部下设的工人学校分别设立

① 本书编写组：《李大钊传》，人民出版社 1979 年版，第 118 页。

了7间，学生人数高达2000人，还出版自身的校刊《安源旬刊》，为国民革命与国共合作输送了大批人才，仅选派到黄埔军校学习的工人就有30多名。充分体现了安源工人学校在马克思主义工人革命理论大众化方面的突出成绩。

三、马克思主义统一战线理论的大众化

在马克思主义工人革命理论大众化的基础上，中国共产党领导的工人运动迅速进入了高潮，以香港海员大罢工为起点，工人革命浪潮风起云涌，充分展示工人运动的巨大力量。然而，由于中国反动势力的残暴，而中国工人阶级的人数相对较少，仅仅依靠人数较少的工人，要想取得中国革命的胜利，显然是十分困难的。正是基于对这一现实的考量，在共产国际的指导下，中国共产党决定推动建立革命统一战线，联合国内外一切有着革命意愿的阶级力量共同来与反动势力特别是军阀封建势力和帝国主义进行斗争。在这种情况下，宣传马克思主义统一战线理论和党的推动建立统一战线的方针政策，就成为中共早期理论宣传和教育的重要内容。

（一）统一战线理论的阐释与教育

中共二大的一个重要内容就是将马克思主义革命理论与中国社会实际相结合，以列宁民族殖民地问题理论为依据，把中国革命进程划分为两个不同的阶段：民族民主革命和社会主义革命。当下的主要任务是民族民主革命，主要任务是推翻封建军阀统治，反对帝国主义的侵略。这个理论内容比较深刻，逻辑也比较复杂，与之前关于马克思主义革命理论特别是工人革命理论的宣传形成了一些差

别。所以，二大之后，党的宣传教育的主要任务就是让各级党员和革命群众，认识和理解列宁民族殖民地革命理论，解释在中国进行民主革命和建立统一战线的重要性。中共一大曾经强调，中国共产党不与其他政治势力发生任何形式的往来。而二大之后的理论与方针发生了较大改变。这就需要通过理论宣传和教育，把这些重大的理论问题解释清楚。这就是马克思主义大众化的新任务。

民族殖民地革命理论是列宁根据马克思主义革命理论，并结合东方社会的历史与现实所提出来的重要理论，在很大程度上可以说，中国共产党领导的革命就是在这一理论逻辑的指导下进行的。这一理论的最早确立是在1920年共产国际第二次代表大会上，以两个重要文件的形式体现出来：《土地问题提纲》和《民族和殖民地问题提纲》。这两份文件集中阐述马克思主义革命理论之下的东方社会的民主革命理论原则与实践道路问题。因为东方社会的社会结构和现实状态，还没有进入到马克思主义革命理论所论述的无产阶级社会主义革命阶段，还要先经过反帝反封建的民主革命。

共产国际二大召开之时，中国共产党还处在早期组织时期，这一重要的思想在中共一大时显示并得到体现。但随着共产国际和列宁思想在中国的不断传播，列宁民族殖民地革命理论终于引起中国共产党人的重视，并对其进行了宣传。最早宣传这一理论的是1922年1月号的《先驱》杂志，这是中国社会主义青年团的机关刊物。这期刊物发表的译文《第三国际对民族和殖民地所采取的原则》，概要介绍了列宁的民族殖民地革命理论。这是列宁这一理论在中国最早的传播。鉴于这一理论对东方国家的重要性，同时也是基于东方各国党组织对这一重要理论的认识不够。共产国际决定专门召开东方国家的代表会议，中国共产党的代表瞿秋白参加了这次会议。列宁对中国革命问题相当重视，专门接见中国代表。瞿秋白将会议精神和列宁在会见时的讲话，翻译成中文，传回到国内特别是在上海和广东两地进行宣传，由于这一理论的学理性较强，所以主要是以党内学习的形式进行宣传，以马克思主义大众化的一种最为有效的形式来进行。

列宁民族殖民地革命理论的宣传，迅速产生了效果。1922 年 6 月 25 日，中国共产党第一次发表对时局问题的宣言，将这一重要理论和中国共产党的态度向全国人民公布，1922 年 6 月发表的《中国共产党对于时局的主张》对反帝反封建的民主革命任务作了比较完整的表述。“联络民主派共同对付封建式的军阀革命，以达到军阀覆灭能够建设民主政治为止。”① 以对时局主张的形式，公布中国共产党的一些重大理论观点和行动方案，是民主革命时期马克思主义大众化的重要途径与形式。这种方式直截了当，将马克思主义在中国运用的基本观点和实践主张，向社会大众公开表述，迅速地将党的理论传播到人民大众之中去。中国共产党第一次关于时局的主张，就是民族殖民地革命理论向大众传播的最早的系统方式，它宣示中国共产党的革命理论已经从一般意义上的马克思主义无产阶级革命理论向着符合中国历史发展和社会实际的马克思主义民族殖民地革命理论转化。马克思主义大众化的内容转换，也预示着中国共产党领导革命的内容发生深刻变革，新民主主义革命将成为中国革命的主要任务。

1922 年 7 月，中国共产党第二次全国代表大会在上海召开。这次会议的理论基础和主导精神就是列宁的民族殖民地革命理论，中国共产党已经将新民主主义革命作为自己的重要任务明确下来。大

---

① 中央档案馆编：《中共中央文件选集》第 1 册，中共中央党校出版社 1989 年版，第 45 页。

会认为，中国共产党积极推动工人运动的理论和实践是完全必要的。但在现阶段的中国，要高度重视中国的基本问题，不仅仅是资本家压迫工人的问题，而是封建军阀残暴统治整个中国人民的问题。大会正式提出了进行民主革命的概念："只有无产阶级的革命势力和民主主义的革命势力合同动作，才能使真正民主主义革命格外迅速成功。"因此，"中国共产党为工人和贫农的目前利益计，引导工人们帮助民主主义的革命运动，使工人和贫农与小资产阶级建立民主主义的联合战线"。[①]

自此之后的一段时期内，民主革命的理论与实践问题的宣传教育，成为中国共产党马克思主义大众化的核心内容。由于这一问题的复杂性，还不能完全以通俗的语言表达清楚，所以，在这个理论问题上的大众化，主要是以理论阐释和宣传为主，以理论文章的形式登载在党的各级宣传刊物上。

1922 年 9 月，陈独秀在党的机关刊物《向导》上发表文章，题目为"造国论"，提出了一个重要的革命概念"国民革命"。这个概念是马克思主义革命理论与中国社会实际相结合的概念转换，是马克思主义统一战线理论在中国的运用。陈独秀指出："国民革命解除国内国外的一切压迫。"[②] 这一概念经过《向导》的传播，成为被全党接受并为共产国际认可的基本概念。成为中国共产党马克思主义革命理论与实践转化的重要标志，是马克思主义革命理论大众化的具体表现与重要成果。陈独秀在这一概念的基础上，继续对全党进行马克思主义民主革命理论和统一战线的宣传。1923 年初，他先

① 中央档案馆编：《中共中央文件选集》第 1 册，中共中央党校出版社 1989 年版，第 114、115 页。

② 陈独秀：《造国论》，《向导》1922 年第 2 期，第 158 页。

后发表了《统一的国民运动》和《怎样打倒军阀》等文，进一步指出了开展国民革命的重要性和迫切性。他说："散漫不集中的各个运动，决不能打倒困兽犹斗的军阀；能够打倒军阀的只有统一的国民运动。"①

李大钊对民主革命理论的宣传十分积极，他发表了多篇文章来解释民主革命理论，阐述民主革命的必要性，表明中国共产党民主革命和统一战线的主张。热情地呼吁"全体人民"应该赶快地不踌躇地联合一个"民主的联合阵线"，来推翻帝国主义和军阀的压迫。他与邓中夏、黄日葵等写给"少年中国学会"杭州大会的提案中，也指出："任何主义者都应该在这时，抛弃一切武断的成见"，"用革命的手段以实现民主主义为前提"，"共同认定一联合的战线"。又说中国国民党"抱民主主义的理想，十余年来与恶势力奋斗……从今以后我们要扶助他们，再不可取旁观的态度"。②

关于国民革命理论的宣传，对于推进马克思主义革命理论特别是列宁民族殖民地革命理论的大众化，具有重要的意义，正因为有了这一大众化，全体党员才会在民主革命理论特别是统一战线实践方向上达成共识，正因为有了这种共识，中国共产党第三次全国代表大会才会顺利做出开展国共合作推动国民革命的一系列决议。

（二）统一战线理论的运用与实践

1924 年，国民党召开第一次全国代表大会，正式宣布开展国共合作，第一次国共合作的大幕正式开启。如果说，之前的马克思主

① 《陈独秀文集》第 2 集，人民出版社 2013 年版，第 340 页。

② 中共北京市委党史研究室：《李大钊文集》（续），人民出版社 1989 年版，第 37 页。

义民主革命理论和统一战线方案大众化的主要对象是党员干部的话，那么，1924 年之后，马克思主义民主革命理论和统一战线方案大众化的对象就要扩大到人民群众。因为，只有用让人民群众了解民主革命理论和统一战线的基本方略之后，人民群众才会变成革命群众。

第一，军校之中讲统战。

黄埔军校间国共合作的重要成果，也是国民革命的组织基础，之所以成为国民革命的组织基础，就在于与之前所有的军校不同，除了传授军事技艺之外，还将政治理论教育作为重要内容。中国共产党主导了黄埔军校的思想政治教育，其核心内容就是马克思主义民主革命理论和统一战线的方案。周恩来担任政治部主任，在主张学校可以宣传三民主义、马克思主义理论的前提下，在实际思想教育中将二者较好地结合起来，因为三民主义也是主张民主革命的，与马克思主义的民主革命理论，特别是中国共产党的统一战线方案相符合。但主要突出马克思主义的世界观和方法论，特别强调军队的国民革命任务和军事服从政治的革命军队性质。周恩来以政治教官的身份，经常在军校校刊上发表关于革命军队的政治性和国民革命任务的文章，让学校学员广为阅读和理解。他告诫军校学员，“中国被压迫的民族及其他被压迫的弱小民族，觉悟到帝国主义者和军阀的压迫的时候，也会从他们本身造出的武力用来打倒帝国主义，打倒军阀”。周恩来这时已开始认识到军队在中国革命中的极端重要性，他说：“军队的组织有很重大的意义，是实现我们的理论的先锋。”[①] 政治部制定的《政治训练班纲要》规定给学生讲授八门政治课，“帝国主义之解剖”“社会发展史”被列为重要内容。所

① 本书编写组：《怀念周恩来》，人民出版社 1986 年版，第 248 页。

有这些，都方便宣传革命思想和传播马克思主义理论。为使政治工作持续开展，军校制定了一系列政治工作制度，定期举行“政治讲演”，进行反帝反封建的革命宣传。[①] 黄埔军校的思想政治工作是马克思主义大众化在正规学校实施的重要尝试，产生了突出的效果，黄埔军校之所以成为国民革命的重要组织基础，与以周恩来为代表的中国共产党人在学校坚持马克思主义大众化的努力分不开。黄埔军校的思想政治教育成为马克思主义大众化的重要形式，在马克思主义大众化百年历史进程中一直产生着重要影响，自此之后，中国共产党把各级各类学校的思想政治教育始终放在重要地位。

第二，讲习所里说统战。

如果说黄埔军校还是国共两党共同主办的，中国共产党人推进马克思主义大众化在学校实施上还受到了一些制约和影响的话，那么同期，在广州举办的农民运动讲习所（简称农讲所），则完全是中国共产党人在国共合作的总体理念和框架下，独立开办和运作的培养国民革命人才的机构。这个农讲所以培养农民革命人才为主要目标，先后在广州举办了6期，其中有不同的主办人，而毛泽东主办的第6期，规模最大，学员最多，影响最深。农讲所一直把马克思主义民主革命理论和统一战线方针教育，作为教学内容的核心。毛泽东主持的这期农民运动讲习所注重：（1）进行系统理论教育，增强革命的理论和方法，尤其是农民运动的理论和方法。（2）加强课外理论研究。（3）进行实际的农民问题研究。[②]

第三，北伐途中用统战。

---

① 本书编写组：《怀念周恩来》，人民出版社1986年版，第249页。

② 中共中央文献研究室编：《毛泽东年谱（1893—1949）》上册，中央文献出版社1993年版，第163页。

经过国共两党的长期酝酿和准备，以推翻封建军阀政权的北伐战争于1926年底正式拉开序幕。中国共产党不仅将此次行动作为民主革命的重要环节和内容，而且将此次实践行动与民主革命理论宣传和人民群众动员紧密结合起来，为民主革命的顺利推进和深入发展打下思想理论和群众基础。在北伐沿途，中国共产党把工农运动的宣传和发动作为整体行动的不可分割的组成部分，在思想发动与理论宣传方面做了大量工作，取得了明显效果，特别是南方几省的宣传动员效果非常明显，成为北伐战争有力推进的重要条件，也为后来土地革命的展开奠定了强有力的思想基础和群众基础。在广西，农民运动宣传员所到之处，深受农民欢迎，所讲的道理也得到群众的接受。有资料反映了当时对农民宣传的生动过程：

特派员林培斌，中央宣传部立宣传养成所学生陈之颖，及广大学生陈岳秀三人，由梧出发，经戎墟上列各乡以至岑溪县之筋竹墟，为时个多星期。该员等每至各村宣传，农民莫不欢欣鼓舞，如获福音。本月十二日正午，当在筋竹演讲时，农民环听者千数百人，经数小时之久，屹然不去。[①]

四、新民主主义革命理论的大众化

1927年，国共合作的国民革命由于国民党新军阀的叛变而失败了，中国共产党开始单独领导中国民主革命。严格意义上说，自中国共产党领导的南昌起义开始，中国新民主主义革命的实践进程才正式启动。因为在此之前，从根本意义上说，中国共产党并未完全

① 广东农民运动讲习所旧址纪念馆编：《广州农民运动讲习所资料选编》，人民出版社1987年版，第251页。

掌握国民革命的领导权。而新民主主义革命必须以共产党的领导权为最核心的内容。所以，对中国共产党来说，如何进行新民主主义革命是一个全新的理论和实践问题。一方面要进行实践探索，另一方面要进行理论思考和研究。而这两个过程都需要把马克思主义理论特别是马克思主义与中国革命结合的道路和方法，传播给广大群众，让人民群众参与和支持中国共产党的新民主主义。所以，在土地革命战争时期，中国共产党马克思主义大众化的主要任务和主要内容是向农民群众和城市平民宣传中国共产党的反帝反封建的理论、道路和策略。

（一）土地革命理论的宣传

农村包围城市、武装夺取政权是中国共产党将马克思主义革命理论与中国阶级结构和社会现状相结合之后，得出的科学而正确的革命结论，在农村开展土地革命，是这一理论和道路的具体体现。在土地革命战争中，中国共产党在马克思主义大众化的内容与方法上都做出了很大改进，在大众化效果上也更为明显，马克思主义大众化与实践工作之间的结合也更加紧密。

第一，土地革命理论宣传的内容精选。

马克思主义理论的学理性、系统性很强，中国农民的思维方式和文化特征是以经验性和感知性为主，从形式上看，二者之间的差距还很大。但马克思主义与中国农民的思想文化的根本内容与价值指向是相通的：都是希望最大多数劳动人民过上物质丰富、社会平等和精神自由的生活。在很大程度上说，中国优秀传统文化中的公平理念和大同思想，在中国乡村文化的传承中得到了较好的保留，而马克思主义理论的根本价值就在于此，只不过二者之间在实现道路上有所不同而已，中国传统文化的幻想性偏多，缺乏像马克思主义对实现道路的理性探索与实践设计。二者之间的同质性，就是为马克思主义在农村中的传播提供了最根本的可能，二者之间的差异决定了马克思主义大众化在农村根据地的复杂性。

首先，解释穷人为什么穷。近代中国农村经济凋敝，绝大多数农民处于极度贫困状态。那么穷人就必须面对的一个理论问题，就是自己为什么这么穷。长期以来，封建统治者向农民灌输的是宿命，农民穷的原因是命运不好，命运不好的原因就是你上辈子没有积德，这辈子要受惩罚，或者对祖先神灵祭拜不够，所以得不到保佑。大多数农民在一般状况下也是在这一逻辑下思考的。但超常规的苦难，也经常让农民怀疑这种逻辑。近代中国农民的苦难达到了一个极点，农民对这种逻辑的怀疑，就为一种全新的解释体系切入到他们思想提供了一个端口。所以，中国共产党到达农村之后，首先就要面对重建农民解释系统的问题。对中国共产党人而言，这个重建当然是建立在马克思主义理论的基础上。这就要求中国共产党在向农民进行马克思主义大众化的宣传中，首先必须要把马克思主义的阶级分析理论和制度批判思想作为首要的内容。

苏维埃文化教育的总方针在什么地方呢？在于以共产主义的精神来教育广大的劳苦民众，在于使文化教育为革命战争与阶级斗争服务，在于使教育与劳动联系起来。重点对农民进行阶级路线教育，强化阶级意识。将农民从宗法观念中解脱出来，正确引导广大农民分析自身贫穷的根本原因就是反动统治阶级的剥削和压迫。这种压迫从思想文化进行欺骗式的教育与宣传，把农民的整体贫穷说成是命运所决定的，实际上就是要通过宣传，让农民不从统治阶级的剥削和压迫上找原因，不去思考如何改变现状，而从命中注定的思想出发，安于现状，接受统治阶级的压迫和剥削，让统治稳坐江山，让农民群众世代贫穷。只有通过马克思主义理论宣传，农民的思想才有所觉悟，才明白他们为什么贫穷的根本道理，开始将仇恨集中在压迫和剥削他们的地主阶级特别是反动政府身上。在井冈山根据地建立初期，红军进行土改活动，将土地和浮财分给贫苦农民，农民受宿命论的影响，一开始不敢接受，甚至在晚上偷偷又给送了回去。后来经过夜校的教育，贫苦穷民认为地主豪绅的财产，就是从他们身上剥夺而来，现在共产党来了，红军替他们撑腰，应该理直气壮地拿回自己的财产。①

其次，如何挖穷根。马克思早就说过，过去的一切哲学在于解释世界，但问题的实质在于改造世界。让农民知道为什么穷不是理论宣传更不是马克思主义大众化的根本目的，最重要的是要让农民知道如何才能改变贫穷的面目，过上世世代代所期盼的好日子。在农民思想文化中建构解释逻辑的基础上，建构一套有效的解决方案。这套解决方案就是马克思主义革命理论及其在这一基础上演化出来的中国革命道路和方针。要让人民群众认同并参与支持中国共产党在根据地的革命行动，必须要把有效的解决方案传达给农民群众。在当时的情况下，全党还是主要遵循共产国际的指示，在中国革命解决方案的革命道路上，城市中心论仍然是主流观点。但这种理论方案对农民进行宣传，显然有着一定的隔阂。既然是城市为革命的中心，中国共产党为什么带那么多军队来到农村，让农民参加和支持革命呢？这在逻辑上就有个矛盾。毛泽东来到井冈山之后，开始思考中国革命的总体解决方案问题，在马克思主义基本原则之下，结合中国实际创立了农村包围城市、武装夺取政权的有效解决方案，形成了具有中国特色的革命理论和革命道路。所以，在根据

---

① 黄爱英：《井冈山斗争时期党的思想政治工作研究》，湖南师范大学博士论文，2012 年，第 140 页。

地要将这一革命理论宣传和教育。这一理论的大众化，有三个对象：一是党员干部，二是红军战士，三是人民群众。毛泽东在这方面花了很多精力进行大众化的理论创造，并在这三个对象中努力进行宣传。例如他的《星星之火，可以燎原》，就是为了向广大红军指战员进行新民主主义革命道路理论宣传而作的。除了毛泽东之外，根据地的思想宣传部门也将这一内容作为宣传教育的内容来进行日常的宣传。这对于新民主主义革命道路理论的普及产生了一定的作用，虽然由于“左”倾教条理论和实践错误的影响，新民主主义革命道路理论在苏区时期没有达成最大共识，但所产生的影响还是重要的。正是这种重要影响，才会在长征途中被党员干部，特别是红军战士所重视，要求在实践中执行这一正确的理论。正是这种要求，使遵义会议有了坚实的思想基础和群众基础，毛泽东重新回到领导岗位并逐渐确立核心地位。这是新民主主义革命道路理论大众化的最大成果。

第二，土地革命理论宣传的载体建构。

内容精选之后，还需要通过合理的途径，将内容传输到农民群众之中去，农民群体有着自身的特点，因此，对这种有着鲜明特点的群体进行马克思主义大众化教育，就必须紧紧结合农民群体在思想文化上的最大特点。这个最大特点就是农民的文化知识水平普遍偏低，具体来说就是农民的识字率太低，文盲和半文盲很多。所以，中国共产党决定以农民文化教育实现形式，以农民教育和培训机构实施平台，最大限度保证在苏区文化教育事业的普及与普惠性，“使革命的文化教育根本转变到建立在绝大多数的工农劳苦群众的利益上”。鉴于当时中国共产党与苏联和共产国际的深刻联系，各个苏区的学校都以列宁作为学校的冠名。1934 年，中央苏区召开宣传工作会议，号召每个村都建立列宁小学，并在此基础上实现免费的义务教育，使每个苏维埃政权下的工农都有机会读书。例如，通过设立列宁小学和列宁中学，保证 6～10 岁的学龄儿童都能够进入学校学习。据统计，1934 年，在苏区的 2932 个乡中建设了列宁小学 3052 所，吸收学生 89710 人，入学与失学的比例为 60% 与 40%，与国民党统治时期入学儿童不到 10% 的比例相比有了大幅度提高。中央苏区还设立了以成人教育为主的夜校和识字班。夜校以政治教育为主，识字班则利用一切可能的机会采取各种方法帮助。①

马克思主义的革命理论必须通过文化才能传播，在传播文化的过程中传播马克思主义，这是土地革命战争时期根据地马克思主义大众化的载体建设和平台建设的重要特征，也是最为有效的方法。通过建立各种形式的学校，正规的、业余的、短期的、临时的，学校性质、识字班性质，只要能够帮助农民识字，就要给农民以适当的形式与方法。实际上，识字本身就是一个马克思主义理论大众化的过程。识字是有选择的，从什么文字和概念开始学习，是有所讲究的。例如，“阶级”在各级各类学校和识字班，都是最先开始的文字和概念之一。要认识“阶级”二字，就要解释，要解释就要用马克思主义唯物史观和阶级分析理论，就要联系群众的实际。这一运用和联系，马克思主义的基本原理就被传播了。识字是传播理论最好的方法，学校与培训机构是最有效的政治传播渠道与平台。

中央苏区的识字活动开展得最为有效。识字小组由生活接近的人组成，可以是 3 人或者 5 人，最多 10 人，规定小组中的每个人每 5 天必须认识 5 个生字，脱盲的标准则是每人必须达到认识 3000 字。1934 年，在苏区的 2932 个乡中，有补习夜校 6426 所，学生

---

① 赵霞：《文化价值重建与“人的新农村”建设研究》，人民出版社 2018 年版，第 20 页。

914517 万人；有识字组 312388 万个，组员 1515371 万人。这些数字很好地证明了曾经文化教育相当落后的苏区农村发生了前所未有的巨大变化。①

第三，土地革命理论宣传的话语设计。

1930 年，毛泽东写了一篇重要的文章，收入《毛泽东选集》第一卷时，定名为《反对本本主义》，一切都是以本本上讲的话来进行工作布置和理论宣传，不从根据地的实际出发。这样的方式与语气，肯定得不到农民的理解与欢迎。而从城市来的知识分子最喜欢和最擅长的就是宣读本本。为了让农民群众听得懂党的理论教育与宣传，必须在宣传形式与说话方式上进行改革，要设计一套与根据地农民相适应的话语体系，除了在学校教育特别是农民识字班中运用通俗易懂的语言外，中央苏区还要求在文艺宣传上，一定要用大众语言，创作农民看得懂、听得懂，真正反映和体现农民的精神状态和对美好生活向往的文艺作品。创作出的文艺作品通过歌谣、美术、舞蹈等表演形式加以传播，因为代表着农民的利益，也就能调动起他们发展文化、投身革命与建设的积极性。中央苏区创设了一系列平民化的文艺团体，主要有八一剧团、工农剧社、苏维埃剧团。这些文艺团体经过反复调查研究，深入群众，以地方文化特别是苏区民间的素材为基础，结合宣传的主题，创作出了一大批各种形式的，用人民群众的语言来进行艺术表达的通俗化作品，充分展示了苏区军民斗志昂扬的精神风貌和大无畏的革命豪迈情怀，如《送郎当红军》和《农友歌》，被人们广为传唱，发挥了宣传革命、凝聚人心的作用，起到了移风易俗的效果。这一时期，中国共产党

① 赵霞：《文化价值重建与“人的新农村”建设研究》，人民出版社 2018 年版，第 20 页。

还把体育卫生工作作为文化建设的重要内容来抓，既保护和增进苏区人民的身心健康，又改善和创造了合乎人的生理要求的生活环境和工作环境，是马克思主义大众化话语与马克思主义大众化内容完美结合的在艺术创造与宣传上的典范。

（二）抗日民族统一战线理论的宣传

1930 年以后，世界范围里的资本主义危机日益深刻，为了转移国内矛盾，一些资本主义国家在国际上不断进行军事冒险，日本帝国主义加大了对中国的侵略步伐，九一八事变之后，日本侵华行动的不断升级，给中华民族的生存带来了严重的危机。民族矛盾替代阶级矛盾成为当时的主要矛盾，而此时国民党南京政府不顾这种主要矛盾的转换，还在把主要精力放在对共产党根据地和红军的“围剿”上。中国共产党为了民族大义，决定要停止内战，集中中华民族的力量，共同应对日益严重的民族危机。在这一过程中，中国共产党形成了系统的民族统一战线理论。为了将这一理论传播给全体中国人民，特别是广大的人民群众，在土地革命后期和抗日战争时期，中国共产党将马克思主义大众化的重要内容甚至是主要内容转换为民族统一战线理论。这一理论转换为主要内容的大众化进程时间较长，可以说从红军长征后期也就是八一宣言发表之后，一直到 1946 年国共内战的爆发。中间以 1937 年抗日战争全面爆发为分界线，分成两个阶段。第一个阶段的大众化范围较小，内容主要是建立抗日民族统一战线的必要性和可能。第二个阶段的大众化范围空前扩大，可以说是在全国范围里推进，其内容是如何巩固和发展抗日民族统一战线。从马克思主义大众化的历史进程来考察，这一内容的宣传和教育过程需要有以下两个方面特征。

第一，民族统一战线理论宣传内容丰富。

抗日民族统一战线是国共第二次合作，统一理论的宣传在中国共产党历史上也不是首次。正因为有了第一次国共合作的经验，也正是有了民族统一战线的理论基础，中国共产党以抗日民族统一战线为基础的民族统一战线理论在宣传内容上把握得更为精准，其理论的自觉性更强。

理论目标表述十分精准，就是向最广大的人民群众强调组建最广泛的民族统一战线的必要性和紧迫性，从最早的八一宣言开始，到中共七大的宣传，都始终围绕组建民族统一战线这个最为核心的目标。八一宣言的这个目标，始终是中国共产党在民族统一战线理论大众化的不变理论主张和实践要求："体现出马克思主义的策略原则。"最后，八一宣言还在对外方面，特别指出："联合一切反对帝国主义的民众（日本国内劳苦民众，高丽、台湾等民族）作友军，联合一切同情中国民族解放运动的民族和国家，对一切对中国民众反日解放战争守善意中立的民族和国家建立友谊关系。"[①] 一切主张抗击日本侵略和同情支持中国人民正义事业的人都是民族统一战线需要团结和争取的对象。毛泽东在1935年瓦窑堡会议上说："我们一定不要关门主义，我们要的是制日本帝国主义和汉奸卖国贼的死命的民族革命统一战线。"[②] 态度非常坚决，理论非常明确，行动非常彻底。这就是中国共产党在民族统一战线理论宣传和教育中的理论指向。

民族统一战线的内容核心明确。如果说第一次国共合作时期的统一战线理论在技术策略宣传得比较深入的话，那么，第二次

---

① 中央档案馆编：《中共中央文件选集》第10册，中共中央党校出版社1991年版，第524页。

② 《毛泽东选集》第1卷，人民出版社1991年版，第155页。

国共合作中的民族统一战线理论的宣传和教育，内容核心的把握是非常清醒的，那就是必须以马克思主义的基本原则来作为宣传和教育的核心理念，不管面对什么对象，党员干部还是人民群众，国内民众还是国际社会，中国共产党人必须有一个理论的底盘。这个理论底盘就是马克思主义的基本原则，就是马克思主义民族统一战线的革命原则和方法。一切统一战线的宣传和教育都是在马克思主义的基本理念下推进的。毛泽东在《论反对日本帝国主义的策略》中强调："同志们，统一战线的道理和关门主义的道理究竟哪一个是对的呢？马克思列宁主义到底赞成哪一个呢？我坚决地回答：赞成统一战线，反对关门主义。"[①] 正是在马克思主义理论指导下，民族统一战线理论的内容才始终在正确的框架之内，在民族革命的逻辑之中。正是有了马克思主义的基本的核心内容，民族统一战线的其他方面的关键内容也才能有着正确的坚持和把握。其中关于统一战线领导权问题，就是其中关键内容之一，第一次国共合作之所以失败，一个重要的原因，就是在统一战线理论的关键内容上不够坚定和自觉。而抗日民族统一战线理论的关键内容上及其宣传教育上，以及在领导权问题上是十分坚定自觉的。中共中央在《关于逼蒋抗日问题的指示》中坚持了建立和巩固统一战线，同时又坚持共产党在统一战线中的领导权原则。一方面明确"我们的总方针应逼蒋抗日"；另一方面，同时又强调"是全国各党、各派（蒋介石国民党也在内）抗日统一战线的组织者与领导者"。正是这些核心与关键内容的正确与精准，民族统一战线理论的宣传和教育才能得到广大党员干部和人民群众的认同与拥护，也才能始终保持抗日民族统一战线在正确的轨道上运

① 《毛泽东选集》第1卷，人民出版社1991年版，第155页。

行，直至抗日战争取得全面胜利。

第二，抗日民族统一战线理论宣传形式多样。

民族统一战线理论的宣传与教育时间长，范围广，其运用的载体、平台与方式非常广泛，在当时的物质技术条件下，最大限度利用了所有的传播通道，保证了民族统一战线理论最大限度传送到受众之中去。

首先，建立健全党的宣传教育体系。马克思主义大众化的关键对象还是在党内，只有将马克思主义最大限度传播到党员干部及人民军队之中，革命的思想基础才有最基本的保障。而正在与国民党进行军事斗争的状态，突然要转向合作的统一战线，确实需要在思想上进行转换和理论上的更新。正因为如此，民族统一战线理论的大众化最为核心的任务就是传播到党员干部和红军之中，让他们认识和理解民族统一战线的必要性和紧迫性。所以，红军从长征途中开始，就开始探索建立民族统一战线理论宣传和教育的有效渠道和形式。红军长征后期，主要的目的开始改为北上抗日，在党内、军内和沿途的很多标语口号与日常宣传，都是将红军的目标和任务定为北上抗日。到达延安后，中国共产党十分注重党的宣传和教育工作，开始建立系统而立体的宣传工作机构，主要是学校系统、媒体系统、文艺系统及党组织日常理论学习系统。中国共产党对干部学校的建立十分重视，1935 年，中央红军刚到陕北，可以说是立足未稳、千头万绪之时，中央先将恢复党校作为一项重要工作来推进。1937 年 2 月，中共中央党校进驻延安，董必武任校长，开启了延安干部学校的举办和运作的先河。之后，延安和其他地区的各种形式的干部学校如雨后春笋般地成规模出现。仅在延安时期，除了中央党校之外，还有中国人民抗日军政大学、陕北公学、马列学院、中国女子大学、行政学院、军事学院、泽东青年干部学校、延安民族学院、华北联合大学等干部学校。据统计，仅延安及周边地区创办的干部学校就达30余所。除建立干部学校之外，中国共产党将报刊作为马克思主义大众化特别是民族统一战线理论宣传教育的重要工具。中共中央进驻延安之后，先后举办了一大批面向抗日战争、宣传统一战线理论、推动马克思主义大众化的报纸杂志。而对于报刊的方针与宗旨十分重视，面对不同的学员干部，侧重于不同的宣传内容和方式，都有着不同的设计和实施要求。中国共产党对于创办干部学校的急迫心情与创办报刊的理念是同样的。1935年11月，中共中央到达陕北之后，就创办了《红色中华》，这个名称十分考究，以红色为前缀，以中华为主词。充分体现了中国共产党决定以马克思主义理论和行动，挽救中华民族命运，实现中华民族解放的雄心壮志。之后，各种报纸杂志也相继产生，如《解放杂志》《新中华报》。这些报刊对于传播民族统一战线理论，推进马克思主义大众化发挥了极其重要的作用。毛泽东对中国共产党举办报刊，宣传党的理论和方针政策的历史进行了总结，对延安时期的理论宣传工作评价很高："理论刊物的编印，延安是空前的，是第三时期，中央苏区是第二时期，《向导》报是第一时期。"① 这一总结和评价是准确的，说明了毛泽东对延安时期举办和利用报刊宣传党的民族统一战线理论，推进马克思主义大众化的成效是十分满意的，从一个侧面也反映了延安时期马克思主义大众化载体与平台建设是成功的，是马克思主义大众化深入推进的重要保证。

其次，构建运用社会传播网络。抗日民族统一战线理论的宣传对象不仅仅是党员干部与人民军队，而且包括所有的人民群众，只

① 中共中央党史研究室张闻天选集传记组编：《张闻天年谱》上卷，中共党史出版社2000年版，第608—609页。

要有抗日意愿的群体和个人，只要是支持和同情抗日的力量，都应该对他们进行统一战线理论的传播与引导。

毛泽东要求“广泛发展民众教育，组织各种补习学校，识字运动，戏剧运动，歌咏运动，体育运动，创办敌前敌后各种地方通俗报纸，提高人民的民族文化与民族觉悟”[①]。显然，毛泽东将农民教育的各种形式都作为宣传民族统一战线理论，推进马克思主义大众化的重要路径和形式。所以，通过恰当的方式对农民进行民族统一战线理论的宣传教育，是党的宣传部门重点关注和推进的工作。到达陕北之后，中国共产党继承和发扬苏区的成功经验，并在形式上进行了创新与发展，形成了更加有效的农民宣传教育体系。这一时期农民教育的一项重大发展就是建立起了比较完整的国民教育和农民业余教育相结合的根据地教育体系，通过文化的传播，进行政治宣传。各级各类教育都要宣传民族统一战线的基本知识。当时有首《上冬学》的歌谣，有这样的歌词：“男女老少都上冬学，冬学的好处大。人人有文化，救国有办法。小管这家务，大就管国家。会生产会打仗，有文又有武，创造新中华。”[②]

对知识分子进行宣传教育的形式。为了加强知识分子的抗日民族统一战线理论认识和认同水平，中国共产党选择和采用了适合知识分子思维特点的教育路径和平台，提高了对知识分子民族统一战线理论宣传，推进马克思主义大众化的实际效果。最主要的方式是建立和引导各种形式的以抗日民族统一战线为取向的知识分子社团机构，如中国文艺协会、陕甘宁边区文艺界救亡协会、陕甘宁边区

---

① 中央档案馆编：《中共中央文件选集》第 11 册，中共中央党校出版社 1991 年版，第 616 页。

② 刘宪曾、刘端棻主编：《陕甘宁边区教育史》，陕西人民出版社 1994 年版，第 349 页。

文艺界抗敌联合会等，这些社团协会大部分都是由党员知识分子来领导主持，保持了正确的政治方向，在民族统一战线理论宣传上发挥很好的导向性作用。在成立社团的基础上创办多种文化刊物，以刊物为载体向知识分子宣传党的民族统一战线理论。如《前线画报》《文艺突击》《山脉诗歌》《戏剧工作》《中国文化》等，发表大量具有明显抗日民族统一战线倾向的作品，在知识分子中产生了较大的影响，是对知识分子进行马克思主义大众化的重要途径。此外，还召开文艺座谈会，提出为人民而创作，走大众化的道路，鼓励广大知识分子认真学习民族统一战线理论，为民族解放多作贡献。毛泽东在座谈会上开宗明义地要求："今天邀集大家来开座谈会，目的是要和大家交换意见，研究文艺工作和一般革命工作的关系，求得革命文艺的正确发展，求得革命文艺对其他革命工作的更好的协助，借以打倒我们民族的敌人，完成民族解放的任务。"① 如何才能为民族解放作出贡献呢，就是文化艺术必须大众化，知识分子必须在接受民族统一战线理论的宣传教育之后，去向人民群众宣传和普及民族统一战线理论，推进这一理论化的大众化。"许多同志爱说'大众化'，但是什么叫做大众化呢？就是我们的文艺工作者的思想感情和工农兵大众的思想感情打成一片。"②

再次，疏通运用国际传播渠道。1840 年之后，外国一些势力在中国办了一些传播媒体，国外媒体也在中国派出了一些记者，这些媒体在宣传他们的利益和主张的同时，对中国政治军事发展也进行了报道。民族统一战线不仅是国内统一战线，而且是国际统一战线。从八一宣言开始，中国共产党就确立了这一理念。要

① 《毛泽东选集》第 3 卷，人民出版社 1991 年版，第 847 页。

② 《毛泽东选集》第 3 卷，人民出版社 1991 年版，第 851 页。

争取国际社会对中国抗战的支持与帮助，就必须向他们宣传中国共产党民族统一战线的理论和主张。外国媒体和他们派往中国的记者，在这方面有着特殊的功能。这种功能从两个方面体现出来：一是在国际上传播中国共产党的理论观点和实践主张；二是通过他们在中国国内的一些平台，向国内民众特别是国统区的民众，传播中国共产党的民族统一战线理论和抗日救亡方针，推进马克思主义的大众化。

中国共产党在邀请外国记者来抗日根据地进行实地采访方面的工作做得十分出色。先后有一大批国外的记者和作家来到延安和其他根据地。1936 年，美国记者斯诺来到延安，接触了一大批红军将领和战士，并深入到陕北基层进行采访，特别是和毛泽东进行了长谈，斯诺一方面撰写刊发系列报道，同时又将其所见所闻写成了长篇纪实报道《红星照耀中国》（又译为《西行漫记》），全方位介绍了中国共产党人的思想理论和实践行动。

《红星照耀中国》于 1937—1938 年在英国和美国出版，1938 年 2 月，中译本首次在中国上海由胡愈之翻译，并以“复社”名义出版。书籍出版后，产生了广泛影响，无论是国际还是国统区，都是知识界争相阅读的重要文献。“《西行漫记》的出版对党的形象及对外面的影响是非常大的，外面好多人，包括西方和国统区的人民，相当一部分是通过《西行漫记》才知道红军和共产党的，知道在中国的西北部有一块共产党领导的真正抗日的根据地，不仅引起了世界的同情，而且吸引了广大国统区的青年向往红军，向往陕北，导致后来 1937、1938 年大批青年学生去延安形成一个高潮。”[①]

---

① 中央文献研究室第一编研部编：《话说毛泽东——知情者访谈录》，中央文献出版社 2000 年版，第 258 页。

《西行漫记》在宣传中国共产党抗日民族统一战线理论和抗日主张上所发挥的作用是不可估量的，充分说明了毛泽东和其他中国共产党人对于国际传播渠道的高度重视和精准运用，这也是延安时期，中国共产党马克思主义大众化形式与平台建设的重大成果。这种形式与平台有着与国内平台同样重要的作用，其在有些方面还有着不可替代的特点：一是传播的广泛性，国内国外同时发行，对于远在海外的华人华侨，对于同情和支持中国民族解放事业的国际友人，都能进行传播和影响；二是传播的合法性，国外的媒体和作者在当时国统区有着一定的特权，能够降低当局对出版发行的检查与限制；三是传播的权威性，在当时的国民心态上，对国外的作者和媒体有一种高看的意识，总认为他们的叙述和观点是比国内媒体和作者的信赖度要高。正是抓住了这些优势和特点，毛泽东和中国共产党人对其进行了充分的运用，产生了良好的效果。

（三）社会性质讨论中的唯物史观的宣传

北伐战争之后，南京国民政府建立，中国得到了形式上的统一。从形式上看，中国进入了一个新的历史发展阶段。这个历史发展阶段的社会性质是什么？引起了知识分子的热烈探讨和激烈争论。在争论的过程中，马克思主义知识分子在中国共产党的领导下，运用唯物史观，对一些错误的观点进行了批判，在知识分子中广泛传播了马克思主义民主革命理论特别是中国共产党的新民主主义革命理论。在中国社会性质问题认识上，中国共产党在二大之后，以列宁民族殖民地革命理论为基础，对中国社会性质得出了半殖民地半封建社会的基本结论。但这是一个十分重要而又必须经过严格学理分析与逻辑推导的过程，带有浓厚的理论性质与学术色彩，在严酷的实际斗争过程中，中国共产党及马克思主义知识分子没有时间和精力对这一问题进行充分思考和研究，也就没有进行很好的表述与宣传。半殖民地半封建社会性质这一重要的结论，也就没有为公众所认识和认同。而这又是一个十分重要的实践问题，因为社会性质决定实践政策，中国共产党采取什么样的理论和道路来继续推进革命行动，必须以社会性质的定性作为前提。所以，中国社会性质问题的讨论一经发起，就立即全面展开，所有的政治势力都必须通过其知识分子在这个问题表明立场，阐述观点。正是这种参与的广泛性，就给中国共产党及马克思主义知识分子提供了传播自身理论观点与实践主张的广阔空间。马克思主义的唯物史观和辩证方法，由于其科学性与严谨性，理所当然地在讨论中大获全胜，无论是党内知识分子和高级干部，还是党外知识分子，除了极少数人外，其他很多人很大程度上都接受了一次马克思主义基本理论和观点的宣传，无论是否真正认同，起码都受到了影响。所以，这次讨论，在马克思主义理论的中国传播史上具有重大影响和重要作用，也是马克思主义大众化在知识界的一次成功案例。

首先，中国共产党对这次讨论高度重视，精心准备。中国社会性质讨论的缘起可以说是社会思潮对中共六大关于中国社会性质的攻击而开始的。实际上，中国共产党在六大之后，也需要通过对社会性质的确认，来为自身的革命行动提供合理性依据。因为只有确认中国仍然是一个半殖民地半封建社会，反帝反封建的任务还没有完成，中国共产党的民主革命行动才有继续存在和深入推进的必要。而社会思潮对这种社会性质的否认，其根本的实质与目的也在于此。中国共产党正好利用这一机会，对中国共产党关于社会性质的认识与确认向全社会进行阐述，并以此为重点对党员干部进行一次革命动力和革命策略的理论教育。从中国共产党的角度来看，争论始终是在中共中央宣传部领导下推进，具体是由中央文化工作委员会，以创造社主办的《新思潮》为平台①，领导有力，组织有方，平台有效，充分说明了中国共产党对这场争论的高度重视和精心准备。

其次，中国共产党讨论的方法与形式恰当合理。面对这样一个复杂的理论问题，似乎离现实政治特别是军事斗争比较远，中国共产党采取了以正面说理为主，反面批判为辅的策略和方法。在认真研究的基础上，马克思主义知识分子自身确立了非常完整而且系统的理论内容和逻辑体系，无论是从经济学、历史学还是社会学的角度，马克思主义知识分子都有着充足的理论证据和严密的论证过程，来说明大革命失败之后，中国社会性质并没有根本改变，特别是社会主要基本矛盾没有改变的情况下，中国革命的任务也就必然是反帝反封建。理论的正面叙述具有很强的说服力，因而才能获得广大知识分子和党员干部的接受与认同。毛泽东主导、多人参与创作的《中国革命与中国共产党》，是这场争论的最后总结意义上的重要著作。整篇著作以正面叙述为主，没有提及任何其他的观点和言论。如果不是对这段历史进行分析，也许会得出这篇著作与这场争论没有关系的错觉。但这篇著作所产生的影响是非常深刻的，作用也是十分重要的。可以说是对长达 10 年的社会性质争论的最后总结。自此之后，半殖民地半封建社会的性质基本在中国社会尤其是中国共产党党员中达成了共识。中国共产党人在正面表述关于这一重大理论问题上的正确观点的同时，对一些错误的思潮及其理论观点也进行澄清和批驳。在争论中，马克思主义知识分子针对两个政治派别的错误观点和反动言论进行彻底批判。一是国民党反动知识分子的言论，主要以陶希圣等为代表；二是大革命失败后走向中国

① 桂遵义：《马克思主义史学在中国》，人民出版社 2020 年版，第 101 页。

共产党对立面的陈独秀右倾机会主义者。这些派别的言论和观点的共同性就在于否认中国社会性质的半殖民地半封建性，宣称中国已经进入了资本主义社会。从国民党来说，宣称这样的社会性质就是为南京新军阀政权提供理论的合法性，从陈独秀托派的角度来说，是为他们推行极左行动方案提供理论依据。这两派的现实指向就是中国共产党正在推进的民主革命实践。所以，中国共产党必须在讨论中对这些言论和观点进行彻底的批判。针对陶希圣的中国资本主义社会性质的观点，艾思奇批驳："例如谈中国近代史，就应该具体的谈戊戌政变、辛亥革命、五四运动等等的事实，而不应该像陶希圣那样，笼统地说中国也要来一个资本主义；因为资本主义这笼统的名词是不能代表以上的许多事实的。"①

（四）新民主主义社会理论的宣传

大革命失败后所有理论宣传与教育，都是围绕中国社会历史阶段及其中国革命的任务而展开的。无论是中国革命道路理论、民族统一战线理论还是社会性质的认识，其理论的本质就是回答中国社会性质、中国革命性质、中国革命任务三个最为核心的问题。在20世纪40年代初期，以毛泽东为代表的中国共产党人经过长期的实践经验总结和理论思考，最终提出了新民主主义的理论命题。这一命题包含了之前所有理论宣传和教育的根本观点与核心内容，完整而系统地从理论逻辑打通了中国社会性质、中国革命性质、中国革命任务三者之间的内在联系，从而为正进行的民族民主革命实践行动提供了最为坚实的理论基础。为了将这一理论普及全体党员，宣传到人民大众之中去，推送到国际社会之中去，中国共产党精心组织

---

① 《艾思奇文集》第一卷，人民出版社1981年版，第105—106页。

和实施了新民主主义理论的宣传和教育活动，在推进这一理论的大众化上做了大量工作，取得了突出成效。新民主主义命题的核心观点就是，在社会主义制度确立之前，中国社会应该有一个过渡阶段。这是半殖民地半封建社会走向社会主义的中间阶段，这中间阶段的政治经济文化就是新民主主义政治经济文化，为争取这一社会的革命就是新民主主义革命，当时的抗日战争就是这一革命的重要组成部分。毛泽东写道："所谓中华民族的新政治，就是新民主主义的政治；所谓中华民族的新经济，就是新民主主义的经济；所谓中华民族的新文化，就是新民主主义的文化。"① 在新中国成立前夕，毛泽东指出革命胜利后要建立："新民主主义的政权是工人阶级领导的人民大众的反帝反封建的政权。"② 至此，新民主主义革命理论向新民主主义社会理论转换，表明中国共产党的理论创造已经进入了一个成熟的阶段，是马克思主义中国化的新阶段和新成果。因此，必须对这一最新成果进行宣传和普及。

基于这一理论的重大意义，这一理论一经提出，就在社会特别是中国共产党内引起了巨大反响，成为广大党员争相阅读的重要文献。为此，中国共产党决定以此文章的宣传为主要方式，在全党范围里开展一次全面的新民主主义理论的学习、宣传和教育活动，并通过相应的载体，在国统区范围进行适当而有效的宣传。

第一，新民主主义社会理论在党内的宣传。

新民主主义社会理论提出之后，党内的各种媒体立即做出强烈的理论和宣传反应，特别是在《新民主主义论》的阐释与宣传方面，可以说是超常规推进。最早刊载的是 1940 年"1 月 20 日出版

① 《毛泽东选集》第 2 卷，人民出版社 1991 年版，第 665 页。

② 《毛泽东选集》第 4 卷，人民出版社 1991 年版，第 1272 页。

的《新中华报》对演讲进行了摘要报道”[①]。所用的题目是“新民主主义的政治与新民主主义的文化”，这也是演讲的题目。接着，在2月15日出版的《中国文化》创刊号上全文公开发表，经毛泽东亲自审定之后，题目仍然是“新民主主义的政治与新民主主义的文化”。5天过后，《解放》杂志期合刊（98、99期）再次发表，经过毛泽东的审定，将题目改为“新民主主义论”。这一改动有着重要的理论意义，极大促进了这一理论的传播。延安解放社于1940年2月出版了最早的单行本。此后各地开始印行《新民主主义论》的单行本。发表当年，全国各地出版的单行知识本有29种之多。据不完全统计，此文的各式单行本达350种。[②]

党内传播不仅是形式的广泛，在实际效果上也是十分热烈的，特别是党内分子对传播后的理解非常深刻而准确，对其重大意义的把握非常准确。当时正在太行山抗日根据地进行理论宣传的邓拓，是党内马克思主义理论宣传的资深工作者，他读了《新民主主义论》后，心情激动，赋诗一首：“万水千山只等闲，长城绕指到眉端。阵图开处无强敌，翰墨拈来尽巨观。风雨关河方板荡，运筹帷幄忘屯艰。苍龙可缚缨在手，且上群峰绝顶看！”[③] 对新民主主义社会理论的重要意义和指导作用进行了高度概括和评价，认为在这一理论指导下，中国人民的解放事业胜利指日可待。

第二，新民主主义社会理论在党外的宣传。

新民主主义社会理论实际上是中国社会性质讨论的延续。这一

---

① 王毅：《20世纪30年代中国知识界的马克思主义研究》，人民出版社2018年版，第195页。

② 王毅：《20世纪30年代中国知识界的马克思主义研究》，人民出版社2018年版，第195页。

③ 《邓拓诗词选》，人民文学出版社1979年版，第10页。

重大的理论问题不仅是中国共产党人关心，其他政治势力特别是一些进步人士和知识分子，也高度关注这一理论。中国共产党也乘势将这一理论的宣传和推广扩展到党外甚至全国，在国统区的宣传中也做了大量的工作，取得了一定成效。新民主主义社会理论引起了国民党宣传部门的忌惮，他们明确发文禁止《新民主主义论》在国统区出版发行。虽然，国民党当局的禁止给这一理论在国统区的传播带来了困难和限制，中国共产党还是通过相应的渠道将该理论在一定范围传播开来。在重庆，主要是通过八路军办事处，用一些不太显眼的杂志来进行传播，如《中国文化》是一本新创刊的杂志，题目也比较中性。所以，在重庆的传播并没有引起国民党的注意。有一些知识分子就读到了这本杂志上的有关新民主主义社会理论的文章。如陶行知就曾经阅读过《中国文化》所刊载的《新民主主义的政治与新民主主义的文化》。[①] 陶行知不仅认真阅读了刊载于《中国文化》上的这篇文章，而且还有着他自己的认识与见解："非常高兴地说：'我们的生活教育，就是新民主主义的文化的一部分。'"[②] 陶行知的这一见解，将自己所从事的教育工作与新民主主义联系起来，说明了两个问题：一是新民主主义理论对一切进步事物特别是进步文化的包容性与表达性，二是说明了陶行知读懂了中国共产党的新民主主义理论。当然也说明新民主主义理论在国统区的传播是比较成功的。不仅如此，国统区的一些知识分子还运用新民主主义理论来分析中国社会问题，上海著名的社会学家李平心在1941年出版了专著《论新中国——中国的现在与未来》，其中用了

① 邝忠炽主编：《陶行知与重庆育才学校》，西南师范大学出版社2006年版，第31页

② 邝忠炽主编：《陶行知与重庆育才学校》，西南师范大学出版社2006年版，第31页。

新民主主义理论来探讨了中国革命的历史缘由及其发展前途。甚至一些国民党的知识分子也在接触了新民主主义理论之后，对其深刻的内容和正确的观点给予了认同，国民党文人贾湘客著文介绍《新民主主义论》，他在《抗战与文化》1941 年 4 月号上发表了《新民主主义论》，题目中就直接用了新民主主义论的字眼。

党外民主人士对新民主主义社会的认识与理解充分证明了新民主主义社会理论宣传和普及的成功。著名民主人士杜斌丞读完《新民主主义论》后认为："中国的革命，从此有了明确的道路和方针。这就是毛泽东指出的新民主主义，除此别无道路。"年轻学生如刘敬坤也觉得："《新民主主义论》，我觉得这个路好，这个路子对。"①

第三，新民主主义社会理论对国际人士的传播。

早在 1939 年，斯诺第二次来延安的时候，毛泽东就同他长谈过中国革命分两步走的问题，引起了他的兴趣。新民主主义理论正式提出后，中国共产党也注意向这些国际人士进行传播，并取得了良好的传播效果。用一个外国记者的话来总结：中国共产党党员已经是"新民主主义的共产党员，不是内战时代及共产国际的所谓共产党员"，"他们之中很多人已在新民主主义的理论和实践上获得重大进步了"。②

当时在延安和国统区活跃着一批国外的记者和作家，在新民主主义理论形成之时，他们对中共的理论创造有了新的认识，特别是将国共两党的理论观点进行了比较，相对更认同中国共产党的一些

① 王毅：《20 世纪 30 年代中国知识界的马克思主义研究》，人民出版社 2018 年版，第 202 页。

② （美）斯坦因著：《红色中国的挑战》，李凤鸣译，上海科学技术文献出版社 2015 年版，第 41 页。

观点。有了这一基础，新民主主义在这些人士中的传播就比较容易开展。在延安，只要有外国记者和作家来到，中共领导人和宣传部门在接待他们的过程中，在介绍中共理论与实践主张的时候，一定会把新民主主义理论推荐给他们。由于这一理论的深刻性和正确性，特别是对中国民族革命实践的巨大解释力，引起了外国记者和作家的极大兴趣。通过外国记者和作家的转述，将这一理论传播到国统区民众国际社会之中去，从而为展现中国共产党的理论形象，提高中国共产党的政治地位都产生了重要影响。

五、马克思主义哲学通俗化

理论的最高形态就是哲学，马克思主义大众化的基础性内容就是世界观与方法论，也就是马克思主义哲学。马克思主义哲学大众化必须在一定的理论前提特别是在实践经验的基础上来进行。如果没有一定的理论知识准备，特别是一定的实践经验，对马克思主义哲学的理解就不会准确，表述就不一定完整，特别是不能很好地与实践行动进行结合。因为马克思主义哲学从根本上来说就是实践的哲学，必须建立在革命实践之上。正因为如此，马克思主义哲学大众化直到20世纪30年代中期之后才正式开展起来。而马克思主义哲学的系统性与深刻性，需要有较高的理论水平而且具有哲学素养的人来实施和推动，与其他一般性的革命理论不一样，马克思主义哲学大众化，不能完全由党的宣传部门来完成，而是应该由哲学家来完成。正是一大批优秀的马克思主义哲学家卓有成效的工作，马克思主义大众化才会在中国革命过程中产生重大影响，极大地推动了民族民主革命的实践发展。这批优秀的马克思主义哲学家群体主要代表是毛泽东、张闻天、艾思奇、李达、胡绳等人，而其中毛泽东与艾思奇的作用和贡献最为突出。

（一）“两论”奠定了马克思主义哲学通俗化的基础

毛泽东决心推动马克思主义通俗化，起源于他在总结“左”倾错误的过程中，由教条主义和机会主义追溯到其认识论思源根源上，在中国农民和小资产阶级知识分子的汪洋大海之中，在世界观与方法论上最容易出现极端倾向，而在实践过程中，就容易由一个极端走向另外一个极端。例如，以王明为代表的教条主义者和机会主义者，在对待民族统一战线问题上就是典型。一开始他们是坚决反对联合国民党的关门主义，抗战爆发后，他们又滑向了放弃统一战线领导权的投降主义。为了彻底肃清党内的教条主义和机会主义的错误根源，毛泽东决心要从思想认识上对全党进行一次马克思主义哲学教育。在毛泽东看来，哲学在很大意义上就是思维的科学，也就是认识论。只有在哲学上进行根本的清理和构建，符合中国革命实践要求的认识论才会在全党形成。

第一，干部教育中马克思主义哲学的大众转向。

从 1937 年 4 月到 7、8 月，毛泽东的哲学课共讲了 100 多个学时，后来由于七七事变的爆发讲课中断了。辩证法部分只讲了“矛盾统一法则”，其他法则和范畴都没来得及讲。当时红军总政治部宣传部曾派人做过讲课记录，记录稿连同整个讲授提纲经过整理后印发给大家学习，从此便非正式地在一些地区或单位印行和流传开来。[①] 经过后来的整理，最终形成了《实践论》和《矛盾论》（统

---

① 中央文献研究室第一编研部编：《话说毛泽东——知情者访谈录》，中央文献出版社 2000 年版，第 227 页。

称“两论”）两篇重要的哲学著作。

“两论”有着雄厚的历史与理论基础，从历史上看，“两论”和1930年的《反对本本主义》有着逻辑与学理上的一致性。在延安时期，毛泽东决定在干部教育中进行马克思主义哲学教育，他亲自讲课，而且认真准备讲课提纲与讲稿。经过长时间准备，以当时苏联传入的马克思主义哲学理论为最基本的材料，写成了《辩证法唯物论》讲授提纲。[①] 这一提纲很大程度上是毛泽东研读苏联哲学著作的思考，基本还是在苏联对马克思主义哲学的理解框架之内。但这一提纲已经蕴含了马克思主义哲学中大众化的萌芽。当时的干部大多都是工农干部，即使知识分子对马克思主义哲学的内容也并不是很了解，因此，对干部哲学教育提出了一个重要的要求，必须要以通俗的方式和语言进行转换，否则干部哲学教育的目的就很难达到。也就是党员干部的哲学教育，必须首先对马克思主义哲学进行大众化的重构，用广大干部能够听懂并能够在听懂基础上理解的语言和范式，对马克思主义哲学进行重新表达，这是马克思主义哲学大众化最为关键的环节。只有这一环节解决好了，后面的宣传和普及才有了基本的前提，《辩证法唯物论》的写作就已经有了这方面的指导思想。因为这不是一项纯粹的理论研究工作，而是理论传播工作，要达到传播目的就要大众化。

要使马克思主义哲学真正走向大众，首先必须要让大众的思想需要与哲学联系起来。从这个维度上看，大众哲学与理论哲学或者说经院哲学的一个本质区别就在于，二者的重点关注不同，大众哲学关注的是哲学如何指导日常生活行动，理论哲学或者经院哲学则比较关注哲学自身的理论思辨与逻辑建构。大众更加关注哲学中的认识论，哲学家更加关注哲学的本体论。显然，毛泽东的《辩证法

① 陆剑杰：《实践问题和矛盾问题新论》，人民出版社2002年版，第19页。

唯物论》的写作与讲授就体现了这个方面的特点，毛泽东在马克思主义哲学思考与教育中的内容重点，已经从苏联马克思主义哲学的本体论向中国革命所需要的认识论转向。从题目来看，毛泽东关于哲学的思考就已经将辩证法作为哲学大众化的重点内容，苏联哲学著作关于唯物论与辩证法的顺序排列有多种多样，但大多是将唯物论放在前面，辩证法放在后面，比较常用的是"唯物辩证法"。毛泽东在给干部讲哲学的时候，把辩证法放在唯物论的前面，也就是说要用辩证法来解释唯物论。从大众哲学的角度来看，特别是中国革命实践的需要来看，因为只有掌握了辩证法，才会对唯物论有深刻而准确的认识。所以，毛泽东将辩证法放在前面是很有道理的。正因为马克思主义哲学教育的重点内容转移，落脚于如何教育干部认识事物、解决问题，大众对于哲学的兴趣与需求才会增加，马克思主义哲学大众化的动力也才能建构起来。毛泽东在给广大干部讲哲学所写的讲授提纲，确立了中国共产党马克思主义哲学大众化的内容重点，从而为马克思主义哲学大众化的推进开辟了广阔道路。毛泽东在讲课中告诫广大干部掌握辩证法的重要性，就是用来认识中国革命的问题，指导中国革命取得胜利：

我们学习辩证法是为了什么呢？不为别的，单单为了要改造这个世界，要改造这个世界上面人与人、人与物的老关系。这个世界上面的人类大多数都过着苦难日子，受着少数人所控制的各种政治经济制度的压迫。在我们中国这个地方生活着的人类，受着惨无人道的双重性制度的压迫——民族压迫与社会压迫，我们必须改变这些老关系，争取民族解放与社会解放。①

① 毛泽东：《辩证法唯物论（讲授提纲）》，载《毛泽东著作专题摘编》上卷，中央文献出版社 2003 年版，第 32 页。

第二，“两论”对马克思主义哲学内容进行了通俗化重构。

要推动马克思主义哲学大众化，就首先必须建构马克思主义大众哲学，而大众哲学必须在马克思主义哲学与中国实践之间进行联结，并生成新的内容，没有马克思主义哲学的指导，中国的实践只能停留在经验层面上，无法上升为理论更不可能提高为哲学，而马克思主义哲学如果不与中国实践相结合，那就与社会大众没有直接联系，只是少数哲学家研究和思辨的内容而已。因此，要推进马克思主义哲学大众化，就必须在中国民族民主革命的实践基础上，对马克思主义哲学的内容进行选择和创造，从而产生出新的满足中国社会大众所需要的马克思主义哲学。《实践论》和《矛盾论》就是马克思主义哲学中国社会大众化再确认的典范。

马克思主义哲学内容体系庞大，观点深邃。但对中国社会大众来说，最需要了解和掌握的是在这些深邃的哲学观点之中，有哪些能够指导中国实践。因为中国人民的实践面临着诸多尖锐复杂的矛盾。这些尖锐复杂的矛盾导致近代中国人民的革命实践总是以失败告终，中国人民的苦难在矛盾中加深加重，而抗日战争时期，这种苦难已经到了最为严重的阶段，如果不推动中国民族革命的实践，无法解决日本帝国主义与中华民族之间的你死我活的矛盾，中华民族的生存就会成为一个严峻的问题。在这种背景下学哲学，就必须要学最管用的。而马克思主义哲学最管用的就是实践性，就是实践哲学。所以，毛泽东在给抗日军政大学哲学讲稿《辩证法唯物论》的基础上，要重构马克思主义哲学大众化的基本内容，而这一内容的主体就是实践。所以他首先在讲课中将实践部分重点讲授。

《实践论》的主体内容是讲认识的，如果以《认识论》来命名，从形式与标题的契合度来看，会更高一些。那么，毛泽东为什么不用认识论做题目，而用实践论作为标题呢？除了从实践是认识的起点和归宿这个哲学本身的原因之外，关键还在于，实践是大众化的内容，认识是哲学家的内容。认识是为实践服务的，要搞好实践，才有必要去认识，所以，《实践论》通篇都是围绕着解决实践问题而讨论认识问题的。

常常听到一些同志在不能勇敢接受工作任务时说出来的一句话：没有把握。为什么没有把握呢？因为他对于这项工作的内容和环境没有规律性的了解，或者他从来就没有接触过这类工作，或者接触得不多，因而无从谈到这类工作的规律性。①

这段话充分体现了《实践论》中大众哲学的最根本特点，以实践出发，帮助社会大众提高思想水平，为更好地认识问题提供正确的方法，最终为推进实际工作奠定思想基础，做到胸有成竹和心中有数。这种内容，从一般哲学著作的角度来说，是不会这样来安排的，一般哲学著作是从理论和逻辑的维度去讨论哲学问题的，而毛泽东却从大众的角度，从大众需要的角度去研究哲学问题，一下子就将抽象哲学的内容具体化，使哲学走向人民群众的实际工作和生活。

毛泽东在《矛盾论》中更是将马克思主义哲学的大众化的内容转化深入到更加具体的层次。他以矛盾的普遍性及其存在形式，结合党内思想斗争的实际，对马克思主义哲学大众化的内容进行清晰而明确的转换。他先强调了矛盾普遍性的基本原理：

矛盾的普遍性或绝对性这个问题有两方面的意义。其一是说，矛盾存在于一切事物的发展过程中；其二是说，每一事物的发展过程中存在着自始至终的矛盾运动。②

这一论述将复杂的矛盾普遍性问题在内容上做了高度概括，而

① 《毛泽东选集》第1卷，人民出版社1991年版，第289页。

② 《毛泽东选集》第1卷，人民出版社1991年版，第305页。

且内容十分具体，是马克思主义哲学通俗化内容转换的典范。毛泽东对矛盾普遍性的论述并没有就此结束，而是继续联系当时最为迫切的问题，开展党内思想斗争，清除党内错误思想。他从哲学的维度写道：

党内不同思想的对立和斗争是经常发生的，这是社会的阶级矛盾和新旧事物的矛盾在党内的反映。党内如果没有矛盾和解决矛盾的思想斗争，党的生命也就停止了。①

毛泽东在“两论”之中所建构和确认的马克思主义哲学中国通俗化内容，成为马克思主义大众化和马克思主义中国化的最为有力的理论基础和思想基础。自此之后，中国社会大众对马克思主义哲学的学习兴趣与运用动力有了很大的增强。其关键原因就在于毛泽东将马克思主义哲学的内容与中国社会大众的日常结合了起来，极大激活中国社会大众学哲学用哲学的积极性。

第三，“两论”对马克思主义哲学的表达范式进行了通俗化转换。

哲学不仅在内容上比较抽象和深奥，而且在表达范式与话语结构上晦涩和枯燥，与社会大众的生活话语有一定的距离，而马克思主义哲学又源自西方，其表达范式与话语体系与中国传统思维方式与表达话语存在着较大的差异性，马克思主义哲学大众化除了在内容进行重构之外，还需要在表达范式与话语体系上进行人民群众能够理解的通俗化转换。

首先，“两论”的思维方式从西方向东方转移。中国文明的非间断性和文化的积累，促使形成了特有的民族思维方式。这种思维方式可以说以经验性思维和形象思维为两个主要特点，思辨性的抽

① 《毛泽东选集》第1卷，人民出版社1991年版，第306页。

象思维比较弱一些，而西方的思维方式却恰好在这方面的特点比较突出，马克思主义哲学整体上来说还是属于西方思维的范式。所以，西方哲学著作在翻译到中国之时，首先必须要进行思维方式的转换。中国著名的翻译家严复在翻译西方哲学著作的时候，在这方面下了很大功夫，翻译的哲学著作总体上来说都是中国人的逻辑思维习惯，这也是由中国传统文化特点所决定的。要让中国人看懂西方哲学，必须将思辨的抽象思维转向经验的实践思维。毛泽东认为中国传统文化的一个重要特点就是“经世致用”，“经世”就是能够解释经验世界，“致用”就是能够指导实践生活。而思维方式的外在形式必然是话语，因为语言和概念是思维的最基本的工具。所以，要体现不同的思维方式，就必须在概念的运用上进行一些转换。从“两论”的思维方式来看，主要体现在一些经世致用的倾向，通过经世致用的价值指向来引导范式的构建。而经世致用作为中国民众理解西方哲学的最基本理念，必然要体现在所有对西方文化推介的行为过程中，否则就无法引起中国民众的关注，也无法嵌入中国民众的思维过程。毛泽东在《实践论》专门解释了概念的生成与演变，这一解释充满着中国式思维的特点，当然同时也符合马克思主义哲学的基本原理：

社会实践的继续，使人们在实践中引起感觉和印象的东西反复了多次，于是在人们的脑子里生起了一个认识过程中的突变（即飞跃），产生了概念。概念这种东西已经不是事物的现象，不是事物的各个片面，不是它们的外部联系，而是抓着了事物的本质，事物的全体，事物的内部联系了。概念同感觉，不但是数量上的差别，而且有了性质上的差别。[①]

① 《毛泽东选集》第 1 卷，人民出版社 1991 年版，第 285 页。

这一解释显然与西方分析哲学对概念的理解与表达是存在差异的，主要表现在西方分析哲学主要从话语本身来分析概念，只是作为一个符号和工具来看待概念，将概念与思维过程结合得比较紧密，而与现实生活的联系程度不够紧密，而毛泽东的概念分析始终是建立在社会生活之上的，不仅仅是个体主观的空灵闪现，更是社会生活的发展结果。因为社会存在与发展必然包含社会交往，所以概念不仅是个体认识论的概念，更重要的是集体交往认识论的工具，即是交往认识论，也就是社会大众都可以接受的概念。大众都能接受的概念，就不是哲学家所创造的概念，就必然是在大众社会生活的发展过程中所创造的概念。这样，毛泽东又将西方个体本位思维方式转向了集体本位思维方式，中国自古以来都是强调一种集体（血缘宗族、民族国家）思维方式，虽然这种集体思维方式与马克思主义哲学所指出的社会本位思维方式有区别，但是也有一定的联系，集体本位是社会本位的一种，从集体思维走向社会思维的逻辑路径是畅通的，因此，集体主义很容易导向社会主义。

也就是说，毛泽东在“两论”之中对哲学思维方式与表达范式进行了通俗化的转换：一是由抽象思维走向了实践思维，二是由个体本位思维走向了集体本位思维。而这两大转换的核心材料就是传统思维方式的逻辑框架，这种框架就是中国社会大众所熟悉并且时刻在运用的思维框架。用这种思维框架来呈现和表达马克思主义哲学，就容易为中国社会大众所理解，当然会引起中国社会大众的学习兴趣和运用热情。

其次，毛泽东在“两论”中转换了马克思主义哲学的话语体系。一般来看，哲学语言都是比较冗长而晦涩的。这也是哲学离大众较远，哲学难以实现大众化的主要原因。正是为了克服这一原因，毛泽东在“两论”中力图实现突破，用更加生动活泼的语言，用大众能够理解的句式来呈现和表达马克思主义哲学。由于“两论”的基础是向广大干部和学员宣传马克思主义哲学的讲稿，讲稿与书稿的最大区别也就在于语言风格。讲稿的风格是通俗易懂的，所以“两论”的语言风格就是大众化的风格，其修辞与言说，都是处于通俗的话语状态下，这就十分符合社会大众的接受习惯。“两论”话语风格非常丰富，特点也是十分明显，主要体现在两个方面：

一方面，大量使用了中国传统的话语框架，来承载马克思主义哲学的一些重要原理和观点。这不仅仅是一种话语的转换，而且是在内容重建基础上的整体再造。这种再造不仅未脱离马克思主义哲学的基本原理，而且是更为深刻和更为具体地呈现了马克思主义哲学的原理和观点。毛泽东在“两论”中运用了大量中国传统的语料，也就是中国文化的话语框架。形而上学是马克思主义哲学中的一个重要范畴，承载十分丰富的内容。但这一话语从字面上很难理解，毛泽东在《矛盾论》中将其用中国的话语框架进行替代：

形而上学，亦称玄学。这种思想，无论在中国，在欧洲，在一个很长的历史时间内，是属于唯心论的宇宙观，并在人们的思想中占了统治的地位。[①]

这一话语框架替代很有意义，虽然玄学与形而上学之间并不完全相同，但基本的思维方式和核心内容是相同的，特别是从政治上来说都是由一种反动统治阶级倡导的、与革命的辩证法相违背的。而更加有意义的是，玄学要比形而上学好理解多了，因为这是中国传统思维方式和文化材料的组成部分，用这个话语框架进行替代，中国大众就容易理解了。在这一基础上，毛泽东还将其进一步具体

---

① 《毛泽东选集》第1卷，人民出版社1991年版，第300页。

化，将其具体化为中国统治阶级长期推崇和灌输的哲学观点：“在中国，则有所谓‘天不变，道亦不变’的形而上学的思想，曾经长期地为腐朽了的封建统治阶级所拥护。”[①] 将玄学进一步具体化为“天不变，道亦不变”的观点，并将这一观点归入形而上学的范畴，就更加讲清楚了形而上学的核心内容和基本观点，没有这种话语框架的替代，要对中国大众讲清楚形而上学，就要大费周折了。

另一方面，运用中国成语典故来表达马克思主义的哲学观点。中国成语简洁明了，最重要的是深入人心，在大众的思维与表达中占有十分重要的地位，在很大程度上可以说，中国文化的思维与表达带有浓厚的成语典故色彩。因此，要在中国人面前把话说清楚，把道理讲明白，运用成语典故是最有效的方法。毛泽东在“两论”中开启了马克思主义哲学大众化的这一表达先河，初步运用了一些成语典故，取得了良好的大众化传播效果。毛泽东在《矛盾论》中用“新陈代谢”的成语，很好地说明了事物由量变到质变飞跃的过程与规律，大众很容易就能够明白其中的原理，成语所包含的信息要比一般的言说高得多。

我们常常说“新陈代谢”这句话。新陈代谢是宇宙间普遍的永远不可抵抗的规律。依事物本身的性质和条件，经过不同的飞跃形式，一事物转化为他事物，就是新陈代谢的过程。[②]

这是由于成语在简洁背后有着一套丰富的联想系统，通过联想，能够在简洁的字面上进入到信息内部的结构中，从而在这种复杂的结构下，接受和理解新信息，同时由于成语的约定契合性很高，其传播的效率就高。就像现代网络传播原理一样，必须通过最

---

① 《毛泽东选集》第1卷，人民出版社1991年版，第301页。

② 《毛泽东选集》第1卷，人民出版社1991年版，第323页。

为简洁的形式约定，来传播复杂的内容，那就是最为简洁的数字化“IP”，成语特别是中国成语很具有现代传播的“IP”功能。而毛泽东在“两论”中的合理运用极大提升了马克思主义哲学的大众化传播力。

（二）《大众哲学》成为马克思主义哲学通俗化范本

艾思奇的《大众哲学》在马克思主义哲学通俗化中的意义十分突出。因为对马克思主义哲学的深刻理解，需要人民群众对马克思主义哲学的准确把握。要达到这一目的，就必须将深邃的马克思主义哲学内容向人民群众进行通俗易懂的表达。《大众哲学》就是在深刻研究和准确把握马克思主义哲学内容的前提下，用通俗化语言浅显直白表达出来。只有通俗化表达，才会将马克思主义哲学变成大众的哲学。确立《大众哲学》这样的书名，就彰显了这部书的性质与任务：用通俗的表达向人民群众介绍马克思主义哲学内容。

《大众哲学》是马克思主义哲学大众化进程中最有影响的著作之一，与毛泽东“两论”在不同的维度上发挥着各自重要作用，“两论”主要是针对党员干部进行马克思主义哲学宣传，艾思奇则是针对社会大众进行马克思主义哲学普及，二者异曲同工。“两论”是在讲课教案基础上的整理和深化，《大众哲学》也是哲学讲义的充实和完善。这种同质性，充分体现了20世纪30年代马克思主义哲学大众化的巨大需求，以及中国共产党人适应这种需求所做的卓有成效的工作。

第一，《大众哲学》破除了哲学的神秘化。

哲学无论在中国传统文化还是西方文化，都是高深的学问，是一种很高的智慧，是需要有高深学问作为基础之后，进行专门思考和讨论的学问，不是一般民众所能理解的，孔子说的上智与下愚就包含了下愚不能进行哲学思维的意思，而希腊哲学家坚信并宣扬哲学是贵族的学问。正是传统文化的反复渲染，让哲学似乎蒙上了一层神秘的面纱，一般民众不宜接触。马克思主义理论是为绝大多数劳动人民服务的理论，它必须破除神秘，让理论最大限度走进群众，让群众掌握马克思主义理论。但马克思主义哲学仍然具有较强的学理性，再加上早期中国知识分子在传播马克思主义过程中，存在着一些形式主义和教条主义的倾向，使马克思主义理论特别是马克思主义哲学带有一些复杂的深奥的色彩，让一般民众对马克思主义哲学有一种无法接近和掌握的错觉。

要让人民群众走近并认识马克思主义哲学，首先就要破除哲学的神秘色彩。艾思奇的《大众哲学》首先做的就是这项工作。在这篇著作的第一章中，艾思奇开宗明义地把这个问题提了出来，一下子就触及哲学大众化的核心问题。第一章绪论的第一部分标题是“哲学并不神秘——哲学与日常生活的关系”。这个题目所包含的意义非常深刻。首先，对哲学神秘性的否定，这是一个非常重要的命题，自古以来哲学家不愿意明确这个命题，一些马克思主义哲学家不知道如何解决这一命题，所以也很少明确提出这个命题。只有艾思奇这样的真正的马克思主义哲学家，才会直截了当地提出这个否定性命题。他列举写道：“如果把哲学看成非常神秘玄妙的东西，以为它和人类日常生活隔着十万八千里，这是错误的。”①

其次，说明为什么产生哲学是神秘的这一错觉。仅仅论断哲学并不神秘并没有解决问题，更为重要的是，要论述清楚哲学为什么并不神秘。艾思奇首先从产生这种思想和观念的原因说起。因为无论是以前的哲学家也好，一般民众也好，往往将哲学与日常生活分

① 艾思奇：《大众哲学》，人民出版社 2011 年版，第 4 页。

离，觉得日常生活不是哲学，日常生活中没有哲学。正是这一分离，将哲学从普遍化的日常生活中推入到一个神秘的境地。他写道："只因为是日常生活，我们太习惯了，觉得太平淡了，因此即使有了哲学，如果不仔细反省和体会一下，也就不觉得它是哲学。"[①] 因为日常生活的平常导致包括哲学家在内的人们都觉得它不是哲学。当然这种"觉得"是不正确的，是一种错觉。从这种错觉进一步推导出了哲学是神秘玄妙的结论。艾思奇在批判的基础上进行正面论述，用了大量篇幅和案例来说明哲学就是从日常生活中所产生的思想和观念，其根由就是日常生活。

请你注意，我们说在日常生活里，随时随地都可以找到哲学的踪迹；我们又说，千万人在生活中和社会斗争中所发生的思想里面，到处包含着哲学思想的根苗。[②]

第二，《大众哲学》彰显了马克思主义哲学的人民性。

哲学史之所以产生很多的错误的理论和观点，马克思主义哲学之所以正确而科学，其核心原因就在于利益立场和价值指向。一切错误产生的原因是他们站在少数人的利益立场上，为最少数统治者的最终目标服务。他在谈到唯心主义哲学观产生的根本原因为最终目的时，非常明确地写道，唯心主义哲学"包含着一个阴谋企图，那就是想把我们引到宗教迷信的圈套里去，要我们相信宿命论，相信神的主观精神支配着世界"[③]。相信宗教就是相信宿命论，相信统治者压迫和剥削的合理性，从而维护和巩固了反动政权。

而马克思主义是为绝大多数劳动人民服务的，不需要掩盖事实

---

① 艾思奇：《大众哲学》，人民出版社 2011 年版，第 1—2 页。

② 艾思奇：《大众哲学》，人民出版社 2011 年版，第 3 页。

③ 艾思奇：《大众哲学》，人民出版社 2003 年版，第 37 页。

真相和客观规律。所以，是否坚持人民性是一切哲学正确与错误的根本原因。这一论述，就将马克思主义哲学与人民联系在了一起，将马克思主义哲学定义为人民的哲学。人民的哲学当然就需要走向人民，为了自身的利益实现，人民当然就需要学习了解自己的哲学——马克思主义哲学。正是这种逻辑的呈现，让广大人民有了学习和运用马克思主义哲学的动力，从而为推动马克思主义大众化奠定了坚实的思想基础。根据马克思主义哲学的唯物辩证法，必然推导出人民必须采取行动，争取自身利益，而不是甘愿忍受压迫和剥削：

帝国主义一定要侵略弱小国家和民族，被侵略国家的广大人民，对于侵略一定要反抗，而不是屈服，甘心屈服的一定只有少数大地主大资产阶级，而不是大多数的人民。这些关系，都是一定的。在冷风中不穿衣服，经过相当的时间人一定冻死；中国广大人民反抗日本帝国主义一定要经过持久的战争，而结果日本侵略者一定要失败。[①]

艾思奇的《大众哲学》充满着对人民的关怀，其哲学思考和写作的根本价值取向就是为了人民的利益，希望从哲学方面对人民进行启蒙，为最广大的人民摆脱自身的苦难，改变自己的命运寻找到一种正确的理论武器。正因为这种对人民的真情实意，它才会得到人民的最真实的喜爱和拥护，才会真正将其作为自己的理论来学习和运用。据志愿军战士刘伦回忆，在抗美援朝战火纷飞的日子里，他的教导员祁家声却在朝鲜前线带着《大众哲学》一书进行战斗。祁家声把一本《大众哲学》从国内带到国外，作为宝贵的精神食粮，伴随自己出生入死，刘伦也向他借阅，从头到尾读了三遍，认

① 艾思奇：《大众哲学》，人民出版社 2003 年版，第 54—55 页。

为这是一本名不虚传的好书，读了脑子开窍，能长智慧。[①]

第三，《大众哲学》突出了马克思主义哲学的革命性。

人民性是一种利益目标和价值指向，马克思主义哲学在人民性的描述中有着十分丰富的内容和特征，艾思奇的《大众哲学》第一次全面和完整地将这种内容和特征展现出来，因而深得人民的认同与拥护。但人民的利益不会自动实现，必须通过争取和斗争才能实现，这种斗争必须通过正确的道路和方法才能实现。这就是革命的道路和方法。马克思主义哲学为实现人民利益的革命道路和革命理论提供了世界观和方法论的基础。因此马克思主义哲学是革命的哲学，艾思奇的《大众哲学》通过内容的转换和形式上的重构，将马克思主义哲学的革命性首次完整和系统地呈现在中国人民的面前。让人民群众意识到，要实现自身的利益必须从思想基础上确立革命的观念和意识，只有确立了革命的观念和意识之后，革命的实践行动才会更加主动和自觉。

首先，《大众哲学》对哲学基本的划分上升到革命的高度来认识，一切主张唯心主义的都是反动阶级，都会阻碍社会进步与发展，因而也就是阻止革命的，所以唯心论就是反动的哲学。而唯物辩证法则是主张发展变化的，是顺应历史潮流与规律的。这个规律就是通过人的主观努力，改变和发展这个世界，从而使大多数人民群众的生活更加美好，所以，唯物辩证法是革命的哲学。艾思奇写道：

各种哲学中间无限错综复杂的战斗和争论，都可以最后归结为唯物论与唯心论的两军对战，就好像中国社会各阶级集团间的无限

① 谢本书：《〈大众哲学〉的历史定位》，《云南民族大学学报（哲学社会科学版）》2006 年第 5 期。

错综复杂的斗争，都可以最后归结为广大人民的革命势力与反动势力的两军对战。在革命势力与反动势力的两大营垒之外，找不到真正的第三个营垒，即使有，也只是那一种摇摆在进步与反动之间的一种不坚定的营垒。[①]

其次，《大众哲学》从马克思主义哲学的功能和价值上彰显了革命性。马克思主义哲学的根本功能和价值就在于改造世界，而不是像其他哲学那样的抽象思辨，以解释世界为己任。马克思主义哲学能够为促进革命和推动社会变革提供理论武器。艾思奇以马克思主义哲学关于事物发展变化的复杂性，提醒广大的革命群众，要有长期斗争的思想准备，因为马克思主义哲学早就揭示了事物在总体朝着进步的方向发展时，在特定的时空条件下，可能会发生曲折甚至局部的失败。这一基本原理在革命的过程中也会体现出来，特别是在中国革命过程中体现得更为突出。艾思奇用朴实的语言对日常生活的感觉入手，来讨论复杂的哲学问题，他首先设问，人为什么总是觉得事情“不如意”。艾思奇以唯物辩证法来解释其基本原理就是事物的存在与发展往往独立于我们的主观意志之外，而人的主观意志总是希望事物以我们主观愿望的方式存在和发展，但事物并不会完全按照人的主观愿望去存在和发展，这就产生了主观愿望和客观现实的脱离。所以，我们要在调整主观愿望的基础上，改造客观世界，最终使客观世界朝着我们的主观愿望方向发展。革命就是改造主观世界和改造客观世界的双重行动，就是为了使主观愿望与社会现实统一起来。但这个过程非常漫长而且复杂艰巨，所以革命的任务就十分繁重，要做好长期的准备，要树立坚定的革命理想和信念。他写道：

---

① 艾思奇：《大众哲学》，人民出版社 2003 年版，第 32 页。

共产主义社会是很好的理想，但中国革命必须分两步走，只能首先取得新民主革命的胜利，然后进一步过渡到社会主义，到较远的将来再实现共产主义，如果我们希望现在就实现共产主义，那么事情对于我们也要不如意的。[①]

马克思主义哲学的方法论就在中国革命的道路和理论问题上得到应用，而且有了非常形象的比喻，如果我们幻想共产主义马上就能实现，那我们的心里就会产生不如意的念头。这就需要马克思主义哲学来进行矫正。高深的哲学理论与革命的现实进行了很好的结合，人民群众一下子就明白了复杂的革命道理。

① 艾思奇：《大众哲学》，人民出版社 2003 年版，第 53 页。

第三章

中华人民共和国成立初期的马克思主义大众化

中华人民共和国成立之前的 1949 年 6 月 30 日，毛泽东发表了著名的《论人民民主专政》的文章，在总结中国新民主主义革命胜利过程和经验的基础上，对即将成立的中华人民共和国的各项事业和工作作出了全面部署和安排。在谈到文化建设和思想教育时，毛泽东提出一个尖锐命题："严重的问题是教育农民。"[①] 这个命题包含了历史与现实、政治与经济、理论与实践等多方面深刻的含义。表明了毛泽东对中华人民共和国的思想文化建设特别是宣传教育工作的深入思考和战略规划。

---

① 《毛泽东选集》第 4 卷，人民出版社 1991 年版，第 1477 页。

当然，毛泽东不仅仅只关注和强调教育农民的问题，也关注所有民众的教育问题。1949 年中华人民共和国成立，中国社会进入了一个全新的阶段，为了适应这个新社会，必须对全体人民的思想观念和精神文化进行全面的改造，塑造全新的人。改造的理论武器当然是马克思主义世界观与方法论。所以，对全体民众进行马克思主义教育和普及，就成为中国共产党的一项重要任务。毛泽东作为一个伟大的马克思主义者，作为新民主主义革命运用马克思主义而取得政权的中国共产党主要领导人，深知马克思主义理论教育及马克思主义大众化在实践中的极端重要性和巨大作用。事实上，中华人民共和国初期的马克思主义大众化工作在百废待兴的社会改造与重建过程中，得到了各级党政部门的高度重视，成为社会主义革命过程中的重要内容，同时也为社会主义革命的顺利开展并最终取得胜利作出了巨大的贡献。

一、党的历史和革命经验宣传教育

中华人民共和国成立初期马克思主义大众化的第一个切入端口，就是以中国新民主主义革命成功的实践成就，来证明马克思主义理论的正确性和有效性，同时，通过新民主主义革命胜利过程、意义与经验的宣传教育，提升人民群众对新政权的认同，从而为巩固新政权提供坚实的思想基础。正是在这一背景下，中华人民共和国成立初期，中国共产党将马克思主义大众化的重点内容放在新民主主义革命胜利过程、经验和意义的宣传和教育上。

（一）革命历史宣传教育的机制与政策

新民主主义革命胜利、中华人民共和国成立、中国共产党成立30周年，三个时间节点的接近或重合，为加强革命历史的宣传教育提供了有利的资源条件。中共中央对此进行了系列部署和安排。1951年5月30日，中共中央发出《中共中央关于纪念中国共产党成立30周年办法的通知》，重点是通过纪念建党30周年，对全党和全国人民进行一次中国共产党领导新民主主义革命历史过程、基本经验和重大意义的宣传教育，以推动马克思主义中国化。文件对宣传的核心内容及其实施方式进行了具体规划，并对宣传教育工作的实施提出了详细的要求。

首先，明确了建党30周年纪念是以回顾党领导人民进行新民主主义革命并取得胜利的历史为主要内容。新民主主义革命是一个十分辉煌而伟大的胜利，集中体现了中国共产党运用马克思主义基本原理，并同中国社会实际相结合，形成了具有中国特色的革命道路和理论，并通过全体党员和全国各族人民的艰苦努力，最终取得了伟大胜利。这一过程必须广泛而深入地进行宣传，让全体党员和全国人民认识到新民主主义革命理论的科学性和正确性，深化对中国共产党领导的认识，提高拥护中国共产党领导的自觉性。中央文件写道："应当将党的三十周年纪念，形成以党为中心的群众运动。由六月初旬起，各市县即可由市委县委发起组织筹备会，同时陆续在党的支部中和劳动群众中进行关于党的历史的宣传。"① 文件对于党史教育的核心指导思想是非常明确的，那就是群众对党史的理解，从而达到对党的认识，最终形成"以党为中心"的目标，这个过程不是一般意义的理论宣传和教育，而应该是一个更加广泛的群众运动，是一个大众化的过程。这一大众化的对象有两个：一是基层党员。就是每个支部都要把学习党史作为自己的理论教育和政治生活的最主要内容和任务，要支部来进行组织和协调，让每个党员都参与进来，为宣传教育的广泛性提供最基本的组织保证。二是劳动群众。劳动群众的宣传教育比较复杂，但必须同时推进，各级党政部门应该采取更为有效的措施，确实保证党史宣传教育的普及性，特别是要深入到工农群众思想和生活中去。只有将党史教育深入到劳动群众之中，"以党为中心"的思想认识和行为导向才会最终形成。

其次，对党史教育的内容和教材进行部署和安排。在长期的革命战争年代，革命历史缺乏系统的书写，没有形成完整的可供宣传教育用的教材和内容。所以，在新民主主义革命取得胜利、新中国成立和建党 30 周年的重要时间节点上，需要重新建构中国共产党革

---

① 中央档案馆、中共中央文献研究室编：《中共中央文件选集（1949—1966）》第 6 册，人民出版社 2013 年版，第 170 页。

命历史的叙述框架和表达体系。中共中央在多个文件中，对此项工作做出了安排。一是组织群众性的回顾与表述活动。中国共产党领导新民主主义革命胜利是一场深刻的群众运动，参与的主体非常广泛，所有的对党领导革命取得胜利作出过贡献的党员和群众，都有着回顾自身奋斗历史、表述光辉业绩的责任义务。中央文件要求要重点组织动员："党的斗争历史的各种回忆，对于革命烈士、模范党员和党的组织牺牲奋斗为人民谋自由幸福的回忆，各种工人、各种劳动人民、各界爱国人民男女老少对于中华人民共和国成立前后的比较，和对于共产党的认识过程的自述"。[①] 中央文件将党员群众自身的回忆和表述放在了党史教育的内容和材料的主体和首要地位，充分体现了中国共产党推进党史教育大众化，提高党员群众参与度的考虑。这是一种平等性的，具有亲和力，因而是最具感召力的教材和内容，都是从党员干部和革命群众的亲身经历和奋斗过程中总结和提炼出来的，具有很强的教育效果。二是要求各级领导和理论专家撰写回顾和纪念性的文章，从中央到地方，党的各级领导和专家都要从各自工作地区的革命历史过程和现实需要，组织党史文章的撰写与发表工作。领导和专家的文章能够与党员和群众的回忆形成一种对应的表述，共同构成革命历史的完整叙事结构。因此，中央文件要求各级党组织要精心组织好这方面的工作。对中央层面的文章，组织更是提出具体的要求："中央已经组织十篇左右的论文，将在六月十五日前后陆续广播。这些论文，大部均应在七月一日登报，但事前可以先行印发。各中央局书记，亦应各写一

① 中央档案馆、中共中央文献研究室编：《中共中央文件选集（1949—1966）》第6册，人民出版社2013年版，第170页。

篇，在六月二十五日以前发给《人民日报》。”[①] 对地方各级党组织领导和专家的文章虽然没有提出具体要求，但也有原则性指引：“分局、各省市区党委书记，在本地报纸上亦应发表纪念文字。”[②]

再次，对革命历史宣传和教育宣传的载体与方式进行了规划。无论是群众性的回忆还是领导专家的理论性文章，都必须通过有效的渠道，进行深入广泛的传播，只有这样，才能达到党的革命历史宣传教育大众化的目的。中央文件对宣传教育的形式进行了具体安排。一是要举行各种规模和形式的庆祝和纪念活动，庆祝和纪念活动要以党员干部为主，主动和大力吸引群众参加。在各地的纪念活动中，党政主要领导都要出席并发表讲话，主要内容就是回顾革命历史光辉历程和伟大成就，宣传马克思主义革命理论与中国革命实际相结合的基本经验和理论成果。除了各级领导进行演讲之外，还要动员和指导群众代表发表演说，从他们的角度来进行党的革命历史回顾和教育。“在庆祝会上，党的负责人应发表主要演说，在有党外人士和群众参加时，亦应邀请他们中间的代表人物（着重劳动人民代表）发表简短演说。”[③] 二是以报刊为平台，大量刊载和发表党的革命历史的回忆文章。中华人民共和国成立初期，理论宣传和教育的主要平台和载体是报刊，特别是党报党刊。所以，中央文件要求，各地的报刊要集中组织撰写和刊发一批宣传党的革命历史的高质量的文章，以推动党的革命历史宣传和教育。“在党所领导的

① 中央档案馆、中共中央文献研究室编：《中共中央文件选集（1949—1966）》第6册，人民出版社2013年版，第171页。

② 中央档案馆、中共中央文献研究室编：《中共中央文件选集（1949—1966）》第6册，人民出版社2013年版，第171页。

③ 中央档案馆、中共中央文献研究室编：《中共中央文件选集（1949—1966）》第6册，人民出版社2013年版，第171页。

报刊上，由六月中旬起即应陆续大量刊登”，“七月一日各党报均应出增刊”。不是一般意义的刊登，而是大量刊登，不仅在正常版面上进行刊载，而且要以增刊的方式，扩大宣传教育和容量，增强宣传教育的覆盖面，提升宣传教育的效果。这就说明了中央对党的革命历史大众化教育的高度重视和精密部署。

（二）革命历史宣传教育的文本框架与逻辑体系

在纪念建党三十年的宣传教育过程中，在中央的精心安排和周密组织下，涌现出了一批优秀的革命历史宣传教育的理论文章和宣传材料，成为革命历史大众化宣传教育的重要依据，建构了革命历史大众化宣传教育的逻辑框架和叙事体系。仅《人民日报》就发表了中央领导同志的重要文章十几篇，从各个方面宣传了党的革命历史，展示党领导人民进行中华人民共和国建设的光明前景，极大推进了马克思主义大众化的历史进程，促进了人民群众对中国共产党的认同和中华人民共和国政权的拥护支持。如陈云在《人民日报》发表《中国共产党领导着国家建设》的文章，回顾了中国共产党领导革命的光辉历程，展示了中华人民共和国成立以来，中国共产党领导中国人民恢复经济、改善民生的巨大成就，非常精准地表述了中国共产党领导中华人民共和国建设的基本战略和光辉前景：“中国共产党经过了三十年的奋斗，领导中国人民取得了革命的胜利，在革命胜利以后又领导着国家的建设。”[①] 为了加强巩固对这些重要文章的学习效果，进一步扩大这些文章的宣传教育影响，中共中央专门发出了《中央关于学习“七一”纪念论文的指示》，要求对《人民日报》的文章进行长期深入地学习：“在党的三十周年纪念

---

① 《陈云文集》第2卷，人民出版社2005年版，第281页。

中，《人民日报》曾连续发表中央各同志的十几篇重要论文（人民出版社即将出一合集），各地党委应即领导全党能阅读的党员和干部在七月份中对这些论文进行一次学习。”①

在这批文章中，有两篇文章对后来党的革命历史教育产生了重大影响，一篇是广为人知的由胡乔木起草，毛泽东修改和审定的《中国共产党的三十年》，一篇是陈伯达的《毛泽东思想是马克思列宁主义与中国革命的结合》。中央文件对这两篇文章的重要性和示范性作用是有明确界定和确认的，并以此作为宣传教育大众化教材："在学习这些论文时，可以胡乔木同志的《中国共产党的三十年》和陈伯达同志的《毛泽东思想是马克思列宁主义与中国革命的结合》两文为主要学习材料。”② 陈伯达的这篇著作应该说在当时有很高的理论水平和影响，但这篇文章的理论性很强，在知识分子和高级干部中得到了较高的认同，而对于当时基层党员甚至人民群众来说，这种理论性的著作在学习和生活中很难长期存在，后来由于各种原因，这篇著作在马克思主义大众化历史进程中的影响逐渐消失了。相反，胡乔木的《中国共产党的三十年》由于其史实性、通俗性及其他方面的原因，成为中共党史宣传教育的最基本的教材，在马克思主义大众化的历史进程中，产生了极其重要的作用。这主要体现在两个方面：

首先，确立了中共党史内容体系与叙事维度，从而成为党员干部和人民群众了解和认识中共党史的最基本内容与逻辑。直到如今，中共党史的叙事框架和逻辑结构都还没有脱离这一基础性的构

① 中共中央宣传部办公厅、中央档案馆编研部编：《中国共产党宣传工作文献选编：1949—1956》，学习出版社 1996 年版，第 248 页。

② 中共中央宣传部办公厅、中央档案馆编研部编：《中国共产党宣传工作文献选编：1949—1956》，学习出版社 1999 年版，第 248 页。

建。从内容上看，《中国共产党的三十年》突出了三个方面的核心内容，分别是理论体系——马克思主义中国化的最基本成果——毛泽东思想；实践过程——新民主主义革命（反帝反封建）的伟大斗争；基本经验——三大法宝（统一战线、武装斗争、党的建设）。这三个核心内容构建起了中共党史和中国革命史的最稳定的内容系统，三者紧密相连并且相互支撑，具有很强而且十分浅显的理论说服力，很容易为全体党员干部与人民群众所理解并接受。正是这种内容的深刻性与通俗性兼顾，才能使这内容在中华人民共和国70年的历史发展中基本稳定，而且这些内容在党员干部和人民群众思想意识中扎下根来，任何对这种思想意识和历史记忆出现消解的意图和行动，都会受到这强有力的抵制。从其叙事逻辑来看，《中国共产党的三十年》的设计也是非常精巧的。从近代中国社会基本矛盾开始，构建了中国革命的实践动力，也构建了叙事进程的逻辑动力，以中国共产党挽救民族国家与危难，实现人民幸福为牵引目标，同时也确认了恰当的历史叙事价值理念，最后以伟大胜利和光辉成就作为叙事的逻辑结果。整个叙事逻辑准确而恰当，无论从政治立场还是叙事技巧上，都堪称完美无缺。正是这种叙事逻辑与技巧，成就了这篇中共党史普及读物与经典教材的多重身份和地位，成为马克思主义大众化历史过程中不可多得的典型成功案例。

其次，确立了中国共产党历史分期的基本阶段。在叙事过程中，分期不仅是一种简单的形式行为，而且是叙事逻辑之下的有意识的主观举动，具有深刻的叙事价值和目的。早在延安时期，中国共产党就曾经在党史宣传教育中，整理出一套完整的叙事线索和阶段分期，但当时的思想认识和理论水平还没有达到准确对党史进行分期的高度。中华人民共和国成立之后，新民主主义革命的彻底胜利，为中共党史的叙事线索与阶段分期的建构确立提供了良好的条件。《中国共产党的三十年》先是确立了中国新民主主义革命的起点是五四运动的基本结论，从而确立了中国共产党领导革命的历史起点，只有确立这一历史的开端，后面的分期才会有一个基础和前提。《中国共产党的三十年》写道："一九一九年当做中国民主革命由旧民主主义革命转变为新民主主义革命的转折点，因为从此以后，中国的民主革命就成为中国工人阶级所领导的革命，并且成为世界无产阶级社会主义革命的一部分。"[①] 这一起点的意义，不仅具有时间意义，而且还具有空间意义，因为这一时间节点之后，中国共产党领导的新民主主义革命就成为世界革命的一部分，其意义如此重大，中国共产党领导的革命事业的地位一下就提升了很多，人民群众对中国共产党也多了几分敬重。在确认起点之后，《中国共产党的三十年》对党的历史是这样分期的：

中国共产党三十年的奋斗历史可以分作四个段落来叙述，即：（一）党的成立和第一次国内革命战争（一九二一年——一九二七年）；（二）第二次国内革命战争（一九二七年——一九三七年）；（三）抗日战争（一九三七年——一九四五年）；（四）第三次国内革命战争和中华人民共和国的成立（一九四五年——）。[②]

不能说胡乔木的分期就是首创，之前在一些叙事的文献著作中，也有类似的分期，但同时也存在其他类型的叙事线索和阶段分期，但在《中国共产党的三十年》之后，其他的叙事线索和阶段分期就基本统一到这一分期上来了。这种分期是由其核心内容和叙事逻辑所决定的，绝不是形式上的区别和划分。如果从时间上说，党的成立阶段历史时间是比较长的，内容也比较丰富，完全可以单独

① 胡乔木：《中国共产党的三十年》，人民出版社 2008 年版，第 6 页。

② 胡乔木：《中国共产党的三十年》，人民出版社 2008 年版，第 2 页。

来进行叙事，而且从形式上看，与第一次国内革命战争有着明显的区别，作为一个模块来进行叙述和书写，从形式上看也并不十分恰当。但形式要服从内容，因为这两个阶段不是内容的主体，所以，在形式上就要进行合并，历史证明，作这样的分期处理也是十分正确的。特别从人民群众的历史记忆建构思想共识形成方面，是十分有益的。也正是这种分期，符合人民群众的心理状态与认识水平，所以，当然就得到广大党员和人民群众的接受和认同，也就从此成为中国共产党历史叙事的线索依据和分期标准。著名理论家李达这样评价《中国共产党的三十年》的历史分期："乔木同志把党的30年，划分为4个时期，对于每一个时期，都有扼要清晰的叙述与说明，最后还有一个总结性的分析。学习了这一著作，当可深刻地理解到党的历史是光荣的、正确的、伟大的。"①

（三）重要文献的出版与宣传

为了加强党的历史与革命经验的宣传，在中华人民共和国成立初期，中央决定编辑出版一批党的重要文献，其中最主要就是《毛泽东选集》。胡乔木高度评价《毛泽东选集》编辑出版在马克思主义大众化进程中的重要意义："《毛泽东选集》的出版，也要写一写。为了把中间派吸引到马克思主义轨道上来，当时做了许多工作。宣传工作不只是这些，但从这个侧面写很有意义。"② 作为《毛泽东选集》编辑出版的亲身经历者和主要工作者，胡乔木将其出版意义主要放在马克思主义的理论教育上，让更多的对马克思主义的不了解者甚至怀疑者进入马克思主义的思想轨道，这是《毛泽东选

---

① 《李达全集》第16卷，人民出版社2016年版，第379页。

② 胡乔木：《胡乔木回忆毛泽东》，人民出版社2014年版，第21页。

集》出版的多重意义中最为核心的意义。党的七大将毛泽东思想当作指导思想写入党章，毛泽东思想是新民主主义革命的理论基础和行动指导，在新民主主义革命历史宣传教育中，毛泽东思想当然是最好的理论教材。而毛泽东思想主要体现在毛泽东的一系列重要著作之中，所以通读毛泽东的著作，对理解新民主主义革命过程，对于推动马克思主义大众化有着重要的意义。这也是中华人民共和国成立后迅速组织出版《毛泽东选集》的紧迫性与必要性。

第一，《毛泽东选集》的出版。

在新民主主义革命的过程中，毛泽东发表一系列重要的讲话、文章和专著，这些专著曾经以各种形式公开发表过，但更多的是没有完全公开。例如《实践论》和《矛盾论》是以口头报告的形式在延安抗日军政大学演讲过，也通过其讲稿《辩证法的唯物论》在一些报刊上发表过，但在中华人民共和国成立之前，都还没有以“实践论”和“矛盾论”为题发表过，虽然，中华人民共和国成立后《人民日报》发表过，但还有很多重要的著作需要作为一个整体进行出版和宣传。所以，编辑和出版《毛泽东选集》就是中华人民共和国成立后中国共产党理论建设和马克思主义大众化的重要任务。

《毛泽东选集》编辑出版工作在中华人民共和国成立前夕就已经启动，据《毛泽东传》介绍，中共中央早在西柏坡时期，就已经着手启动这一重要的工作。原计划在1949年6月出版，但由于各种原因，特别是毛泽东本身忙于中华人民共和国成立初期的内政外交，没有时间进行最后的审定，虽然清样已经编好，但一直未能出版。直到1951年10月，新中国成立2周年了，才正式出版第一卷。[①]

《毛泽东选集》审读的过程非常认真和严谨，为了保证在马克

① 龚育之：《党史札记》末编，人民出版社2014年版，第155页。

思主义基本原理理解上的准确性，毛泽东曾经请斯大林派出一位马克思主义理论方面的专家，来帮助审读毛泽东的一些重要著作。斯大林安排著名马克思主义哲学家尤金来华，协助审阅毛泽东及编辑委员会提供的一些篇目。1950 年春，毛泽东访问苏联回国，决定加快编辑出版进度，中央成立了“中共中央毛泽东选集出版委员会”，由刘少奇任主任，主要成员有陈伯达、田家英、胡乔木以及斯大林派来的顾问尤金、苏联驻华使馆翻译费德林等。但随后，朝鲜战争爆发，国事党务异常繁忙，毛泽东又将此事搁置下来。直到 1951 年春，抗美援朝战争局势基本稳定下来，毛泽东才又有了时间和精力继续从事选集的审阅和修改工作。他率领编辑出版委员会的几个核心工作人员，在河北的一所僻静之所，用了差不多三个月的时间，对拟选入的文章进行了审定和修改，除了个别内容的调整之外，主要是在技术和文字上的完善，增加标注和说明。为了庆祝中国共产党成立 30 周年，中央决定在选集正式出版前，挑选几篇重要的文章在《人民日报》发表，直到 1951 年 10 月 12 日，中华人民共和国成立已经两年多了，《毛泽东选集》才正式出版第一卷。[①] 第一卷收入的文章是从 1925 年到抗日战争前期的文章，共有 17 篇。1952 年 3 月，第二卷出版发行，这一卷集中发表了毛泽东在抗日战争前期的重要文献，时间跨度较小，文章的篇目也有很大增加，共有 40 篇。又过了一年，1953 年 2 月，第三卷正式出版，选入的文献主要是抗日战争后期的重要文献，共 31 篇。第四卷出版准备工作正常进行，但中国进入了社会主义改造时期，复杂的社会主义建设也拉开帷幕，国际和国内形势发展变化很快，毛泽东正在深入思考中国特色社会主义改造道路和建设的规律，没有时间和精力来考虑第四卷

---

① 龚育之：《党史札记》末编，人民出版社 2014 年版，第 155 页。

文章的修改问题，因此第四卷一直推迟到 1960 年 9 月 30 日才出版。中华人民共和国成立后第一版《毛泽东选集》出版时间周期长，选编和修改的态度严谨，文献的政治水平和编辑质量都是很高的。第一卷出版之后，立即引起了读者的极大兴趣，原定的印数远远不能满足需要，于是，又加班加点扩大发行。之后，《毛泽东选集》又以多种少数民族文字和多国语言编辑出版，这是马克思主义大众化历史进程中传播空间非常广泛的重要文献，为党的理论宣传教育及马克思主义大众化提供了基础性的文献保证和支持。

第二，《毛泽东选集》宣传与学习。

《毛泽东选集》第一卷出版之后，中央和各级党组织立即组织了各种形式的宣传学习活动，将学习这一著作作为干部教育和群众宣传的重要依据和基本教材，作为当时社会改造与思想文化建设的重要材料。

中央人民政府出版总署召开《毛泽东选集》座谈会，理论工作者、宣传干部和文化人士，从各个角度畅谈了《毛泽东选集》出版的背景、过程特别是重大意义，交流学习《毛泽东选集》某些重要篇目的心得体会，座谈会气氛非常热烈。时任中央人民政府出版总署署长的胡愈之发言，详细介绍《毛泽东选集》的编辑出版过程："1949 年 5 月 6 日，中共中央宣传部出版委员会开始接受了《毛选》的一部分稿子发排，到现在差不多将近两年半，才完成了第一卷的出版工作。"① 副署长叶圣陶发言说："选集凡四卷，今出版者为第一卷。各篇取舍，经毛氏审慎考虑，存录者复亲加修订校阅，多者六七遍，少者亦两遍。田谓于此第一卷中，可见毛氏思想之发展，

---

① 中国出版科学研究所、中央档案馆编：《中华人民共和国出版史料 3》，中国书籍出版社 1996 年版，第 365 页。

及以后种种规划之基础。”[①]“邮局以新制邮袋装运，书店人员取携皆戴新手套，以保持封面之整洁。凡此种种皆见精到，尤可见对于毛氏之爱戴。此第一卷共印一百零一万册，外精装本（非卖品）六千册。至于外文译本，俄文本拟在莫斯科印，今年或可出版。英文本已有成稿，尚须修订，出版当在明年夏秋矣。”[②]

中共中央对《毛泽东选集》的出版发行和学习宣传十分重视，早在正式出版前，中央文件就要求做好思想准备，把党的历史和革命理论宣传教育抓紧抓好，要和即将出版的《毛泽东选集》的学习结合起来：“各地党委应即领导全党能阅读的党员和干部在七月份中对这些论文进行一次学习，借以为将来对党史和《毛泽东选集》的学习打下一个基础。”[③]

各地方党委对《毛泽东选集》的宣传与学习工作十分重视，如中共中央新疆分局，对这一工作进行了周密部署和安排以及深入扎实的推进，基于本地区少数民族群众读者较多的特点，立即着手《毛泽东选集》的翻译出版工作，并成立级别很高的《毛泽东选集》翻译出版委员会，半年之内，就将《毛泽东选集》翻译成维吾尔文、哈萨克文，正式出版发行。少数民族文字版的发行，引起了各族群众的强烈响应，维吾尔文版发行当天就超出了12万册，哈萨克文版发行量达到2万册，后来又翻译成为蒙古文出版，都是盛况空前。为了深入宣传学习《毛泽东选集》，新疆分局专门下发文件，就这一工作进行动员和部署，主要领导发表学习文章，王震在《建立学习〈毛泽东选集〉的制度》的文章中要求各级党委，把组织

① 王仿子：《出版生涯70年续集》，开明出版社2015年版，第44页。

② 王仿子：《出版生涯70年续集》，开明出版社2015年版，第44页。

③ 中共中央宣传部办公厅、中央档案馆编研部编：《中国共产党宣传工作文献选编：1949—1956》，学习出版社1996年版，第248页。

《毛泽东选集》的宣传学习作为一项重要的制度建设任务来抓，时任自治区主席的包尔汉在《对马克思列宁主义事业的伟大贡献》的文章中，高度评价《毛泽东选集》在民族解放事业中重大理论意义和实践指导作用，号召各族干部群众认真学习《毛泽东选集》。①

第三，《毛泽东选集》在马克思主义大众化进程中的深远影响。

毛泽东是新民主主义革命的主要领导者。他在领导中国革命的过程中，进行系统的理论思考和实践创新，并依靠这一理论思考和实践创新，领导中国人民在中国共产党的组织动员下，取得了新民主主义革命的胜利，他的崇高威望与理论水平，得到了历史的选择和实践的证明。正因为如此，以他的名字命名的思想体系得到党员干部和人民群众的高度认同。《毛泽东选集》的出版，为党员干部和人民群众学习和掌握毛泽东思想的核心要义与精神实质提供了最直接和最具体的依据材料。在新民主主义革命刚刚胜利，社会革命和建设即将开始之际，党员干部和人民群众对理论的渴望十分强烈。《毛泽东选集》的出版，对于满足党员干部和人民群众的理论需求，发挥了十分重要的作用。正因为如此，《毛泽东选集》出版之后，在各级党组织的引导之下，立即掀起了学习的热潮。

在许多地方的党史与地方志中，学习《毛泽东选集》都是一件重大的历史事件。

在云南武定县："10 月《毛泽东选集》第一卷首发，中共武定县工委组织隆重的发行仪式，机关干部和职工到书店门口排队踊跃购买。"② 在河南周口地区："《毛泽东选集》第一卷首次在全国出

---

① 《邓力群自述》，人民出版社 2015 年版，第 222 页。

② 李志友主编：《中国共产党武定县历史大事记 1950—2000 年》，云南美术出版社 2009 年版，第 28 页。

版发行。受到党员、干部、知识分子和人民群众的热烈欢迎，全区迅速掀起了学习《毛泽东选集》的热潮。”[①]

在全国范围，《毛泽东选集》的出版引起了党员干部和人民群众的极大学习热情，发行盛况空前，人们争相购买，热潮迭起。各种群众性《毛泽东选集》学习小组纷纷建立起来并开展形式多样的学习活动。毛泽东思想在社会上产生了更为广泛的影响，毛泽东著作中所阐述的许多道理，成为千千万万人民群众想问题、办事情的准则。[②] 学习毛泽东著作的热潮，有力地促进了中国的社会主义革命和建设事业。党的历史和革命理论宣传、教育，通过《毛泽东选集》的出版和学习，产生了巨大的理论和实践效应，马克思主义大众化的历史进程进入了一个新阶段。

二、社会主义革命理论宣传教育

毛泽东在中共七届二中全会上指出，新民主主义革命取得胜利只是万里长征走完第一步，后面还有更为艰巨的任务。第一个艰巨的任务就是实现新民主主义向社会主义的过渡，也就是在经济确立公有制的主体地位，在政治上建设人民当家作主的政权，在文化上也建立起适应公有制经济与人民政权的思想观念和价值体系。经济体系的重建、国家政权的完善和思想文化的改造，都是以社会主义为目标导向的。这一过程就是社会主义革命的过程。要完成这一复

① 中共周口地委党史研究室编：《中共周口地区历史大事记专题文集》合订本，河南人民出版社 1999 年版，第 16 页。

② 盖军主编：《中国共产党八十年历史纪事》，湖北人民出版社 2001 年版，第 541 页。

杂而艰巨的任务，首先必须推动马克思主义理论的大众化，将马克思主义社会主义革命理论、苏联社会主义革命和经验、中国共产党关于推进社会主义革命的战略推送到党员干部和人民群众之中去，所以，中华人民共和国成立初期特别是在1953年社会主义改造开始之后，马克思主义大众化的主要内容就是宣传社会主义革命理论。

（一）苏联社会主义经验的宣传

中国民主革命中所使用的马克思主义理论很多是从苏联那里来的，中国共产党将其与中国实际相结合之后，创造性地形成中国特色的新民主主义革命理论，而且这一理论指导中国新民主主义革命取得了胜利。这一历史经验坚定了以毛泽东为核心的中国共产党人在社会主义革命理论和实践上向苏联学习的决心。事实上，中华人民共和国成立前夕，毛泽东和中央就对向苏联学习社会主义革命和建设的经验表现出了高度的兴趣。在中华人民共和国成立之前，刘少奇访问了苏联，中华人民共和国成立后不久的1950年春，毛泽东就赴苏联进行长时间的访问和会谈。其根本目的是取得物质技术支持之余，还在理论和经验上学到更多的内容。所以，在中华人民共和国成立初期，毛泽东和中国共产党对苏联经验的宣传教育是十分重视的，成为马克思主义大众化的重要组成部分。

第一，对学习苏联经验重要意义的阐述。

在很大程度上，毛泽东和中国共产党是将学习苏联作为一项全局性的理论任务和实践要求的，但一般党员干部特别是广大群众对学习苏联的工作并不是十分理解和重视。为了推动向苏联学习成为大众化的任务，就必须向党员干部和人民群众讲清楚向苏联学习的重大意义和现实必要。毛泽东亲自出面，反复强调说明学习苏联经验的重要性和必要性："我们要进行伟大的五年计划建设，工作很艰苦，经验又不够，因此要学习苏联的先进经验。”[①] 这段话重点说明两点，简洁明了，一是因为社会主义革命和建设的复杂性和艰巨性，要完成这一任务是非常不容易的，不会比推翻反动统治建立新政权来得容易，所以需要理论的指导和经验的参照。而中国从半殖民地半封建社会发展而来，新民主主义革命与社会主义革命是两个不同阶段，我们的党员干部和人民群众的社会主义革命理论素养与实践经验可以说是空白的。既然自己的理论和经验不够，而苏联在这方面又有先进的经验，当然就应该学习和借鉴。

毛泽东注意到党员干部和人民群众对学习苏联经验存在抵触情绪：“在这个问题上，共产党内、共产党外，老干部、新干部，技术人员、知识分子，工人群众、农民群众，他们中间都有一些人是有抵触的。”毛泽东没有分析为什么会在各个层面上存在对学习苏联经验有抵触情绪，但当时这种意识应该说还是一定程度存在的。[②] 在指出了这种情绪之后，毛泽东用了大段话语来说服广大干部群众要充分认识到学习苏联的重要性和必要性，从历史到现实，真可谓是苦口婆心、循循善诱。毛泽东先从唐僧西天取经开始说起中国人向外国学习的传统，近代中国人掀起了学习外国理论和经验的高潮，今天中国人应该掀起一个比历史上任何一次向外国学习理论和经验更要广泛和深刻的高潮：

不但学习马克思列宁主义的理论，而且学习他们先进的科学技术，一切我们用得着的，统统应该虚心地学习。对于那些在这个问题上因不了解而产生抵触情绪的人，应该说服他们。就是说，应该

---

① 《毛泽东文集》第 6 卷，人民出版社 1999 年版，第 263 页。

② 沈志华：《毛泽东号召向苏联专家学习》，《国际人才交流》2013 年第 9 期。

在全国掀起一个学习苏联的高潮，来建设我们的国家。[①]

毛泽东对实际工作学习苏联经验的材料十分重视，亲自批示，他在一份材料的批示上严肃指出："凡有苏联顾问之单位，务必彻底解决干部中是否全心全意向苏联专家学习的问题，凡不虚心学习者应受到批评。"[②]

中共中央以文件的形式对学习苏联经验的工作做出了规定，1953年，中央下发《中共中央关于加强发挥苏联专家作用的几项规定》，要求将学习苏联经验的工作进一步深化，务必掀起学习经验的新高潮。文件强调"正确地学习与运用苏联先进经验，是胜利完成我国各项建设任务的一个重要因素"[③]。

第二，将学习苏联经验作为思想政治教育的重要内容。

为了克服党员干部和人民群众中一些不利于学习苏联经验的消极心态与情绪，中央决定要在全国范围进行一场深刻的动员和教育，真正提高认识。思想政治教育的方法和内容很多，主要是建构机制、舆论宣传和树立典型等。

以中苏友好协会为主体，辅以其他的一些机构和组织方式。1949年10月5日，中华人民共和国成立后的第5天，在北京召开了隆重的中苏友好协会全国总会的成立大会，党和国家重要领导人刘少奇、宋庆龄等人出席并发表讲话。刘少奇在讲话中指出："所以苏联对中国人民真诚友谊的帮助，是恢复和发展中国经济的有利条件之一。由于这样的原因，中国人民应该特别重视和珍惜与苏联

---

① 《毛泽东文集》第6卷，人民出版社1999年版，第264页。

② 沈志华：《毛泽东号召向苏联专家学习》，《国际人才交流》2013年第9期。

③ 中央档案馆、中共中央文献研究室编：《中共中央文件选集（1949—1966）》第13册，人民出版社2013年版，第328页。

人民的友谊与合作。”[①] 会上选举高规格的协会领导机构：刘少奇当选协会主席，宋庆龄、沈钧儒等当选副主席。毛泽东为协会成立题词：“中苏两国人民的团结极为重要，这两国人民团结一致了，世界人民的团结就不困难了。”中苏友好协会成立后，在中苏两国的经济文化交流等方面做了许多工作。到 1951 年 4 月初，会员达到 537 万多人。[②]

根据中央的要求，在中苏友好协会全国总会的基础上，全国各地都在成立相应的组织机构。北京市首先行动起来，1949 年 10 月 9 日，北京市各界在中山公园举行北京市中苏友好协会成立大会，彭真在会上致开幕词，他指出成立中苏友好协会是为了更好巩固中苏友谊，深化中苏之间的交流，特别是在中国人民学习苏联经验方面有着重要的作用。北京市中苏友好协会应该走在全国前列，主要抓好几个方面的重点工作：首先要抓好中苏友好的教育，在北京市广泛建立中苏友好协会，大力发展会员，继续扩大开展中苏友好的活动，如文化交流等。在最后进行的领导机构选举上，彭真当选会长。

1949 年 10 月 8 日，湖北省各界举行湖北中苏友好协会成立大会，湖北省委主要领导李先念主持会议并发表讲话，对湖北成立中苏友好协会的重要意义进行论述，他认为，苏联是中国人民最亲密的朋友，在中国民族民主革命的过程中，苏联曾经给予了大力支持，在今天社会主义革命和建设时期，苏联的物质援助和经验借鉴，是十分重要的，所以，全省人民必须在思想上提高对中苏友好的认识，做好中苏友好的各项工作，把学习苏联经验作为推动工作

---

① 汤涛编著：《开国主席》，人民出版社 2009 年版，第 140 页。

② 中共中央文献研究室：《刘少奇传》，中央文献出版社 2008 年版，第 608 页。

的条件。①

中苏友好协会在省级一开始是分会，到了县一级才叫中苏友好协会，后来去掉分会各级都统称为协会，不再冠以总会或分会之类的前称，当时全国各个县几乎也都建立了协会。据湖南《新邵县志》记载，1951 年 12 月，新邵县中苏友好协会成立，共有会员 8750 人。②

第三，举办向苏联学习的各种活动。

1952 年 4 月 17 日，一列载有中国农业劳动模范代表团的列车从北京出发，驶向苏联首都莫斯科。代表团规模庞大，共有成员 198 人，坐火车走了十天十夜后，到达苏联首都莫斯科。代表团在苏联活动的时间十分充裕，长达 4 个月零 6 天，他们到处访问参观，座谈交流。走了 5 个省 7 个区，主要以参观集体农庄为主，机械化、电气化农业设施，农庄的集体生活等方面，也是参观访问的重点。山西西沟村的劳动模范李顺达是代表团的成员，回国之后，在他人的帮助下，撰写了一本关于此次访问参观行程与感想的记录，书名就叫《李顺达苏联参观记》。山西人民出版社于 1953 年 1 月出版该书。其中有很多的记录与感想是当时情况下的真实写照，很具有历史感与现场性。

这是中国农民以国家名义组团出国，成员来自全国各地，具有较广泛的代表性，回国之后，又进行了大规模的宣传，产生了深刻的影响，达到宣传教育的多重效果：农民在国家政治生活中地位提升的宣传效果；苏联农业发展经验的重要意义及其学习借鉴必要；农业集体化美好前景的展示。李顺达在其记录中反复强调，这是他

① 《李先念年谱》第 2 卷，中央文献出版社 2011 版，第 37 页。

② 《新邵县志》，人民出版社 1994 年版，第 15 页。

第一次出远门，梦想不到的是竟然就出国了，其他成员包括乡亲们都认为这是不可思议的事情。而参观访问之后，中国劳动模范的普遍结论就是“向苏联人民学习，走苏联人民的道路”。回国之后，代表团成员到各地进行巡回宣讲，宣传苏联农业集体化道路，号召广大农民群众向苏联学习，加快农村集体化建设，产生了良好的宣传教育效果。这是对农民进行社会主义集体化宣传教育的有效行动，也是马克思主义大众化进程中的成功范例。李顺达说：“我这次到苏联参观，党给我的任务，就是要把亲眼看到的苏联情形，向全省和全国人民宣传出去，让咱中国人民具体了解苏联社会主义建设的伟大成就，好好向苏联人民学习，走苏联人民的道路。”①

派出代表团，只是向苏联学习的一个环节与行动之一，其他方面的学习苏联经验的宣传教育活动也在深入进行。在文化教育领域，这项工作推进得比较有力，特别是在高等教育方面，基本上以苏联的高校模式来对旧中国高等教育体系进行了全盘改造。这就是著名的中华人民共和国成立初期的院系调整。最大特点，就是重新安排中华人民共和国高等教育的布局，以经济建设特别是工业化急需的专业人才为主要任务，这在当时的情况下，是十分必要的，但一些非急需专业进行合并和调整，特别是民国时代留下来的人文社会科学专业，调整的力度相当大，短期来看是必要的，但是如何在旧文科的调整的基础上，重新构建中华人民共和国的哲学社会科学高等教育体系这一问题上重视得不够，当然也就产生了一些后续的消极影响。这也是学习苏联经验的一个重要环节，对知识分子了解和学习苏联有着很大的推动作用。在一定程度上也是对知识分子进行思想改造和宣传教育的重要环节，在马克思主义大众化进程中也

① 《李顺达苏联访问记》，山西人民出版社1953年版，前言。

有着特定的历史地位和影响。“院系调整时，完全按照苏联模式办，一点折扣都没有。首先是从北大、清华开始进行调整。全是按照苏联模式办，可以说是全盘苏化。

（二）过渡时期总路线的宣传

为了加快推进社会主义革命的进程，在生产力发展和生产关系调整上做好协调和统一。中共中央提出了过渡时期总路线，以此作为提高文化水平、统一行动的思想依据和行为标准。为了达到让党员干部和人民群众学习和掌握总路线的核心要义和基本要求，中央决定开展深入的宣传教育活动，在这一宣传教育过程中，以马克思主义理论和中国共产党的方针政策为中心的理论内容，在党员干部和人民群众中得到了一次传播和普及，也是中华人民共和国成立初期马克思主义大众化的重要组成部分。

1953 年 12 月，中共中央批发中宣部拟定的《为动员一切力量把我国建设成为一个伟大的社会主义国家而斗争——关于党在过渡时期总路线的学习和宣传提纲》。总路线的基本内容就是以这种方式公布的，文件的重点不是总路线的本身，而是总路线的学习和宣传问题。所以，从中央的角度来看，总路线的制定和确立不是问题的关键，重要的是要通过宣传和学习，让党员干部和人民群众认识、掌握和运用总路线的基本内容。该提纲对党员干部和人民群众的学习教育内容和过程做出了具体的要求和安排。在谈到知识分子学习总路线的内容时提出要求：“知识分子应当加强自己的马克思列宁主义教育，用先进的科学知识武装自己并为国家培养干部，发展祖国的经济和文化，积极参加国家的建设事业。合格的青年必须努力锻炼身体，学习科学知识，提高政治觉悟，准备更好地为国家的社会主义工业化服务。”[1] 这就对总路线的学习和宣传的基本理论前提、思想基础进行了明确界定，那就是总路线的基本依据是马克思主义立场和方法，只有学习和理解马克思主义基本理论，才会对总路线有更为深刻的认识，同样，认真学习和理解总路线的基本内容，也会提高对马克思主义基本理论和党的方针政策的认识。从这个意义上说，中央关于学习和宣传总路线的文件，已经包含了马克思主义大众化的基本要求。

第一，精心组织与安排。

总路线的学习与宣传是社会主义革命的基本依据，而社会主义革命是一场深刻的社会变革，涉及不同社会主体的利益调整和观念转换，必然会引起强烈的社会波动和思想影响，为了将这种社会波动和思想困惑降到最低限度，顺利推进社会主义革命的实践行动，必须在思想和认识上进行全面的准备与动员。所以，中央十分重视，要求把总路线的学习宣传作为中心工作来抓。1954 年 1 月，中共中央转发《中央统战部、民族事务委员会党组关于在少数民族地区宣传总路线问题的意见》，在转发通知中提出要求：“一切少数民族地区，在广大汉族地区正展开关于党在过渡时期的总路线的宣传的时候，都应该适当地进行过渡时期党在民族问题方面的总任务的宣传。”[2] 1954 年 2 月，中央发出《中共中央关于向国外华侨宣传总路线的指示》，将总路线的学习宣传扩大到海外华侨之中，中央认为这是十分必要的，但要采取与宣传对象特点相适应的方法与内容：“向国外华侨适当地宣传国家在过渡时期的总路线，是完全必

① 中央档案馆、中共中央文献研究室编：《中共中央文件选集（1949—1966）》第 14 册，人民出版社 2013 年版，第 528 页。

② 中央档案馆、中共中央文献研究室编：《中共中央文件选集（1949—1966）》第 15 册，人民出版社 2013 年版，第 8 页。

要的。以为国外环境特殊，不敢向国外华侨宣传祖国过渡到社会主义的总路线，也是不正确的。”[①] 1954 年 4 月，中共中央转发云南省委关于总路线学习宣传的意见，向全国推荐其经验和做法，要求进一步推进总路线的学习。中央文件及其一系列工作部署，对兴起和推进总路线的学习热潮有着重要的作用。

各级地方党委按照中央的要求和部署，结合本地实际开展了大规模的总路线宣传教育活动。在首都北京，市委书记彭真多次在各种会议上做总路线的报告，并对北京市的学习宣传活动进行具体的安排，以分层落实、逐级推广的模式来展开。所谓分层落实，就是党组织在本级首先加强学习宣传的前提下，再将具体的任务和要求传达到下级党组织之中，到最基层的党支部，就是组织党员进行学习，由党员深入群众之中进行宣传；逐级推广就是对不同级别层次的行政机关的学习，是在高一级的行政机关试点学习宣传成功经验的基础上，逐步向下一级行政机关进行推广。这就保证学习宣传内容理解的准确性和学习宣传形式的有效性。

第二，学习宣传形式多样。

总路线的学习宣传不是针对特定的对象，而是一场全方位的行动，这就造成了宣传对象的多样性与差异性。为了适应这种差异性，各级党政机关特别是宣传部门，无论在内容的精选还是形式的安排上，也都采取了差异化的措施。中央文件要求：“在国外向华侨宣传总路线，必须符合教育侨胞团结爱国力求在当地长期生存下去的方针。在宣传的方法方式上应注意：不要作任何行动上的号

---

① 中央档案馆、中共中央文献研究室编：《中共中央文件选集（1949—1966）》第 15 册，人民出版社 2013 年版，第 222 页。

召，不要联系当地侨务工作，而只是一般地进行爱国教育和团结教育。”[①] 不仅对宣传的内容做区别对待，而且对学习宣传的形式也做具体安排。在中央和各级党政机关的组织与领导下，总路线的学习宣传活动以各种形式在全国迅速开展起来，成为一场大规模和全方位的马克思主义大众化行动。

总路线的学习宣传活动主要以三种形式推进：一是学习宣讲会，大多与动员会结合起来，由党政主要领导来宣讲学习的基本内容，中央精神的理解，提出本地区和本部门贯彻落实、推进总路线学习的具体行动措施。二是以学习班、学习小组等形式进行学习内容的深化理解和心得交流。在宁夏银川，全市组织了15个机关学习委员会，下设学习小组和辅导员，根据干部的文化程度，分中级组、初级组和文化班。从1954年1月18日开始坚持每天早上一个半小时的理论学习和星期六“学习日”制度，根据“三级帮助二级，二级帮助一级”的方法，充分发挥三级、二级组学员的辅导作用。要求各单位的负责人具体领导这次总路线和总任务的学习，协助解决学习中的问题。[②] 三是向基层派出学习宣传工作队，特别是结合个体农业改造的宣传发动，重点向文化水平比较低的农村地区派出，以推动基层党员和农民群众的总路线学习。在河南辉县：“中共辉县第四次代表会议和一系列县委扩大会、扩干会、党的活动分子会议，之后又迅速组织了县、区两级干部工作队，于12月初分赴全县各区，大张旗鼓地宣传贯彻社会主义过渡时期总路线，全县10余万成年人（占全县成年人总数的97%）参加了这一学习运

---

① 中央档案馆、中共中央文献研究室编：《中共中央文件选集（1949—1966）》第15册，人民出版社2013年版，第223页。

② 中共银川市委党史研究室编著：《银川历史纪实》，宁夏人民出版社2012年版，第345页。

动。运动中，主要采取了理论宣传与新旧社会对比相结合，启发人们的认识水平与觉悟。”①

第三，学习宣传效果显著。

总路线的学习宣传目的明显，主要是为社会主义革命的实践进行思想动员，但由于其涉及的理论与方法内容广泛，学习宣传的形式多样，影响面大，覆盖面广，是中华人民共和国成立以来最为深刻的一次理论学习和思想宣传行动，持续时间也比较长，可以说是一直伴随到社会主义革命的三大改造结束。正因为其时空广阔，所以其思想观念转换和意识形态重构的效果非常明显，可以说是一场广泛的马克思主义大众化行动。马克思主义的立场与方法，在党员干部和人民群众中得到了一次较为系统的传播。

首先，提高了对社会主义基本特征的认识，总路线的基本内容和主要目标就是建立社会主义，至于什么是社会主义，党员干部和人民群众的认识并不是十分清晰，比较多的就是知道一些公有制的内容，对社会主义在生产力发展方面的巨大优势，以及这个优势发挥的必要前提并不是十分了解。总路线的核心就是“一化三改”，其中“一化”就是工业化，就是要推动社会主义生产力的发展，社会主义的最根本特征就是生产力的高度发展，社会主义应该而且可能创造出比资本主义更多的物质财富，更快更好的生产力发展。正是总路线的宣传，增强了党员干部和人民群众对社会主义的信心，提高了自觉参与社会主义革命，走公有制和集体化道路的自觉性。

其次，对社会主义革命的过程与前途有了比较清晰的认识，社会主义革命是一个复杂的过程，并不是简单的没收或者资料的集体

① 中共辉县县委党史研究室编著：《中共辉县历史（1949—1978）》，河南人民出版社 2012 年版，第 275 页。

化，而是要通过一系列措施和手段，逐渐地、和平地进行过渡。这在资本主义工商业者为对象的学习宣传中，表现得比较突出。原来，资本主义工商业者认为社会主义改造就是简单地将他们的企业资产收归国有，经过总路线的学习宣传，他们才知道是和平地逐渐地赎买政策和措施，以公私合营为基本的步骤和过程，建立社会主义的公有制，是一个政治转换和经济改造双重的过程，与新民主主义革命时期的经济纲领与政策是相联系的，并不是对新民主主义经济纲领和政策的中断和违背。这就从思想上解除了资本主义工商业者对社会主义革命的恐惧和焦虑，为加快资本主义工商业的改造，提供了思想基础。在山东济南，资本主义工商业者通过总路线的学习，“通过广泛宣传和深入学习讨论，各级干部和广大职工群众提高了对实现国家工业化以及对农业，手工业和资本主义工商业实行社会主义改选必要性的认识，资本主义工商业者也逐步认识到走社会主义道路是大势所趋，纷纷表示要积极接受社会主义改造”①。

（三）社会改造理论的宣传

从 1953 年开始，中国开始了全面的社会改造，其深刻性和全面性，在中国社会发展和思想观念演进史上，可以说是空前的。几乎所有的社会成员都进入了这一伟大而全面的社会改造和重构的行动之中。而这一改造最为深刻的就是社会结构的再造和思想观念的重构。无论是社会结构改造和思想观念改造都是在深入宣传与发动的基础上展开的，这一宣传发动过程就是用中国共产党的理论、方针和政策重新武装广大社会成员的过程，当然也就是马克思主义大众

① 中共济南市委统战部、济南市档案馆编：《济南市资本主义工商业的社会主义改造文献资料选编》，济南出版社 1993 年版，第 6 页。

化的过程。

第一，资本主义工商业改造中的公有制宣传教育。

新民主主义革命理论中，对私营资本主义工商业的地位和作用的评价是比较积极的，然而，到了1953年，社会主义革命开始之时，就需要对这种理论进行调整和改变，因为新民主主义社会必须向社会主义过渡，如何在理论上为这种过渡提供思想观念的支持，就需要以马克思主义理论来进行替代和转换。既然社会主义改造是把资本主义私有制改造成社会主义公有制，那就必须要把私有制的缺陷和公有制的优势宣传清楚，如果不宣传就强行推进，工作的阻力与难度可能就会提高，效果可能就会降低。所以，从根本上来说，在人民政权已经建立起来并得到初步巩固的前提下，资本主义私有制的改造的一个根本问题还是宣传教育与思想发动的问题。由于在这个问题上，中国共产党高度重视，实施了卓有成效的工作，这才有了资本主义工商业改造的顺利而且是低成本的完成。

1955年10月，资本主义工商业改造开始之时，毛泽东主持召开了资本主义工商业社会主义改造问题座谈会。几乎所有中央主要领导都参加了，刘少奇、陈云等还发表了讲话。毛泽东会上发表了主旨讲话。他没有谈改造的具体政策和行动方案的问题，而是用了大量时间讲理论问题及理论的宣传教育问题。理论是什么？理论就是马克思主义，当然是中国化的马克思主义，是与中国实际相结合的马克思主义。如何给全社会特别是私营企业主讲清楚马克思主义公有制与私有制的关系问题，如何用马克思主义理论解释我们的政策问题。这是资本主义工商业改造能否成功的关键问题。

首先，毛泽东强调了理论问题："我们现在对资本主义工商业的社会主义改造，实际上就是运用从前马克思、恩格斯、列宁提出过的赎买政策。它不是国家用一笔钱或者发行公债来购买资本家的私有财产（不是生活资料，是生产资料即机器、厂房这些东西），不是用突然的方法，而是逐步地进行，延长改造的时间，比如讲十五年吧，在这中间由工人替工商业者生产一部分利润。”[①] 毛泽东这里对理论问题通俗而清晰的阐述，既坚持了马克思主义关于改造私有制的必要性的原则，同时又结合中国实际情况，对理论进行了创新，在时间上给出过渡，在利益分配上进行统筹，最大限度地考虑和安排私营企业的切身利益，这种方式也比较为各方所接受。这是一个大众化的理论方案，这就为宣传教育大众化的展开提供了有力的依据和材料。

其次，毛泽东十分强调宣传教育的重要性。他从历史到现实，阐述了思想教育与宣传发动，在社会主义改造特别是资本主义工商业改造的重要性。因为私有企业主大部分都是有文化、有思想的人，如果思想打不通，就会在改造的实际工作中产生阻力，如果思想打通了，有些工作做起来就比较容易。“要加强宣传教育工作。现在，听到各大城市工商界都有学习的组织，我们很高兴。学习应该逐步地扩大，每个城市要有几千人，要逐步地有更多的人来学习应该学习的东西。”[②] 学习应该学习的东西，这一观点十分深刻，实际上就是让他们用中国化的马克思主义和党的方针政策，提高思想觉悟，积极支持和配合社会主义改造。而且学习的范围还要扩大，每个城市仅有几千人还不够，还要让更多的人加入学习的范围和行动中来。

毛泽东还对宣传教育重视不够的现象提出了批评，特别对党的

① 中共中央文献研究室编：《建国以来重要文献选编》第 7 册，中央文献出版社 1993 年版，第 348 页。

② 中共中央文献研究室编：《建国以来重要文献选编》第 7 册，中央文献出版社 1993 年版，第 345 页。

宣传部门在这一工作中的被动问题进行了提醒。他说："有许多工商界的朋友提意见说，五年计划报告中间关于宣传教育方面提得不够。我说，这个意见提得好，过去的确有这个缺点，没有全面规划。今天到会的有政府许多部门的同志，有中共中央宣传部的同志，你们就没有管这个事嘛。"[①] 宣传部门或者政府相关部门，对于资本主义工商业改造的宣传，实际就是将马克思主义理论和党的方针政策传播和灌输到最广大的教育对象之中去，组织和引导他们进行学习，让他们知道应该学习什么内容，并且为他们提供应该学习的内容，毛泽东的批评实质上就是对马克思主义大众化工作做得不够深入和细致的批评和指导。

在毛泽东的号召下，各级党政部门，特别是党的宣传系统开始大规模地对私营企业主进行教育和理论宣传工作，以配合正在进行的资本主义工商业改造。各地举行形式多样的活动，以各种载体和途径，将马克思主义公有制理论、党对资本主义工商业改造的赎买政策等内容传播和灌输到私营企业之中去，有理论学习班、形势演讲会、政策座谈会、学习交流会等多种形式，同时，各大媒体进行了集中的宣传，重点推出了一系列的理论文章和通俗易懂的政策解读。不仅对私营企业主进行宣传和教育，还将思想教育与理论宣传扩大到私营企业主的家属和子女身上，资本主义工商业改造的思想认同，不仅有力地推进了资本主义工商业改造的实际工作，而且还是一次有效的马克思主义大众化宣传，不仅私营企业主而且全社会都接受了一次马克思主义政治经济学的教育与普及活动，提高人民群众对公有制重大意义和必要的认识和理解。

---

① 中共中央文献研究室编：《建国以来重要文献选编》第 7 册，中央文献出版社 1993 年版，第 346 页。

第二，乡村社会改造中的集体主义宣传教育。

在社会主义革命的三大改造中，个体农业的改造是难度最大的，因牵涉面广，理论和思想问题较多，农民的文化水平较低，传统理念和小生产的习惯浓厚，特别是自给自足的倾向非常强烈，对集体合作机制与行动有一种天然的抗拒。正因为个体农业改造存在着如此的困难，而且主要是思想认识上的困难。所以，毛泽东才提出“严重的问题是教育农民”的命题。实际上，毛泽东在对农民进行思想启蒙与理论教育上所花的时间和精力是很多的。在中华人民共和国成立初期，毛泽东很多讲话、批示都是与农业改造有关，而其中最重要的主题就是农民的思想教育和农村的意识形态重建问题。因为他认识到了农民教育的问题的严重性，所以，他做了大量的工作，力图用马克思主义大众化的理论宣传与思想教育，把农民思想意识引导到党的方针政策与实践行动上来，其中最核心的内容就是对农民进行集体化的教育和宣传。

首先，在乡村社会改造中传播集体主义精神。中华人民共和国成立初期，中共不仅对乡村社会进行改造，更重要的是，大力推进乡村社会的各项建设。它包括经济建设、文化建设和社会建设。正是在这些建设中，中国共产党将精选的马克思主义适合乡村社会的一些重要观点和结论，传播到乡村社会民众之中去。例如，在乡村社会道德建设中，在提倡新的道德观念和道德规范中，注重用马克思主义的社会道德理论来引导广大乡村社会民众接受新的道德规范，从历史唯物主义的角度看待新的道德规范的合理性。在建设乡村新的婚姻观念和婚姻秩序的时候，引用恩格斯的著名观点：没有爱情的婚姻是不道德的婚姻。这些宣传增强了乡村社会建设的理论依据，对于推动乡村社会秩序的建立发挥了积极作用。同时，对于马克思主义理论在乡村社会的传播，也产生极大的推动作用，因为将马克思主义理论观点与社会建设的实践相结合，广大农民容易理解和接受。广州市政府要求各区、乡人民政府“必须结合当前各种工作和运动，有计划地动员和组织力量，运用各种宣传工具，采取各种宣传方式，揭露封建婚姻制度的罪恶，宣传新民主主义婚姻制度的优越性”。

其次，在文化学习中传播阶级观念。中华人民共和国成立初期的乡村社会，民众的文化水平极其低下，中国共产党乡村社会建设的一个重要任务就是逐步降低乡村社会的文盲率。为此，新政权在乡村社会进行了大规模的农民文化教育运动，尤其是对贫苦农民中的政治骨干，进行了集中培训和业余学习等多种模式的教育。如福建建宁县：“1955 年，城乡普遍办起冬校夜校，并通过送字上门，利用会前和民兵集训等多种途径开展识字教学。1956 年，县、乡成立扫盲协会，加强领导，促进业余教育的发展，全县 67 个乡，有 427 个扫盲班，入学农民 12750 人。”[①] 在这一过程中，中国共产党十分注重进行马克思主义理论的宣传与教育，在教育和培训的内容中，始终以马克思主义基本观点为指导，将马克思主义理论作为一条红线贯穿其中。例如，在各地农民夜校教育农民识字的过程中传播马克思主义基本理论。对文字的选择和释义，都是以时事政治和理论常识为基础的，在教育农民学习“穷”字的时候，就要从马克思主义的理论角度去解释贫苦农民为什么会穷。在学习“剥削”“压迫”等字词的时候，也紧密结合马克思主义的基本观点解释为什么会存在剥削和压迫，怎样才能消灭剥削和压迫等。此外，还对他们进行文化诉苦的教育，指出穷人之所以不识字，没有文化，是因为旧社会制度不合理。用追根，查根，回忆过去放牛、帮长工的

① 李衍池主编：《建宁县志》，新华出版社 1995 年版，第 515 页。

生活，来与地主阶级“饱食终日，无所事事”的生活作了对比，使他们了解小时候没有读到书不能怪父母，应该怪地主阶级。

第三，知识分子思想改造中的政治理论教育。

知识分子成分比较复杂，思想状态与政治立场的差异性很大，一部分马克思主义知识分子，是中国新民主主义革命的发起者，也是马克思主义大众化的实施者，但大部分知识分子的政治立场与思想意识还是与半殖民地半封建社会相联系的，与中华人民共和国成立之后的新民主主义社会特别是即将要到来的社会主义社会存在着一定的隔阂。这就必然要对知识分子进行思想改造，重构其世界观与方法论。毛泽东对文化问题特别是理论宣传问题历来非常重视，看问题也非常尖锐和深刻。在还没有决定开始对知识分子进行思想改造之前，毛泽东对知识界的世界观与方法论、政治标准问题予以了高度关注。这些偶然和具体事件关注的结果，充分说明了对知识分子和整个思想文化界进行一次马克思主义理论教育是十分必要的。否则就会在一些根本的立场和价值标准上，出现与新社会不相适应的结果。1951 年 5 月 20 日，中华人民共和国刚刚成立 1 年多的时间，毛泽东在日理万机的国务活动中，亲自为《人民日报》撰写了社论《应当重视电影〈武训传〉的讨论》，以非常严肃的语气指出：“电影《武训传》的出现，特别是对于武训和电影《武训传》的歌颂竟至如此之多，说明了我国文化界的思想混乱达到了何等的程度！”①

不仅毛泽东认识到了这一问题，一些知识分子本身也认识到对自身进行理论宣传与思想教育的必要性。1951 年 6 月，时任北京大学校长的马寅初，在实际工作中特别是在高等教育的建设中，认识

① 《毛泽东文集》第 6 卷，人民出版社 1999 年版，第 166 页。

到一些知识分子的政治意志和思想意识还不能适应形势发展的需要，特别在北京大学这所具有优秀的马克思主义理论传统的高校，需要在为中华人民共和国培养更多人才的背景下，进行马克思主义理论的普及，并通过马克思主义理论的普及，推动知识分子的改造和进步。于是，在北京大学范围内开始了知识分子的思想改造工作。马寅初写信给周恩来，邀请他到北京大学给全体教师做思想改造的报告。中央对北京大学开展知识分子思想改造的行动十分重视并予以高度肯定，决定在北京和天津地区知识分子较为集中的高校重点推进。9月29日，周恩来向参加北京、天津高等院校教师学习会的3000余名教师作了《关于知识分子的改造问题》报告。在报告中，他结合自己参加革命的经历和思想改造的体会，着重阐明了知识分子进行思想改造的必要性。随后，京津20所高校开展了以学习马列主义、毛泽东思想为主要内容，联系本人思想和学校实际，肃清封建买办思想，批评资产阶级和小资产阶级思想的学习运动。中华人民共和国成立初期，知识分子思想改造和理论教育正式拉开序幕。各高校利用各种方式进行马克思主义理论宣传和思想教育活动，取得了良好的效果，是一次深刻而成功的以知识分子特别是高级知识分子为对象的马克思主义大众化行动。

为了将这一有效的行动推向全国，在全国各种类型的知识分子中普遍开展了一次理论教育与思想改造。1951年10月23日，全国政协会议决定，知识分子改造运动是1952年国家的中心政治任务之一。1951年11月，中共中央发出《中共中央关于京津高等学校教师政治学习运动经验的通报》，充分肯定了京津两地高校知识分子思想改造的巨大成效和重要意义，并要求在全国范围开展一次知识分子理论教育和思想改造。“北京、天津高等学校教师以改造思想、改革教育为目的的政治学习运动，自九月底开始，现已获得显著成绩。全国各地均应利用此种经验，在本学期或下学期在各专科以上学校领导同样的学习，以便为彻底改造高等教育及清理学校准备条件。”[①] 文件为知识分子思想改造准备了阅读书目。主要是列宁、斯大林、毛泽东和刘少奇的著作。如列宁的《青年团的任务》、斯大林的《十月革命的性质》、毛泽东的《改造我们的学习》等马克思主义理论经典文献。

从高校知识分子开始，理论宣传和思想改造的范围扩大到各级学校和科技、文化、艺术领域，也就是说对知识分子思想改造做到了全覆盖，包括高中以上的学生也被纳入思想改造的范畴。1951 年 11 月 30 日，中共中央发出《中共中央关于在学校中进行思想改造和组织清理工作的指示》，对思想改造的人员范围进行明确界定：“各种学校中教职员和高中以上学生的思想改造，应看作是一个长期的工作。”[②] 对文艺界的知识分子改造，中央十分重视，11 月 24 日，胡乔木在北京文艺界知识分子整风学习动员大会上作了《文艺工作者为什么要改造思想》的报告，在批评文艺界存在的一些错误思想观念之后，提出了用马克思列宁主义指导自己的思考与创作的要求，并要用马克思主义文艺理论进行文艺评论和交流。

知识分子思想改造的主要内容是包括三个方面：一是学习马克思主义基本理论和时事政治，如前所述，中央开出了知识分子改造过程中的基本书目，成为改造学习的基本内容，同时对一些重要时事与政策的了解，用马克思主义世界观与方法论看待当下的重大问题，用马克思主义的叙事立场与范式，书写中国的历史与现实；二

---

① 中央档案馆、中共中央文献研究室编：《中共中央文件选集（1949—1966）》第 7 册，人民出版社 2013 年版，第 231 页。

② 中央档案馆、中共中央文献研究室编：《中共中央文件选集（1949—1966）》第 7 册，人民出版社 2013 年版，第 285—286 页。

是参加社会实践活动，主要以组团方式到农村去参加土地改革；三是对一些作品和代表人物进行批判，如对《武训传》、对俞平伯《红楼梦研究》的批判等。

知识分子思想改造于1952年秋冬结束，应该说，从长远的历史维度来看，这场改造是必然的也是必须的，一个新的政权必然要对自己的意识形态和价值体系进行重构，而知识分子就是这一体系重构的主体，只有在将他们思想改变成与新政权相适应的状态，为新政权存在和巩固的意识形态、文化体系才能建立起来。中华人民共和国成立初期的知识分子思想改造实际就是一次初步的马克思主义基本理论的教育与学习，产生了良好而积极的效果。

三、唯物史观的宣传教育

新旧中国在意识形态上的根本区别就是世界观与方法论上的不同，以什么观点来看世界，以什么样的方法来分析社会现象，这是意识形态与思想认识的关键性差异，实际上就是历史观的差异。特别是在社会发展问题上，唯心史观在传统中国意识形态与思想体系中有着深刻的影响。这种影响与中国共产党及其政权所主张的马克思主义唯物史观存在很大的区别，因而也就不利于中国共产党执政地位和新政权权威性的建立与巩固。所以，中华人民共和国成立后，必须在哲学上进行一次新的启蒙，启蒙的核心内容就是以马克思主义唯物史观替代旧的唯心史观。在中华人民共和国成立伊始，毛泽东就通过一些现象观察到这一问题的重要性，因而也确立了从根本上进行理论宣传和思想改造的关键，就是进行一次广泛的唯物史观的宣传与学习，推动马克思主义世界观与方法论的大众化。他在《应当重视电影〈武训传〉的讨论》写道："《武训传》所提出的问题带有根本的性质。"① 这个根本性质不是创造方法或者创造技巧的问题，而是根本立志和价值取向问题，是世界观和方法论的问题，是哲学的问题。他接着尖锐地指出："特别值得注意的，是一些号称学得了马克思主义的共产党员。他们学得了社会发展史——历史唯物论，但是一遇到具体的历史事件，具体的历史人物（如像武训），具体的反历史的思想（如像电影《武训传》及其他关于武训的著作），就丧失了批判的能力，有些人则竟至向这种反动思想投降。"② 为什么一些有了一定马克思主义理论水平的共产党员仍然还会在这样的重大理论问题上出现迷惑与错误，其关键问题还在于对马克思主义历史唯物论学习得不够深入，把握得不够准确，运用得比较肤浅。正因为如此，在各种各样的理论宣传和思想改造中，毛泽东和中国共产党都十分强调进行马克思主义历史唯物主义的宣传教育，推动马克思主义历史唯物主义的大众化。

（一）社会发展史的宣传教育

1949 年 9 月 16 日，毛泽东以新华社评论员的身份发表了一篇文章《唯心历史观的破产》。这篇文章作为中华人民共和国成立前毛泽东的最后一篇重要文章，收入了《毛泽东选集》第 4 卷，这也是收官总结的文章。从 1925 年《中国社会各阶级的分析》到这篇《唯心历史观的破产》，展示了毛泽东思想的一条显明逻辑线索，那就是马克思主义唯物史观，由唯物史观的最核心内容阶级观点入手，到对唯心史观的批判总结收官，充分体现毛泽东对马克思主义

① 《毛泽东文集》第 6 卷，人民出版社 1999 年版，第 166 页。
② 《毛泽东文集》第 6 卷，人民出版社 1999 年版，第 167 页。

唯物史观的高度重视，这也就能够说明毛泽东为什么对马克思主义唯物史观的宣传与教育如此重视。因为中国的一部分知识分子和社会大众受唯心史观的影响比较严重。毛泽东指出：“而艾奇逊的历史观点正是中国知识分子中有一部分人所同具的观点，就是说资产阶级的唯心的历史观。”①

对全体党员干部和人民群众进行社会发展史教育并不是完全从中华人民共和国成立后才开始的，在中华人民共和国成立之前的马克思主义哲学大众化的过程中，也一直在推进。但在中华人民共和国成立后，中国共产党对这一问题更加重视，运用建制性的资源，更加自觉和有效地开展和推进社会发展史教育。中华人民共和国成立初期的知识分子思想改造中的重要内容之一就是社会发展史的学习教育。社会发展史的学习不是一个独立的学习行动和过程，而是渗透在中华人民共和国成立初期众多社会发展与思想教育的行动与过程之中，所不同的是，在有些过程中，表现得更为突出一些。

社会发展史的学习与宣传内容就是要纠正过去的英雄创造历史，劳动人民群众在历史中的作用受到轻视的思想倾向，真正把劳动、把人民群众在历史发展中的重要地位和作用确立起来，从而确立依靠群众、相信群众的思想意识和工作方法。社会发展的学习教育当然有着明显的政治要求与目的，就是通过社会发展史的学习，提升党员学习和掌握马克思主义、毛泽东思想的基本内容与核心观点。李达在 1950 年谈到学习社会发展史的意义时指出：“我们学习社会发展史，就是要学习马列主义的社会观，学习毛泽东思想的中国社会观。”“从此，我全中国人民要使用我们全部的劳动能力，一

① 《毛泽东选集》第 4 卷，人民出版社 1991 年版，第 1509 页。

笔一笔地写下我们自己的历史。”①

在中央的号召下，各地各部门对社会发展史的宣传教育高度重视，认真部署，大力推动。中华人民共和国成立后，北京市委鉴于新区的干部群众对社会起源与发展等基本理论问题认识的模糊，决定在全市范围里开展一次社会发展史的学习宣传。由于这一问题的理论性强，一些干部群众的文化水平低，理解得不深刻，所以，学习教育的效果不是很理想。基于这种情况，市委决定加大宣传力度，改进学习教育方法，由原来的一般性自学和小规模交流，改为集中的讲授和自学相结合。宣讲主要由著名马克思主义专家来主持，如时任中央党校副校长的马克思主义哲学家艾思奇就是主讲的核心成员。每个月集中讲授一次，其余时间由基层党组织自学和讨论，共开设了 5 讲，4 个月完成。这种集中宣讲与自学相结合的方式，对于提高学习教育效果有着明显的作用。“参加学习的干部 11052 人（其中党员干部 2857 人，团员干部 1680 人，群众干部 6515 人），听讲座者 23000 人，参加测验者 3545 人。学习中大家的情绪饱满，并坚持理论联系实际的原则，一般都从理论上明确了社会发展史的基本观点，政策水平和阶级觉悟都提高了一步，不少干部克服了不安心情绪，改进了工作。”②

（二）无神论的宣传教育

毛泽东在《湖南农民运动考察报告》中对中国神权思想与机制的结构与功能进行过深刻的分析和批判，认为这是压迫中国社会大

① 《李达全集》第 16 卷，人民出版社 2016 年版，第 49 页。

② 中共北京市委党史研究室编：《社会主义时期中共北京党史纪事》第 1 辑，人民出版社 1994 年版，第 241 页。

众的重要绳索之一。“由阎罗天子、城隍庙王以至土地菩萨的阴间系统以及由玉皇上帝以至各种神怪的神仙系统——总称之为鬼神系统（神权）。”① 所以要对农民乃至全体社会大众进行一次无神论教育。但宗教迷信是一个复杂的思想观念问题和社会现象，有着其发生与存在的长期历史原因与社会现实基础，不能指望在短期内马上就会改变。需要一个长期的教育和引导，在提高社会大众思想认识的基础上，形成无神论的精神系统，只有这种精神生活系统形成之后，社会大众才会从封建迷信之中走出来。“菩萨是农民立起来的，到了一定时期农民会用他们自己的双手丢开这些菩萨，无须旁人过早地代庖丢菩萨。共产党对于这些东西的宣传政策应当是：‘引而不发，跃如也。’菩萨要农民自己去丢，烈女祠、节孝坊要农民自己去摧毁，别人代庖是不对的。”② 要让社会大众自觉破除封建迷信，必然先进行无神论教育。无神论是马克思主义唯物史观的核心内容和基本前提，无神论教育就是马克思主义理论大众化的重要体现。中华人民共和国成立初期的无神论宣传教育，是这一时期马克思主义大众化的重要组成部分。

第一，乡村社会改造中的无神论教育。

神权圣仙观念和行为在农村地区表现得相对突出，在日常生活中占有重要地位，产生重要的影响，一定程度妨碍了生产、生活和社会交往的正常开展。如在自然灾害的情况下，不是通过有效利用和改造自然，而是祈祷于神仙鬼怪、祖先菩萨的保佑，直接耽误了抗灾生产，如在旱灾来临时，不是预先修筑水利设施，或者通过临时的引水抗旱，而是大规模在龙王庙作法求雨，严重影响了救灾生

---

① 《毛泽东选集》第 1 卷，人民出版社 1991 年版，第 31 页。

② 《毛泽东选集》第 1 卷，人民出版社 1991 年版，第 33 页。

产。其中的深层次原因就是乡村民众顽固的有神论思想。

农村有神论思想直接导致了宿命论，安于现状，不思进取，不敢斗争，屈服于反动统治阶级的压迫和剥削，不敢通过自己的努力改变自己的命运，甚至新政权给他们带来的利益都不敢接受，不愿意接受新政权的动员，积极参与土地改革运动，甚至将新政权分给他们的财物，晚上又悄悄给地主送了回去。这些思想极大妨碍农村社会改造的开展和推进，所以，必须在农村进行大规模的无神论教育。

农村的无神论教育融合在农村改造特别是思想文化教育的过程中，在农村各种文化教育与补习过程中，实际上渗透了很多无神论教育的内容。《人民日报》专门开辟了科学知识普及的专栏，定期为农村读者提供最基本的科学知识，用正面说服的方法来解释自然现象和社会现象。在为生产、保健工作服务方面，老区各县的文化馆和农场经常借庙会对广大农民进行防除病虫害、积肥压肥、精耕细作的宣传，新区也通过除虫、选种等运动，驱除了群众“神虫不能捉”“靠天吃饭”等迷信保守思想，为他们解决了农业生产上的实际问题。此外，各种传染病知识的宣传，使群众了解到“预防为主”政策的意义。[①]

对各种迷信和谣言进行澄清和驳斥。中华人民共和国成立初期是社会急剧变革的时期，一些复杂的社会现象和旧的思想观念交织在一起，再加上一些旧的残余势力的蛊惑和散播，一些农村地区流行一些神秘的谣言，通过口头传播，讲得似是而非，神秘地叙述一些现象，使一些农民信以为真甚至产生恐慌。如在华东苏皖地区，就流行着“毛人水怪”等谣言。1953 年 7 月，江苏省委发出了《关于平息“毛人水怪”谣言的指示》，要求基层党组织结合当前的农

① 钟学敏:《建国初期的科学普及运动》,《贵阳学院学报》2008 年第 1 期。

村社会改造特别是集体化工作，对农民进行深入的无神论教育，以铲除此类谣言传播的思想和心理基础，并同时采取相应的行政措施，对藏在幕后进行谣言传播的反动势力进行打击，在以无神论教育为主的前提下，这些谣言最后得到了平息。1953 年 10 月，阜阳地委发出《关于进一步巩固反谣言斗争胜利成果的通知》，指出，全区“毛人水怪”谣言虽已平息，但新的麻痹思想随之产生，反谣言斗争的善后巩固工作尚不平衡，部分地区教育工作不普遍、不深入，特别是有些地方谣言复起。地委要求各级领导应注意警惕，克服麻痹思想，切实认真检查贯彻地委的意见，总结经验教训，反复教育，巩固反谣言斗争的胜利成果。①

第二，城市新文化宣传中的无神论教育。

与乡村相比，城市有神论的思维层次表现形态更为完整和系统，它不是简单的日常生活中的有神论理念和行动，而深藏于世界观与方法论中的唯心论的生活化表现。对这种思想观念的教育更加复杂，因为这种观念体系已经形成较为系统的结构形态，必须通过一定的逻辑解构与说服，才能达到确立无神论思想观念的目的。为了达到这个目的，中华人民共和国成立初期，依托城市新文化和新的宣传教育，将无神论作为一个重要内容嵌入到宣传之中。例如在知识分子改造和学习中，对人类社会的起源与演变，神学理论与行为的产生、演变都进行了剖析和澄清，并在这一基础上进行马克思主义唯物论的宣传教育，重点以家庭私有制和国家的起源，自然辩证法等经典著作为教材，提升知识分子的无神论意识，逐渐改造长期以唯心论为基础的有神论观念。

① 中共淮安市委党史工作办公室：《中共淮安地方史》第 2 卷，中共党史出版社 2011 年版，第 159 页。

无神论的理论基础是科学知识，只要有了一定的科学知识和素养，无神论才会形成与巩固，没有科学知识，无法用理性来观察和解释自然规律与社会现象，必然将终极原因归结于超自然的力量，这种超自然力量就是神仙鬼怪。而掌握科学知识又要有一定的文化基础，这在城市是比较容易做到的，因为城市居民一般都具有一定的文化水平，这就为科学知识的普及提供了前提。中华人民共和国成立初期城市无神论宣传教育很多都是与科学知识普及联系在一起的。在云南昆明，科学知识普及是城市新文化宣传的重要内容。1951—1956 年，云南省科技普及协会筹备委员会在 5 年多时间内举办报告会等共 250 次，昆明市听众约 10 万人次。1979 年，昆明市科协分别在机关、学校、厂矿、农村举办天文知识报告会 13 次，听众 1.07 万人次。[①] 这些科普宣传，在很大程度上压缩了有神论的思想空间，扩大了无神论的思想基础，是无神论教育的重要手段与行动，在城市无神论教育中发挥了重要的作用。

第三，取缔反动会道门的无神论教育。

无神论针对的是思想观念体系中的有神论，而为反对迷信行为的宣传教育则是针对日常生活的有神论社会现象与表现而进行的，是在无神论基础上的继续与深化。因为有神论不仅在思想观念上形成了对社会生产、生活和交往方式的影响，更重要的是，在长期的历史演变过程中，在统治阶级的有意推动下，已经形成了较为系统的形态和建制。这些形态和建制对社会大众的日常生活必然构成影响，如在经济利益上，大量的资产用于迷信活动，供养一批以此为职业的群体，成为社会经济发展的负担。他们不仅不创造财富，反

---

① 昆明市地方志编纂委员会编：《昆明市志》第 7 分册，人民出版社 2001 年版，第 491 页。

而将社会财富进行浪费性的消耗，如动用大量的资源来修建数量众多、规模庞大的寺庙道观，极大影响社会再生产和人民日常生活的必需。而这些现象都具有一定的群众基础，社会大众在思想观念上对迷信现象存在认同甚至支持。因此，要改变这种不正常的现象，必须要对社会大众进行反对迷信的理论宣传与思想教育，并采取相应的行政手段，遏止建制性的迷信现象与活动的存在。正是在这一指导思想下，中华人民共和国成立初期，在全国范围里开展了反对迷信的宣传和教育，这一宣传实质上就是对唯心论的否定，对唯物论的肯定，从而为马克思主义理论的传播拓展思想与社会空间，是中华人民共和国成立初期马克思主义大众化的组成部分。

迷信不仅是一种思想观念，而且还会由思想观念发展成为社会行动与社会组织。在中华人民共和国成立之前的长期历史进程中，封建迷信和殖民唯心思想结合在一起，在中国城乡形成系统的组织。有些迷信组织不仅传播封建迷信思想，而且还反对新型人民政权，编造和传播谣言，蛊惑群众，甚至制造恐怖活动，引起了人民群众的极大不满，需要在治理过程中进行理论宣传和思想教育，用马克思主义宗教观去引导社会思潮，消解迷信组织和一些邪教的非法活动的思想基础。

反对一贯道的教育。在中华人民共和国成立之前的众多迷信组织之中，反动会道门是主体组成部分，而一贯道则是其中最大的组织，规模庞大，号称全国第一大党。组织严密，人数众多，行为反动，与中华人民共和国成立初期的社会改造背道而驰，与新的人民政权公然对抗。一贯道在全国各地都设有相应的层级组织，他们自成一体，用一些封建迷信的仪式与活动，蛊惑和恐吓群众，非法敛财，为害一方。他们往往以“祛邪”“赶鬼”“治病”“降福”“避祸”“劝善”等为幌子，传播迷信，并在这些思想与活动的掩护下，特别是以群众活动为挡箭牌，进行反对共产党和新政权的活动。[①]

一贯道的活动及其影响引起党和政府的高度警惕，决定要从宣传教育与行政强制两个方面入手。刘少奇指出："应该在公开宣传上强调一贯道为地主特务反革命分子所利用以进行反革命活动的组织，因此应该取缔、禁止和解散，劝告一切善良的人民不要去加入，已加入者应退出，以免连累善良。"[②] 毛泽东接连转发了三个地方有关取缔一贯道，加强反迷信宣传教育的文件。1951 年 2 月 21 日《中央转发察哈尔省关于取缔一贯道的情况报告的批语》，总结了要求各地遵守的两条经验："消灭一贯道，第一要有充分准备，同时动作，方能一网打尽；第二要布置展览会，向群众作宣传工作。"[③] 毛泽东以中央名义转发各地取缔一贯道的做法和经验，并特别强调了宣传教育的重要性。因为一贯道这样的迷信组织是建立在长期而顽固的封建迷信思想基础之上的，而这个封建迷信思想有很广的群众基础，不把群众的迷信思想教育和扭转过来，取缔工作上的强制就有可能达不到长期效果，所以必须加强宣传教育，用马克思主义世界观来武装人民群众的思想，将迷信观念从社会意识形态和思想精神体系中清除出去。

北京市是一贯道组织比较齐全、活动比较频繁的地区，利用长期以来的交通与人口流动的复杂形势，形成了严密的组织体系与活动网络，对中华人民共和国之下的人民政权特别是基层社会生活造成了很大的影响。北京市早在 1949 年就开始对一贯道进行治理。其中一个重要的内容就是加强对群众的宣传，取缔反动的一贯道组

---

① 龚育之：《党史札记》第 1 集，人民出版社 2014 年版，第 142 页。

② 龚育之：《党史札记》第 1 集，人民出版社 2014 年版，第 143 页。

③ 龚育之：《党史札记》第 1 集，人民出版社 2014 年版，第 143 页。

织。惩办其核心人物与对人民群众的反迷信教育既要区分，又要结合起来进行宣传。为了最大限度地唤醒受骗道徒，孤立少数反动道首，使之从组织上、思想上彻底土崩瓦解，北京市主要采取了以下四种方法：一是利用报纸、电台发动舆论攻势。二是召开各种群众大会动员宣传，揭发控诉一贯道罪恶。三是举办一贯道罪证展览。四是动员道徒索还道款、诈款及被霸占的财产。[①] 经过这场斗争，一贯道从组织上和思想影响上被彻底摧毁。

北京市在取缔一贯道工作上的强制与宣传教育相结合的做法，取得了突出的成效，其经验得到中共中央和毛泽东的关注和重视，将其转发推广到全国，并在转发批示中对北京的经验给予了高度评价："关于摧毁一贯道，北京的经验是很成功的。（一）是长期侦察布置，不是仓促举行；（二）是临事向群众宣传，孤立道首；（三）是布置展览会；（四）是与反迷信分开。以上各项可作各地参考。"[②]

① 中共北京市委党史研究室编：《社会主义时期中共北京党史纪事》第 1 辑，人民出版社 1994 年版，第 201 页。

② 中共北京市委党史研究室编：《社会主义时期中共北京党史纪事》第 1 辑，人民出版社 1994 年版，第 201 页。

第四章

社会主义建设时期的马克思主义大众化

社会主义建设是一个十分复杂的过程，尤其是在中国这样经济落后的东方大国，有着自身特殊的条件约束和资源限制，在中国推进社会主义建设，必然要求在制度安排、政策制定和行动实施上，进行科学而精准的设计，并动员人民群众进行积极实践。要推进社会主义建设实践，就必须加强人民群众的马克思主义理论教育。马克思主义大众化是社会主义建设探索和实施的思想理论前提。

一、社会主义建设理论的宣传教育

1956 年三大改造基本完成之后，中国由社会主义革命进入了社会主义建设时期。中国社会主义建设的基础薄弱、外部环境复杂、任务十分艰巨，必须动员广大人民群众积极参与和支持，要让人民群众参与支持，就必须加强理论武装和思想动员，用马克思主义大众化来奠定社会建设实践的思想基础。

（一）社会主义制度的宣传

中国社会主义建设基本理论以马克思社会建设理论为指导，立足于中国社会主义初级阶段的基本国情，旨在探索解决什么是社会主义、怎样建设社会主义这个根本问题，为中国改革开放和社会主义现代化建设提供了重要的理论依据。

马克思社会建设理论形成于以社会化大生产为标志的工业社会时代，社会化的劳动、机械化的生产、市场化的经济、多元化的文化是这一时代的基本特征，马克思在对资本主义社会的批判、扬弃和超越中，实现了科学的、系统的、以解放全人类为最高价值追求的社会建设理论，反映出马克思社会建设理论所具有的历史唯物主义基础。而在对资本主义社会进行深刻分析和批判之时，马克思创立了剩余价值理论，揭露了资本主义社会的本质和弊端，从而为创立社会主义建设理论奠定了经济学基础。

1845 年，马克思在《关于费尔巴哈的提纲》中对费尔巴哈和一切旧唯物主义进行了批判，指出“人的本质不是单个人所固有的抽象物，在其现实性上，它是一切社会关系的总和”，阐述了“现实的人”作为社会历史发展的主体，能够根据自身需求来对客观物质世界进行改造，实现社会发展和进步的观点，由此使“现实的人”成为社会建设的理论基点。①

作为马克思社会建设理论的核心，经济建设理论将社会生产力视为基本要素，决定和影响政治领域和意识形态领域。经济实践领域在社会结构整体中起主导作用，其发展状况作为社会发展的基础，对政治实践领域和意识形态领域具有重要影响，而政治实践领域和意识形态领域对于社会主体来说，具有推动社会政治、文化、精神生活，促进社会交往和发展等作用，由此使得三者形成了一个相互联系、相互作用的有机社会整体。

实现人的自由全面发展是马克思社会建设理论的根本目标，这一目标的实现一方面要求大力发展生产力，促进科学技术的发展、政治制度的完善和社会生活的提高，使人的物质需要得到充分满足；另一方面，人的自身素质的提升是实现人的自由全面发展的重要基础，这就要求在心理上形成健全、成熟的心理，在思想上树立正确的人生观、世界观、价值观，在道德上符合社会公德、职业道德、家庭美德的要求，实现人的自身心理、道德、思想层面的全面提升。

马克思社会建设理论深刻揭露了资本主义社会的弊端，系统阐述了社会主义建设的规律和根本目的，形成了关于人与人、人与自然、人与社会和谐发展的有机理论，尤其是从经济、政治、文化以及人与社会关系角度，对社会发展和人的自身发展进行了理论分析，为中国社会主义建设时期进行社会主义建设提供了重要的理论指导。

---

① 《马克思恩格斯选集》第1卷，人民出版社1995年版，第135页。

根据马克思社会主义经济建设理论，中国共产党加强了对人民群众的马克思主义基本经济制度和经济关系的宣传教育。1957 年，毛泽东在《关于正确处理人民内部矛盾的问题》一文中指出，由于中国社会主义制度刚刚建立，尚不十分完善，因此将面临一个由不完善到完全建成的过程，这不仅揭示了中国仍处于社会主义初级阶段的历史状况，也为进一步实现社会主义建设和发展奠定了重要基础。随着社会主义改造的完成，中国共产党领导全国各族人民进行全面的社会主义建设，逐步在探索社会主义建设的道路上积累新经验、形成新理论。1963 年，毛泽东在《人的正确思想是从哪里来的？》一文中，科学总结了中国十年社会主义建设的经验，提出人的正确思想只能从社会实践中来的观点，阐述中国社会主义革命与建设的基本理论，丰富和发展了马克思的社会建设理论。

中国共产党领导全国人民在探索社会主义建设经验的道路上，坚持以马克思社会建设理论为指导，并注重对苏联社会建设经验的学习与借鉴，大力推动苏联经验在中国的宣传。由于苏联在中国社会主义现代化事业中的重要影响，包括经济建设事业在内的许多方面，中苏双方有着共同的历史特征和时代任务，宣传苏联社会主义建设理论，以及学习苏联社会主义建设经验成为中国社会主义建设时期的一项重要任务。

从 1928 年起，苏联开始了大规模的社会主义建设，经过近十年的建设，至第二个五年计划结束时，苏联已经由一个落后的农业国转变为先进的工业国。中国作为一个传统的农业大国，在社会主义建设时期同样面临建设一个先进工业国家的问题，学习和借鉴苏联建设社会主义的经验既是中国社会主义建设的客观需要，也符合中国的基本国情。

基于中华人民共和国成立初期确立社会主义制度和促进经济快

速发展的考虑，中国共产党领导全国人民主要围绕国家制度、经济建设和重大事件决策方面，加强了对苏联社会主义建设经验的宣传与学习。在经济建设方面，中国将经济建设视为关系国计民生的重要议题，并且根据苏联社会主义建设的丰富经验，从发展模式、发展速度、技术引进方面大力开展经济建设工作。一方面，中国按照苏联集中力量发展重工业的经济发展模式，制定了优先发展重工业的“八比一”发展规划。毛泽东根据苏联发展社会主义经济的经验，以及结合苏联用 17 年时间完成农业合作化的历程，计划用 18 年时间在中国完成农业合作化。另一方面，由于中华人民共和国成立初期技术条件落后，毛泽东提出“要像小学生写仿一样”学习苏联的科学技术，为此不仅派出大量青年技术学员到苏联学习科学技术，还从苏联聘请一大批具有丰富管理经验和先进科学技术的专家，指导和推动中国工业、农业、科技等的发展。

在国家重大事件的决策方面，毛泽东曾就新民主主义向社会主义过渡问题、召开全国人民代表大会时间问题、国家“一五”计划执行方案问题等向苏联致函，听取苏共中央关于中国重大事件的建议和意见，并且秉持审慎的态度，将苏联经验与中国社会主义事业发展的具体特征相结合，从而对中国的社会主义建设产生了至关重要的影响。

总之，中国共产党基于对马克思社会主义经济建设理论的深刻认识，将其用于指导社会主义各项事业的建设中。在此过程中，以毛泽东为代表的领导人，注意学习和借鉴苏联建设社会主义经济建设理论和经验，并且将相关政策和做法传播到党员干部和人民群众中去，与中国社会主义事业发展的具体实践相结合，推动了中国社会主义经济建设的群众实践。

（二）社会主义建设目标与道路的宣传

中华人民共和国成立后，中国共产党以如何建设社会主义、如何巩固和发展社会主义为目标，积极探索中国社会主义建设的道路。而为避免产生教条主义和照搬苏联经验的倾向，中国共产党通过报刊媒体大力宣传社会主义建设的目标与道路，逐步形成马克思主义与中国社会主义建设实践相结合的基本路径，为系统阐发社会主义社会基本矛盾和社会发展动力学说，构建社会主义发展阶段论和实现现代化的战略设想，以及形成关于社会主义政治、经济、文化、党的建设等一系列重要理论奠定了重要基础。

中国共产党关于中国社会主义建设目标与道路的宣传，是在特殊的历史背景展开的。随着 1956 年中国社会主义改造基本完成，第一个五年计划也积累了宝贵经验，中国社会主义建设的阶段性目标即将实现。然而，由于苏共二十大所暴露出苏联社会主义建设的缺点和错误，使毛泽东等中国共产党人深刻认识到不能照搬苏联的经验，而是应当把马克思主义与中国社会主义建设实践结合起来，由此开始进行中国社会主义建设目标与道路的宣传。

1956 年 4 月 5 日，中国共产党在《人民日报》刊发的《关于无产阶级专政的历史经验》一文，首次就当代国际共产主义运动的重大问题发表意见，提出深入开展反对教条主义斗争的要求。毛泽东在中共中央书记处会议上明确提出既要独立自主搞建设，也要在开展调查研究的基础上划清本国国情，认为中国建设社会主义的基本方法是把马克思主义的基本原理与中国革命和建设的具体实际结合起来，根本目的是制定符合中国国情的发展路径、方针、政策。毛泽东强调：在社会主义革命和建设时期，只有进行马克思主义与中国实际的“第二次结合”，才是中国进行社会主义革命和建设的正确道路。该文发表后，有关马克思主义与中国社会主义建设实践相结合的观点受到国际舆论的普遍重视，随着苏联《真理报》等国际报刊媒体广泛转载，逐渐在各社会主义国家建设中产生了深远影响。

毛泽东关于马克思主义与中国社会主义建设实践相结合的思想，明确了中国社会主义建设的目标，为中国社会主义建设的道路指明了方向。尤其是在社会主义建设实践中，既要坚持马克思主义的指导地位，也要根据中国社会主义建设的具体实际，不能只强调一个方面，忽视另一个方面，否则就是对马克思主义原理、社会主义共同性以及社会主义建设规律的否定。而为推动社会主义建设目标和道路的宣传，毛泽东在中共中央工作会议上讲话时表示，“社会主义谁也没有干过，没有先学会社会主义的具体政策而后搞社会主义的”，只有在马克思主义的指导下进行社会主义建设实践，并且对建设社会主义的经验教训进行深刻总结，才能正确认识建设社会主义的规律。①

正如社会主义建设的目标并非短期之内可以实现一样，社会主义建设道路的探索也要经历一个长期而复杂的过程，有关社会主义建设目标和道路的宣传也必将是一项长期的任务。早在1957年毛泽东发表《关于正确处理人民内部矛盾的问题》一文时，即根据马克思主义对立统一规律，指出生产力与生产关系之间的矛盾，以及上层建筑和经济基础之间的矛盾，仍然是当前社会主义社会的基本矛盾，但由于社会主义的生产关系和上层建筑基本上是适应生产力和经济基础发展的要求，因此这些矛盾并非对抗性的，而是可以通过生产力的发展和经济基础的建设加以解决。需要指出的是，《关于

① 《毛泽东文集》第8卷，人民出版社1999年版，第276页。

正确处理人民内部矛盾的问题》一文是1957年2月27日毛泽东在最高国务会议第十一次扩大会议上的讲话，6月19日该文经过若干重要的补充和修改后在《人民日报》发表，由此推动了社会主义社会基本矛盾的思想在党内外广泛地传播，为深化对社会主义建设目标和道路的认识奠定了重要基础。

中国共产党将马克思主义理论与中国社会主义建设实践相结合，提出了社会主义建设的根本任务和目标是解放和发展生产力，这为探索中国社会主义建设道路提供了重要的思想指引，也为推动社会主义制度不断发展和完善提供了理论基础。为进一步推动社会主义建设目标和道路的宣传，推动农业、手工业、私营工商业等的发展，中国共产党根据毛泽东在最高国务会议第六次会议的讲话要求，将解放生产力视为社会主义建设的重要目标，推动农业、手工业由个体的所有制转变为社会主义的集体所有制，并促使私营工商业由资本主义所有制向社会主义所有制转变，通过生产关系的调整实现生产力的解放，为发展农业、工业和资本主义工商业创造了有利条件。1956年召开的党的八大根据中国社会主义建设基本情况，以及针对中国社会主要矛盾出现的新情况，提出集中力量发展社会生产力就是党和全国人民建设社会主义的重要目标，而将中国尽快从落后的农业国变为先进的工业国，逐步满足人民日益增长的物质文化的需要，是实现社会主义建设目标的根本要求。

社会主义建设道路的实现，不仅需要有经验、有干劲、有担当的中国共产党干部，还要有大量掌握先进科学技术的专家，为此巩固和扩大人民民主统一战线，团结一切可能团结的力量，发动各行各业的专家、技术人员聚精会神搞建设，一心一意谋发展，无疑是实现社会主义建设目标的重要前提。1958年，毛泽东在《工作方法六十条》中提出把党的工作重点放到技术革命上去后，全国上下掀起了以技术革命推动社会主义建设的浪潮。而1960年3月《全国总工会党组关于当前技术革新、技术革命情况的报告》和《技术革命运动获得大面积丰收》两份材料的公开发布，以及毛泽东两份关于技术革新和技术革命运动的报告已成为一个伟大运动的指示，进一步构建了以技术革新和技术革命推动社会主义建设的实践路径。

明确社会主义发展分为不同的阶段，以及使实现现代化这一战略设想成为全国人民建设社会主义的重要目标，是中国共产党宣传社会主义建设目标与道路的重要任务。在建设社会主义的道路上，中国共产党始终坚持马克思主义理论的指导，并且根据政治经济学原理，广泛宣传社会主义阶段论思想，1959年至1960年初，毛泽东在读苏联《政治经济学教科书》时指出，社会主义分为不发达阶段和比较发达阶段，而中国建设社会主义将是一个较为长期的过程，因此强调建成社会主义不要讲得过早。为了推动全党学习领会社会主义发展阶段论，毛泽东要求全体党员干部认真阅读该书，这有力促进了社会主义发展阶段论在党内的宣传和贯彻执行。中国共产党在致力于社会主义发展阶段论宣传的同时，强调既要借鉴苏联、东欧的宝贵经验，又要坚持“走自己的道路”，尤其是要正确处理好农业、轻工业和重工业之间的发展关系，即把农业放在优先发展的位置，同时兼顾轻工业和重工业的发展。为了推动中国现代化建设战略的制定，中国共产党以实现工业现代化、农业现代化、科学文化现代化和国防现代化为目标，推动社会主义现代化建设思想在全国上下的宣传。1964年12月，毛泽东修改周恩来在全国人大三届一次会议所作的政府工作报告时，制定了建成社会主义现代化强国的时间表，实现现代化逐渐成为全国各行业的建设目标，由此为推动中国步入社会主义现代化道路奠定了重要基础。

社会主义建设目标和道路的宣传，离不开社会主义政治建设、文化建设、党的建设等一系列重要理论的指导。首先，在政治建设上，中国共产党将建设社会主义民主政治作为社会主义建设的一个重要目标，旨在使全党、全社会形成既集中又民主、既有纪律又有自由、既有统一意志又生动活泼的政治局面。其次，在文化建设上，中国共产党以创造先进的、健康的社会主义新文化，繁荣社会主义文化事业，不断满足人民群众的精神文化需求为目标，旨在形成有利于建设中国社会主义事业，培育一代又一代有理想、有道德、有文化、有纪律的社会主义新人，提高整个中华民族的思想素养和科学文化素质的文化氛围。为此在社会主义文化建设中，中国共产党注重对社会主义精神文明的宣传，注重以先进的世界观和方法论为指导，实现社会主义文化的大发展大繁荣。最后，在党的建设上，中国共产党以加强执政党建设为目标，强调要坚持民主集中制和集体领导制度，通过建立党和群众的紧密联系，推动党的建设思想在全体党员干部中获得宣传和贯彻。

（三）社会主义建设初步探索的理论成果宣传

中国共产党坚持以马克思主义为指导，在社会主义建设实践中借鉴和吸取苏联社会主义建设的经验教训，并且紧密结合中国国情和社会主义建设实际，逐步推动社会主义建设理论的传播和发展，尤其是毛泽东的《论十大关系》《关于正确处理人民内部矛盾的问题》《在扩大的中央工作会议上的讲话》等重要理论著作的发表，深入推动了中国社会主义建设理论的构建和完善，并为深化社会主义建设提供了理论指导。

社会主义改造完成后，中国确立了社会主义制度。但高度集中的计划经济体制和高度集权的社会管理模式，与中国的基本国情产生了一定程度的不相适应性，这严重制约了广大人民建设社会主义事业的积极性和创造性。对此，中国共产党开始了建设有中国特色社会主义道路的探索和实践。1956 年 5 月 2 日，毛泽东在中共中央最高国务会议上发表《论十大关系》的讲话，深刻分析了国际国内环境和中国社会主义建设的基本经验，提出了调动一切力量建设社会主义事业的方针，为探索中国特色社会主义建设道路提供了重要的理论指导。

作为中国共产党关于社会主义建设经验的理论总结，《论十大关系》确立了社会主义建设的基本方针，毛泽东等党中央领导人大力推动基本方针在社会主义各条战线上的宣传，为贯彻落实基本方针奠定了重要基础。为调动国内外一切力量建设社会主义，激发全社会的创造活力，中国共产党提出正确处理好各阶级、政党、民族关系的要求，旨在孤立和打击当时的主要敌人，推进社会主义建设的伟大事业。在毛泽东的主持下，中国共产党围绕社会主义建设的基本方针，提出正确处理十个方面的关系（即十种矛盾）的原则。

为加强对社会主义建设基本方针的宣传，推动社会主义建设理论在各条建设战线上的贯彻执行，中国共产党立足于中国的基本国情，着眼于调动一切力量，提出了具有重要指导意义的原则。尤其是毛泽东，利用两个多月的时间开展调查研究，从而对中国社会主义建设的实际情况有了较为全面、深入的了解。值得一提的是，此次调查研究是毛泽东在中华人民共和国成立后，所开展的规模最大、时间最长、最为周密而系统的一次经济工作调查，前后约谈了 34 个部委的领导同志，并且通过举办最高国务会议等形式，推动正确处理中国社会重大关系原则，在全国各领域产生影响。

由于《论十大关系》所涉及的问题包括重工业和轻工业、农业的关系，沿海工业和内地工业的关系，经济建设和国防建设的关系，国家、生产单位和生产者个人的关系，中央和地方的关系，汉族和少数民族的关系，党和非党的关系，革命和反革命的关系，是非关系，中国与外国的关系等十种关系，涵盖了社会、政党、民族、国家等各个层面的问题，而这些问题本身的内在矛盾统一性质，决定了中国共产党正确处理社会重大关系理论的广泛影响力。在协调社会经济结构发展上，中国共产党提出通过发展农业、轻工业，为重工业快速发展提供牢固基础的要求。在协调国家、集体和个人利益方面，中国共产党提出必须统筹兼顾国家、集体和个人三个方面利益的要求。在协调中央和地方关系上，中国共产党提出坚持统一性、独立性相统一的原则，旨在既巩固中央统一领导，又扩大地方的权力，为地方经济社会发展提供重要保障。在协调党派之间的关系上，中国共产党提出党与民主党派之间长期共存、互相监督的原则。而这些重要原则和方针的提出，正确指导了社会主义建设，为推动社会经济协调发展，以及构建社会之间、党派之间、民族之间、人与人之间、国与国之间的和谐关系等提供理论指导。

《论十大关系》一文蕴含的社会主义社会建设和管理的方法论，该文的正式发表标志着中国共产党对社会主义建设道路探索开始形成一个较为系统的理论架构，这一理论架构随着毛泽东等人在中央政治局会议等场合的讲话而不断向党内外渗透和扩散。其中，毛泽东针对中国中央集权、分组管理的社会体制，提出统一性与独立性相结合的方法论原则，强调无论是中央还是地方、个人还是集体，在管理上都要保持与统一性相联系的独立性，这样才能加快社会主义建设的步伐，促进社会经济的快速发展。

1960 年 6 月，毛泽东在《十年总结》中指出，中国共产党带领全国人民建设社会主义的道路曲折而又复杂，其中“前八年照抄外国的经验。但从一九五六年提出十大关系起，开始找到自己的一条适合中国的路线”。可以说，《论十大关系》提出的关于社会主义建设新思想、新方针，为调动党内外、国内外一切积极因素建设社会主义提供了理论指导，伴随着中国社会主义建设初步探索的理论成果的宣传，中国共产党由此开启了构建具有中国自身特色的社会主义道路的光辉历程。

1956 年召开的中共八大，明确了中国社会主义的主要矛盾，即：人民对于建立先进的工业国的要求同落后的农业国的现实之间的矛盾以及人民对于经济文化迅速发展的需要同当前经济文化不能满足人民需要的状况之间的矛盾。根据对社会主义主要矛盾的这一认识，中共八大确立了集中力量发展社会生产力，实现国家的工业化，以及全面开展社会主义建设的基本路线。中共八大召开后，中国共产党对社会主义建设过程中出现的矛盾和复杂情况进行了调查研究，进而深化和发展社会主义建设理论。1957 年 3 月，毛泽东发表《在中国共产党全国宣传工作会议上的讲话》，指出当前中国进行的社会主义建设，是一场涉及几亿人口的社会主义改造运动，其过程的复杂性、变动的剧烈性都比过去要深刻得多，尤其是在社会主义制度方面，个体经济转变为集体经济、资本主义私有制转变为社会主义公有制，标志着中国推翻旧的社会制度、建立新的社会制度的伟大斗争取得了阶段性胜利。然而，由于新的社会制度刚刚确立，巩固和发展社会主义制度，推进社会主义建设的持续深化发展是一个较为长期的过程，为此“必须实现国家的社会主义工业化，坚持经济战线上的社会主义革命，还必须在政治战线和思想战线上，进行经常的、艰苦的社会主义革命斗争和社会主义教育”[①]。

毛泽东在全国宣传工作会议上的讲话，进一步推动了中国社会主义建设初步探索的理论成果的宣传。而在讲话后不久，毛泽东即

---

① 《毛泽东文集》第 7 卷，人民出版社 1999 年版，第 268 页。

启程南下。在各地考察的讲话中，毛泽东进一步提出如何正确处理人民内部矛盾问题，不仅在理论上阐述了社会主义建设的目标和道路，还有力促进社会主义建设理论在中国的广泛传播。在此过程中，毛泽东经过 55 天时间的撰写和修改，于 1957 年 6 月 19 日在《人民日报》正式发表《关于正确处理人民内部矛盾的问题》一文。毛泽东在文中提出正确处理社会主义社会的矛盾是社会前进动力的观点，指出协调好各方面利益关系是正确处理人民内部矛盾的内在要求，并且通过对人民内部矛盾问题的阐述，明确了社会主义建设的主要目标，这为中国社会主义事业的发展奠定了理论基础，对社会主义建设具有重要的理论指导意义，尤其是文中关于社会主义建设道路及其规律问题的理论阐述，堪称中国共产党理论发展史上的一个里程碑。

为了总结中华人民共和国成立以来社会主义建设的基本经验，1962 年 1 月 11 日至 2 月 7 日，中共中央在北京召开扩大的工作会议。出席会议的有中央和各地方领导干部 7118 人，此次会议也被人们称为“七千人大会”。作为中国共产党执政史上一次空前规模的经验总结大会，与会者本着民主、团结的精神开展了批评与自我批评。1 月 30 日，毛泽东在大会上发表《在扩大的中央工作会议上的讲话》，进一步深化了社会主义建设的目标内涵，指出中国社会主义建设的长期性，要求广大党员干部从实践出发认识和把握社会主义建设的客观规律，并且强调依靠团结建设社会主义、深入实践开展调查研究、发扬民主调动人民积极性的重要意义，为推动社会主义建设提供了重要的理论指导。

总之，中华人民共和国成立后，中国共产党坚持以马克思主义理论为指导，紧密结合中国国情，大力宣传社会主义建设初步探索的理论成果。而继 1956 年《论十大关系》、1957 年《关于正确处理人民内部矛盾的问题》、1962 年《在扩大的中央工作会议上的讲话》发表后，以毛泽东为代表的中国共产党人大力克服社会主义建设经验不足的弊端，深刻吸取苏联社会主义建设正反两个方面的经验教训，推动社会主义改造和建设取得一个又一个伟大胜利。

（四）学校思想政治理论教育的展开

学校思想政治理论教育是社会主义建设时期马克思主义大众化的重要平台和载体。各学校以改造旧思想、塑造具有社会主义思想的新人为根本任务，推动思想政治理论教育体系的构建与完善。一方面，借助中华人民共和国成立后知识界第一次思想改造运动，各学校逐渐形成以“制度建设”引领思想政治理论教育创新的局面，促进了学校思想政治理论教育的机制体制建设；另一方面，各学校通过打造人才队伍建设、课堂教学改革、理论研究创新“三位一体”的育人新格局，初步构建了学校思想政治理论教育体系，为培养合格的社会主义事业建设者和接班人奠定了重要基础。

思想政治工作是一切工作的生命线，在党的工作全局中具有重要的历史地位和现实意义。中华人民共和国成立后，如何造就社会主义事业的建设者和接班人，成为摆在刚刚走上执政地位的中国共产党人面前的一项重大而紧迫的课题。为了开创社会主义建设的新局面，各学校以改造旧思想、塑造具有社会主义思想的新人为根本任务，不断推动思想政治理论教育的创新与发展。

中华人民共和国成立初期，各学校在继承老解放区教育经验的同时，借鉴和模仿苏联的教育经验，初步构建了具有中国特色的教育体制。1949 年 12 月召开的第一次全国教育工作会议，明确提出“建设中华人民共和国的新教育”要求，强调“中国的新教育，正和中国的新政治、新经济一样”，其建设工作将“是一个长期的奋斗过程”[①]。在此背景下，各学校围绕改造旧思想、塑造具有社会主义思想的新人这一根本任务，以中华人民共和国成立后知识界第一次思想改造运动为契机，通过制度建设引领思想政治理论教育话语的创新发展。

中华人民共和国成立初期，以毛泽东为代表的党和国家领导人高度重视学校思想政治理论教育工作，旨在通过对知识分子的思想改造，培养和造就一大批社会主义事业的建设者和接班人。1950 年 6 月 6 日，毛泽东在中国共产党七届三中全会上讲话时，明确提出通过学习培训加强对知识分子进行教育和改造的要求。[②] 根据上述要求，各学校纷纷将思想改造作为思想政治理论教育工作的重要目标。

为推动高校思想政治理论教育话语的创新，教育部、中共中央宣传部、中共中央办公厅等先后出台了一系列文件，由此掀起中华人民共和国成立后知识分子第一次思想改造运动。1950 年 10 月 13 日，教育部发布《关于加强对学校政治思想教育的领导的指示》，肯定全国教育改造与整顿工作在课程改革上取得的成绩，并就如何开展对旧教育的改革，建设社会主义新教育，以及进一步加强党对学校思想政治工作的领导等问题，提出了原则性要求和意见。1951 年 2 月，《中共中央关于健全各级宣传机构和加强党的宣传教育工作的指示》和《中共中央关于加强理论教育的决定（草案）》相继出台，两份文件均以加强党对思想工作的领导为宗旨，其中第一份文件强调要制定和实施有关高等教育的方针、政策，认为这是加强

---

① 中共中央文献研究室编：《建国以来重要文献选编》第 1 册，中央文献出版社 1992 年版，第 86 页。

② 《建国以来毛泽东文稿》第 1 册，中央文献出版社 1988 年版，第 398、399 页。

和统一党对思想工作的领导的必要举措。11 月 30 日，中共中央下发《关于在学校中进行思想改造和组织清理工作的指示》，目的在于使全国学校都逐步掌握在党的领导之下。上述文件的相继出台，使中华人民共和国成立后知识分子第一次思想改造运动的目的、作用与程序也基本明确，从而为推动形成以制度建设引领高校思想政治理论教育工作创新的局面奠定了重要基础。

社会主义建设时期，中共中央以改造旧思想、塑造具有社会主义思想的新人为根本任务，出台了一系列学校思想政治理论教育的方针与政策，体现了以制度建设引领学校思想政治理论教育创新的基本路径，形成为社会主义建设培养合格人才的思想政治理论教育体系。随着各学校思想政治理论教育机制体制的创新发展，以人才队伍、理论研究和课堂教学为重心的三位一体的学校思想政治理论教育格局初步形成。在此基础上，各学校不断推动思想政治人才队伍的发展、理论研究的深化和课堂教学的创新，由此进一步推动了思想政治理论教育话语体系的构建，为培养和造就社会主义新人积累了丰富的理论成果与实践经验。

首先，在思想政治人才队伍建设方面，一些学校以中共中央《关于培养高等、中等学校马克思列宁主义理论师资的指示》为依据，制定了相应的思想政治师资培养纲要或计划，并通过开设夜大、研讨会、专题培训班等方式，逐步扩大学校思想政治工作队伍，不断提升学校思想政治工作者的政治质量与理论素养，从而为构建思想政治理论教育体系奠定人才基础。

其次，在思想政治课堂教学方面，各学校以中共中央下发的《关于培养高等、中等学校马克思列宁主义理论师资的指示》为依据，将提高马列主义政治理论课的课堂教学水平作为高校思想政治建设工作的中心环节。各学校以“理论联系实际”为基本方针，着重克服教学中的教条主义倾向，通过制订教学计划、创新教学方法、编写教科书等举措，推动思想政治课堂教学体制改革，借以提升思想政治课堂教学的质量，推动思想政治教育体系的逐步构建。

最后，在学校思想政治教育理论研究方面，各学校通过设立科研课题、开展学术研讨、组织学术交流活动等方式，促使广大教师将思想政治教育理论研究的最新成果运用到教学实践中去，借以推动思想政治教育理论研究的创新，为构建思想政治教育话语体系奠定理论基础。

随着社会主义建设新形势的出现，学校思想政治教育面临新的挑战，尤其是在办学规模逐渐扩大的背景下，一些新任务和新要求也随之提出。在此背景下，“理论联系实际”的作用和地位愈加突显，逐渐成为当时学校思想政治教育工作中的一条主线。而以“理论联系实际”的宗旨，各学校广泛开展“思想改造”运动，使得一批又一批的社会主义新人不断涌现，由此彰显了“理论联系实际”这一社会主义建设时期中国构建思想政治体系的基本宗旨。

1958 年 9 月 19 日，中共中央、国务院发出《关于教育工作的指示》，要求各学校高度重视“理论联系实际”这一思想政治工作的宗旨，注意从“理论联系实际”的角度，开展针对学校教师的思想工作，特别是在提拔优秀教师之时，应当首先考察其政治思想条件，并指出教育工作必须由党来领导，强调教育工作必须在党的领导之下才能很好地为社会主义建设服务。

与此同时，中央文教小组《关于一九六一年和今后一个时期文化教育工作安排的报告》、中央宣传部《关于高等学校文科教学方针和教材编选工作的报告》等均提出要以“理论联系实际”为宗旨，加强和改进学校的政治思想工作。而在这一时期制定出台的诸多有关高校思想政治工作的政策文件中，《教育部直属高等学校暂行工作条例（草案）》（简称“高教六十条”）堪称最为具体和完善的。

1961 年 9 月 15 日，中共中央在关于试行“高教六十条”的指示中，首先回顾了中华人民共和国成立以来党领导高校思想政治工作的历程，认为各高校确立了“党的领导”，始终坚持贯彻执行“党的教育方针”，提出目前在高等学校工作中应着重改进党的“领导方法”和“领导作风”，加强“思想政治工作”，并强调“高等学校中党的领导必须继续加强，不应该放松和削弱”。[①]“高教六十条”对高校“思想政治工作”开展的原则、方法和具体要求做了明确规定，指出高校党委、党组织的“主要任务”是做好“思想政治工作”，并强调“只有这样，才能真正加强党的领导”。[②]

作为中华人民共和国成立初期关于中国高等学校工作的一份重要文件，“高教六十条”最初在部属 26 所高等学院试行，随后向全国高校广泛实施。随着学校思想政治工作的创新发展，广大学生思想政治面貌发生了重大的变化，这种思想政治方面的重大变化主要体现在三个方面：一是更加拥护党、拥护社会主义；二是树立了集体主义思想；三是通过改造思想，学习马克思主义理论的自觉性、积极性提高了。可以说，正是在以“理论联系实际”为宗旨的高校思想政治理论教育的推动下，一批又一批的社会主义新人不断涌现，为社会主义建设事业的不断发展作出了重要贡献。

---

① 中共中央文献研究室编：《建国以来重要文献选编》第 14 册，中央文献出版社 1997 年版，第 579 页。

② 中共中央文献研究室编：《建国以来重要文献选编》第 14 册，中央文献出版社 1997 年版，第 607 页。

二、马克思主义哲学宣传教育与实践普及

社会主义建设开始之后，探索和实践的任务非常繁重，社会主义建设是一项全新的课题，要进行艰苦的探索和实践，把握探索和实践的正确方向，就必须在思路理念上有基本的原则，而这个基本原则最高形态就是哲学，探索社会主义建设道路需要的当然不是一般的哲学，而是马克思主义哲学。正因为如此，1956 年社会主义建设道路探索开始之后，中国共产党高度重视马克思主义哲学的宣传教育特别是大众化普及应用，根本目的就在于提升社会主义道路探索的基本原则和根本方向的正确性。

（一）群众性哲学学习的倡导

探索社会主义建设道路的主要力量还在于中国共产党的党员干部和知识分子，所以，必须要加强对党员干部和知识分子的马克思主义哲学武装，以保持他们在探索社会主义建设道路上的理论清醒和行动自觉。在社会主义道路探索即将开始的 1955 年，毛泽东突然意识到哲学对社会主义建设道路探索的重要意义。1955 年 3 月，中国共产党召开全国代表会议，毛泽东在会上发表的讲话，并没有对一些具体的决策问题做太多的论述和阐释，反而长篇大论全党学哲学的问题，对需要多少干部掌握马克思主义哲学原理，毛泽东进行数字上的测算："我们要作出计划，组成这么一支强大的理论队伍，有几百万人读马克思主义的理论基础，即辩证唯物论和历史唯物论……没有这支队伍，对我们全党的事业，对我国的社会主义工业化、社会主义改造、现代化国防、原子能的研究，是不行的，是不

能解决问题的。因此，我劝同志们要学哲学。……马克思主义有几门学问……但基础的东西是马克思主义哲学。”① 毛泽东要求几百万人读马克思主义理论基础，毛泽东所指的马克思主义理论基础就是指马克思主义哲学：辩证唯物论和历史唯物论。毛泽东要求几百万人读哲学，而且亲自劝同志们学哲学，一场规模巨大的马克思主义哲学教育即将在中国展开。

马克思主义哲学教育首先在党校系统展开。1956 年之后，中国共产党开始从教育内容体系的建构上将马克思主义哲学安放到一个重要的地位，作为学校教育特别是干部教育的核心内容。1956 年，中共中央印发《关于加强初级党校工作的指示和中央组织部、中央宣传部关于全国初级党校工作会议情况报告的通知》，在谈到初级学校的教育内容时强调，初级党校的最主要课程就应该包括马克思主义基本理论中的哲学和政治经济学，如果一年的课程内容体系中，对哲学内容无法完成学习的，可以适当延长学制，直到将哲学内容的基本知识体系学习完毕。② 这是中华人民共和国成立后较早的关于党校教育中对干部哲学教育的文件规定，奠定了马克思主义哲学在党校教育中的根本地位。

中央文件对于党校哲学教育中的师资队伍问题进行了周密而具体的安排，在当时知识分子尤其是马克思主义知识分子奇缺的情况下，中央要求必须在较短的时间内，配齐哲学教师队伍，特别要从全国各部门中集中选调一批知识分子进行哲学速成班教育学习，以便为全国各地的党校供给必要的哲学教师。中央文件要求：“会中

① 《毛泽东文集》第 6 卷，人民出版社 1999 年版，第 396 页。

② 中央档案馆、中共中央文献研究室编：《中共中央文件选集（1949—1966）》第 22 册，人民出版社 2013 年版，第 223 页。

强调了各省（市）委必须采取有效措施迅速解决教员问题，并提出各省（市）委党校的哲学、政治经济学、党史这三门课程的教员均须于一九五六年上半年配备起来，年底将全部教学人员配齐。”① 做出这样的决定，安排这样的时间表，说明党中央下了很大的决心，因为在当前知识分子缺乏的总体形势下，要在如此之短的时间中，配齐包括马克思主义哲学在内的党校三门课教员队伍，是需要克服很多困难，超常规地解决很多问题的。如果没有对马克思主义哲学教育的高度重视，就不会提出这样严格的时间要求和配置标准。

哲学教育不仅要有师资队伍数量，而且必须提高哲学教育师资队伍的质量。打仗先要有兵马，教育先要有教师，开展马克思主义哲学教育，必须配置和建设好马克思主义哲学教育的师资队伍理论水平和教学能力。关于党校马克思主义哲学教育师资队伍配置之后的管理和培养问题，中央也是高度重视，直接要求各级党委将其作为重要工作进行安排和实施，特别是党校领导要亲自参与学校三门课程教师队伍的培训，在最短的时间内，将他们的马克思主义理论水平特别是马克思主义哲学水平提高到与党校哲学教育相适应的水平。“至于对教员的培养问题，除指示草稿中已规定的送高、中级党校训练，组织参加实际斗争和参与有关会议等外，会上还强调了党校领导同志必须亲自培养教学人员，帮助他们制订研究计划，指导他们备课、讲课，检查教学效果，总结教学经验。”②

在党校确立了马克思主义哲学教育内容和师资队伍之后，中国共产党又对高等学校的马克思主义哲学教学内容体系和队伍建设进

① 中央档案馆、中共中央文献研究室编：《中共中央文件选集（1949—1966）》第22册，人民出版社2013年版，第224页。

② 中央档案馆、中共中央文献研究室编：《中共中央文件选集（1949—1966）》第22册，人民出版社2013年版，第224页。

行了安排。因为高校是培养社会主义建设高级专门人才的主要阵地，在这个主阵地上，必须要用马克思主义哲学武装和统帅起来。中央决定在高校的政治理论课体系中，将马克思主义哲学教育作为核心内容。1961 年，中央转发中共中央宣传部文件《关于高等学校文科教学方针和教材编选工作的报告》，对高校政治理论课的基本框架进行了明确规定："会议讨论了政治理论课程在文科教学中的重要性，认为不在于多，而在于质量。规定政治理论课程的学时占总学时的百分之二十左右，艺术院校占百分之十左右。政治理论课程分为哲学、政治经济学、政治学、中共党史四门，艺术院校可只上马克思列宁主义概论（讲授马克思主义的三个组成部分）和中共党史两门。"[①] 思想政治理论课在高校总课时之中的比例非常之高，而其中的马克思主义哲学又占有特别突出的地位，排在各门政治理论课之首。自此之后，马克思主义哲学在高校政治理论课中的重要地位基本被奠定下来，无论高校政治理论课如何改革，马克思主义哲学的内容都没有消失和削弱过。正是这种内容设置，推进了马克思主义哲学大众化，在知识分子中培养了一大批具有马克思主义哲学素养的专门人才，在社会主义建设事业中作出了突出贡献。

（二）群众性哲学学习的普及

1961 年，辽宁人民出版社出版了一本基层干部和群众学习马克思主义哲学之后的心得体会，书名是《工农兵哲学论文选》，其中有一篇总结性质的论文《射击里面也有哲学的道理》。这是 1958 年开始的工农兵学哲学热潮的成果之一，是这一历史过程的具体

---

① 中央档案馆、中共中央文献研究室编：《中共中央文件选集（1949—1966）》第 37 册，人民出版社 2013 年版，第 83 页。

写照。

1958 年开始，以“大跃进”为主要表现形式的社会主义建设运动，要求把最广大劳动人民动员到生产劳动之中去，进行创造性劳动，创造性劳动必须要有理论指导，才能提高劳动的积极性和创造性，于是加强理论学习特别是加强马克思主义哲学的学习，就成为社会主义建设时期马克思主义大众化的最主要标志和核心内容。

工农兵学哲学的热潮是毛泽东亲自推动而形成的，在劝导党员干部学哲学之后，毛泽东认为仅仅党员干部掌握马克思主义哲学还远远不够，还要需要对广大人民群众进行马克思主义哲学教育。1958 年前后，他就人民群众学哲学问题发表了一些讲话和谈话，号召各行各业的人民群众兴起学哲学用哲学的热潮，用哲学指导自己的工作，在各行工作取得更大成效。毛泽东号召：“让哲学从哲学家的课堂上和书本里解放出来，变为群众手里的尖锐武器。我们要求把辩证法逐步推广，要求大家逐步地学会使用辩证法这个科学方法。”① 毛泽东的号召非常明确，就是要把马克思主义哲学推送和传播到工农兵群众之中去，不仅是存在于书斋和学院中的理论形态，而且是人民群众观察和解决问题的实在工具。毛泽东的号召包含了马克思主义大众化的两层意蕴：理论被人民群众所掌握，理论被人民群众所运用。工农兵学哲学用哲学就是具体的体现与要求。

在毛泽东的号召下，工人阶级首先起来响应，尤其是中国工人阶级集中地的上海，开启社会主义建设时期的群众性学哲学序幕。1958 年春，上海求新造船厂的工人组织了一个学哲学讨论小组，利用工余时间集中研读和讨论哲学著作，在当时的背景下，主要是以

---

① 中央党校工农兵学哲学调查组编：《让哲学变为群众手里的尖锐武器》第 2 卷，人民出版社 1961 年版，第 1 页。

学习毛泽东哲学著作为主，最重要的教材就是《实践论》和《矛盾论》，结合他们工厂的实际，对其中一些哲学原理进行理解和讨论。这一举动在当时很有推广价值和宣传意义。正是这种价值和意义，导致了《人民日报》在1958年6月5日，以该工厂为素材发表长篇通讯《上海工人学哲学用哲学》，题目具有很强的导向性，将一个工厂车间的工人学习小组，上升为上海工人学哲学用哲学，其含义在于上海工人在学哲学用哲学的过程中，提升了生产效率，学哲学产生了巨大的成效。工人学哲学的典型被树立起来，全国各地特别是上海的各大工厂都先后成立各种不同形式的哲学学习和研讨小组。

紧接着，农民学哲学的典型又被发现和树立起来。河南登封县三官庙乡农民学哲学活动也开展起来，这引起了正寻找农民学哲学典型的《人民日报》的高度重视，立即安排记者深入河南农村进行采访调查，并于1958年7月5日，在《人民日报》刊发了该乡农民学哲学的基本情况，自此之后，军队系统学哲学的热潮也开始兴起。1959年，解放军某部专门编写了战士学哲学的论文集，由吉林人民出版社于1959年5月出版，收录了一批战士学哲学的体会文章，其中有一篇《连队办红校　战士学哲学》的文章说道："120炮连在五八年七月份实现了文化连以后，不少干部、战士要求学哲学。七、八月间报刊上陆续登载工农兵学哲学的信息，更启发和鼓舞大家学哲学的信心和决心。"①

工农兵学哲学运动自1958年启动之后，一直持续发展，其规模不断扩大，成为这一时期马克思主义大众化的最主要表现。20世纪60年代中期之后，随着"左"倾思想的逐渐抬头，工农兵学哲学运

---

①　六〇〇八部队政治部编：《战士学哲学》，吉林人民出版社1959年版，第1页。

动的形式化色彩越来越浓，其阶级斗争的内容被提取和放大，将马克思主义哲学狭窄地理解为斗争哲学，削弱了工农兵学哲学在马克思主义大众化进程中的重要意义，一定程度上也是对马克思主义哲学庸俗化的理解，一定程度上妨碍了马克思主义大众化的正常推进。这是马克思主义大众化进程的深刻教训。

（三）群众性哲学的实践运用

马克思主义大众化的根本目的在于马克思主义实践化，而实践是广大群众的主观见之于客观的行动，马克思主义哲学的实践化是马克思主义哲学大众化的必然结果。在社会主义建设时期的马克思主义哲学大众化过程中，学习哲学是为了用哲学，工农兵群众在学习哲学之后，就在各自的工作岗位运用哲学思维来指导自己的工作。无论从理论教育的深化还是推动实际工作的成效两个方面看，工农兵用哲学都具有一定的意义，由于主观和客观两个方面的原因，当然也存在一些形式主义偏差。

工农兵用哲学是在中国共产党推动下发展普及起来的。1960 年 4 月，工农兵学哲学开始之后的差不多两年时间内，中共中央转发上海市委的一份关于工人学理论进行技术革新的报告，中央转发文件并加上了大段的按语，对上海工人用哲学思维指导技术改革的做法和成就给予了高度肯定和赞赏，并向全国推广："看了上海市委关于工业战线技术革新、技术革命情况的报告，令人十分兴奋。"[①] 令中央看了十分兴奋的做法和成就是什么呢？"非常值得高兴的是，不少工人已经看出了这中间的问题，他们学习毛泽东思想，运用毛

① 中央档案馆、中共中央文献研究室编：《中共中央文件选集（1949—1966）》第 33 册，人民出版社 2013 年版，第 449 页。

主席《实践论》《矛盾论》中唯物辩证法的原理，自觉地探索技术发展的客观规律。如永安印染厂干部职工学习了毛主席的《矛盾论》，根据矛盾转化的哲学原理，在这次技术革新中，创造出与原来印染工业中高、干、热的公式（用高压蒸气煮布，用干法、热法染布、上丝光）截然相反的‘低、湿、冷’新工艺（即用低压蒸气代高压蒸气，用湿法、冷法代干法、热法），在保证质量的前提下，大大节约了用煤。仅此一项，这个厂今年可节约用煤七千多吨。”① 在中央看来，工农兵用哲学所产生的经济效益充分体现了马克思主义哲学的巨大力量，在当时物质条件比较匮乏，经济发展困难的特定时期，这种精神有着较大的思想发动和士气鼓励作用，当物质缺乏时，需要用精神的力量去弥补，哲学是最深层次的精神力量。

工农兵用哲学的最典型案例是大庆精神中“两论起家”。“两论”是指毛泽东在延安时期的两篇哲学著作《矛盾论》和《实践论》。这两篇哲学著作已经在1958年之后成为工农兵学哲学的主要文本和依据。就在这一时期，国家在东北大庆地区发起了石油大会战。周恩来亲临会战现场指导，在当时工农兵学哲学用哲学的大背景下，周恩来提出要用马克思主义哲学指导会战、推动会战。正是在这一指示下，石油部和会战指挥部决定在会战的全体干部群众中，开展一次以深入学习《矛盾论》《实践论》为重点的哲学学习的运动。1960年4月10日，石油部机关党组做出《关于学习毛泽东同志所著〈实践论〉和〈矛盾论〉的决定》，号召：“部机关党委决定立即组织全体共产党员、共青团员和干部学习毛泽东同志的《实践论》和《矛盾论》，并号召非党职工都来学习这两个文件，用

① 中央档案馆、中共中央文献研究室编：《中共中央文件选集（1949—1966）》第33册，人民出版社2013年版，第437页。

这两个文件的立场、观点、方法来组织我们大会战的全部工作。”[①]

“两论起家”是自上而下的哲学普及运动，也说明了马克思主义大众化进程必然是由马克思主义政党组织与推动的，马克思主义大众化不可能是自发的，但马克思主义大众化在组织发动之后，就会迸发出磅礴的力量。要克服巨大的物质困难，必须先解决思想方法问题，大庆会战中的几万名职工将《实践论》和《矛盾论》作为自己思想方法的最根本的指导，学哲学用哲学的热潮在会战工地上迅速兴起。大庆工人不仅仅是单纯的理论学习，更是将重点放在实践运用上。他们主要用辩证唯物论的方法来观察自己的工作，通过联系、发展、全面的眼光去看待会战存在的问题，用系统思维去制定解决问题的方案。

会战初期，大量的物资从全国各地运到，杂乱无章地堆放在铁路两旁，分属于不同的单位，各自单位需要时，就派人到沿线寻找，效率低下，影响会战，工人们学习了《实践论》《矛盾论》之后，人们不是像过去那样手忙脚乱，抓了这个，丢了那个，而是分析矛盾，抓住关键，建立了岗位责任制和正常的生产秩序。[②]

“两论起家”的成功经验，经过不断总结，上升到马克思主义政党和社会主义国家的层面，成为社会主义建设时期探索发展道路的重要理论与实践相结合的成果，当然也是马克思主义大众化的典型案例，在马克思主义大众化发展史上具有重要的地位和影响。1964 年 12 月，周恩来在第三届全国人民代表大会第一次会议上作政府工作报告，向全国隆重推介“两论起家”的经验：“这个油田的建设，是活学活用毛泽东思想的典范。用他们自己的话说，是

① 大庆市总工会编：《大庆精神铁人精神教育》，1962 年，第 85 页。

② 《余秋里回忆录》，人民出版社 2011 年版，第 525 页。

‘两论起家’，就是通过大学《实践论》和《矛盾论》，用辩证唯物主义的观点，去分析、研究、解决建设工作中的一系列问题。”[①] 至此，“两论起家”作为马克思主义哲学大众化的最杰出成果和经验以国家意志向全国推广和普及，不仅高度肯定1958年以来工农兵学哲学用哲学的合理性，而且进一步推进了马克思主义大众化向纵深开展。随着工农兵用哲学的群众运动的不断推向高潮，也难免出现一些形式主义的偏差，一些将马克思主义哲学和毛泽东哲学著作庸俗化情况也不时出现，当然这并不影响这一时期马克思主义大众化的整体理论意义和实践作用。

三、领袖著作的学习与宣传

社会主义建设时期马克思主义大众化的基本内容已经由原来的马克思主义经典著作和苏联经验的大众化，转变为中国化马克思主义著作和中国革命经验的大众化。在这一转换的背景下，就必然需要大众化文本和教材的转换。正是基于这种需要，马克思主义中国化的最集中成果——毛泽东思想的大众化就成为社会主义建设时期的最主体和核心内容。毛泽东著作当然也就成为这一时期马克思主义大众化的最主要文本与教材。从社会主义建设时期毛泽东著作出版、发行和学习的盛况中，可以深切感受到这一时期中国化马克思主义大众化快速推进与高速发展。

① 中共中央文献研究室编：《建国以来重要文献选编》第19册，中央文献出版社1998年版，第469页。

（一）领袖著作的大量印行

中华人民共和国成立初期，党的领袖重要文献的编辑出版，对推动社会改造和经济发展产生了积极作用，社会主义建设开始后，人民群众对社会主义建设理论的需要，促进了领袖著作主要是毛泽东著作出版和学习的迅速发展。中华人民共和国成立之前，毛泽东著作就已经在开始出版和发行，但大多都是单篇，不是很系统，中华人民共和国成立后，基于与苏联党和国家关系的考量，对中国化马克思主义和毛泽东思想这些概念的运用与宣传比较慎重，虽然现实对毛泽东著作有着热切的需求和期待，宣传部门也有着出版发行的热情，但毛泽东著作的出版发行与学习，还是有一定的控制。中华人民共和国成立后，中央决定出版《毛泽东选集》四卷本，并成立了编辑机构，但1956年之前仅仅出版了3卷。“《毛泽东选集》第1卷于1951年10月出版，成为当时全国政治生活中的一件大事。《毛选》第2、3卷先后于1952年3月、1953年2月出版。这三卷包括了毛泽东从1925年12月到1945年8月各个革命历史时期的最主要、最有代表性的著作。”①

1956年之后，从中国实际探索社会主义道路，中国化马克思主义的经验和理论宣传与普及显得十分迫切，毛泽东著作的出版发行就提上了重要议事日程。苏共二十大之后，中苏两党之间的分歧开始出现，中央意识到完全依赖和照搬苏联社会主义建设的经验与理论，不能很好地推动中国社会主义道路的探索，因为苏联社会主义建设的经验和理论已经显露出严重的问题。在这种情况下，加强中

---

① 陈矩弘：《新中国出版史研究　1949—1965》，上海交通大学出版社2012年版，第110页。

国革命自身经验和理论的宣传就成为马克思主义大众化的重要任务，而毛泽东著作的出版发行，就是完成这一任务的基本前提。中共八大虽然没有大张旗鼓地宣传毛泽东思想，但对毛泽东思想的主要载体——毛泽东著作的学习是高度重视的，在中央关于修改党章的报告中将毛泽东著作的学习作为一名合格党员的必备条件，将毛泽东著作与马克思列宁主义并行排列，充分说明了中国共产党在当时对毛泽东著作的高度重视："党的各级组织的任务，就是要认真地加强对于广大的新党员的教育，切实地组织和指导他们进行对于马克思列宁主义的学习，对于毛泽东同志的著作的学习，对于党的历史和党的政策的学习，并且加强无产阶级国际主义的教育，以提高他们的觉悟程度，使他们在思想上也具备着成为一个真正合格的共产党员的条件。"① 军队系统对毛泽东著作的学习与宣传历来都比较重视，1957 年是中国人民解放军建军 30 周年，中共中央发出《关于纪念中国人民解放军建军三十周年的通知》，多次强调学习毛泽东著作特别是毛泽东军事著作的重要意义："中央认为在今年人民解放军建军三十周年的时候，结合整风，广泛地宣传毛泽东同志的军事著作，宣传人民解放军的光荣传统，宣传在当前形势下加强我国国防建设的重要性，对于军队、对于人民群众，特别是对于青年一代，是有重大教育意义的。"② 中央通知的内容也作了明确的规定："号召人民解放军的干部，特别是高级干部，认真钻研毛泽东

① 中央档案馆、中共中央文献研究室编：《中共中央文件选集（1949—1966）》第 24 册，人民出版社 2013 年版，第 163 页。

② 中央档案馆、中共中央文献研究室编：《中共中央文件选集（1949—1966）》第 26 册，人民出版社 2013 年版，第 60 页。

同志的军事著作，系统地总结我军建军、作战和现代化建设的经验”。[①]

中央对毛泽东著作学习的高度重视，推动了毛泽东著作出版发行的高潮，久拖未版的《毛泽东选集》第4卷终于在1960年出版发行。从1960年春开始，毛泽东集中一段时间在广州审读和修订《毛泽东选集》第4卷，做大量的充实和订正工作，后交由时任中共中央总书记的邓小平组织进行中央领导集体的审阅工作，刘少奇、周恩来等领导都参与了这项工作，足以体现毛泽东著作出版发行在党内政治生活中的重要地位。“《毛泽东选集》第4卷于1960年9月出版，随即在全国出现了一个学习热潮。至此，《毛泽东选集》1—4卷，作为中华人民共和国成立前毛泽东最重要著作的结集，全部完成。《毛泽东选集》1—4卷的蒙、藏、维、哈、朝5种少数民族文字版和盲文版，分别由民族出版社和中国盲人聋哑人协会盲人月刊社（盲文出版社前身）至1965年出齐。”[②] 分卷本出齐之后，人民出版社于1984年1月又出版了合订一卷本，后来，多种版式的《毛泽东选集》陆续出版发行，如函装本、线装本、大字本等。

在这一时期，除了以《毛泽东选集》为主体的毛泽东著作大量出版发行之外，还有各种其他形式的单行本、选读本、文选本、文集本出版发行，对于推动中国化马克思主义的宣传教育和中国化马克思主义大众化具有重要的推动作用。其中影响比较大的就是《毛泽东著作选读》的甲乙两种本。为了加强干部理论学习，减少阅读

---

① 中央档案馆、中共中央文献研究室编：《中共中央文件选集（1949—1966）》第26册，人民出版社2013年版，第60页。

② 陈矩弘：《新中国出版史研究（1949—1965）》，上海交通大学出版社2012年版，第112页。

篇目，更精准地研读毛泽东著作，提高学习效率，中共中央毛泽东著作编辑委员会从《毛泽东选集》四卷本中精选出 37 篇文章，收录进《毛泽东著作选读（甲种本)》中。甲种本发行之后，迅速出现供不应求的现象，发行数量相当庞大。甲种本主要对象是党员干部，为了以人民群众为对象，与党员干部的阅读要求有所区分，中共中央毛泽东著作编辑委员会在编辑出版发行甲种本的同时，也编辑了乙种本。乙种本是为了适应工农青年学习毛泽东著作的需要而编辑的，也可供广大工农群众使用，选收的篇目不同。甲种本 1964 年 6 月第 1 版分为上下两册，其中上册 16 篇，下册 21 篇，共选收毛泽东著作 37 篇，后 1965 年 3 月第 2 版时增收 2 篇，总数为 39 篇。乙种本只有 1 册[①]，乙种本后来也没有再版。甲种本于 1965 年再版，1986 年去掉甲种本标号增补篇目再版。1965 年 3 月的再版前言写道："《毛泽东著作选读（甲种本)》，是为了适应一般干部学习毛泽东著作的需要，于一九六四年六月出版的。全部编辑工作，都是在中共中央毛泽东选集出版委员会的指导下进行的。""这次再版，增加了《中国社会各阶级的分析》和《人的正确思想是从哪里来的?》两篇文章。"[②]

在毛泽东著作大量出版发行的背景下，一种摘录性质的短句汇集本出现了。这是为了更方便人们在不同时空条件下，随时可以学习毛泽东著作而出版发行的。1961 年 5 月开始，《解放军报》每天都会在第一版报头上刊登一条毛泽东的警言短句。这种宣传做法深受部队战士的欢迎和喜爱，因为这种警言短句，对这些文化程度不

---

① 陈矩弘：《新中国出版史研究　1949—1965》，上海交通大学出版社 2012 年版，第 130 页。

② 《毛泽东著作选读（甲种本)》上册，人民出版社 1965 年版，前言部分。

高的战士来讲，比较方便阅读和理解，也便于携带和背诵，符合当时部队正在兴起的学习毛泽东著作的热潮，比读原著全文要简单方便。为了更好地宣传毛泽东著作，《解放军报》决定摘录更多的警言短句，汇集成册，单独出版。1966 年 1 月，解放军总政治部编纂的《毛主席语录》由新华书店在全国公开发行。《毛主席语录》出版后，需求量急剧扩大，无论怎样加印，都无法满足需要，1966 年 3 月，文化部向中共中央宣传部报告，提出解决方案，并统计了已经发行的数量。“文化部党委向中宣部并中央提出《关于〈毛主席语录〉印制发行的请示报告》。该报告指出：自军委总政治部编辑的《毛主席语录》纸型经中央同意分发各地方后，全国已印制《毛主席语录》2800 多万册，但各地、中央各部门来要纸张的仍然源源不断。现第一轻工业部已拨出专印《毛主席语录》的纸张 5100 吨，可印制《毛主席语录》5100 万册。这个数字与各地的要求相比，差距仍很大。”[①] “文化大革命” 开始后，这部语录的出版发行量继续攀升，达到了书籍出版发行史无前例的高度，据 1967 年 12 月的统计，《毛主席语录》共计发行 3. 5 亿册。

各地印刷和发行毛泽东著作的热情空前高涨，各种各样的版本和格式相继出现，中央认为这种各自印制的现象不利于毛泽东著作的出版发行的严肃性，1964 年发出《中共中央关于编印毛泽东著作批准手续的通知》，对各种私自印发毛泽东著作的乱象提出了批评：“中央认为，编印毛主席著作，是一件十分严肃的工作，为了满足群众学习的需要，并为了避免在编印中发生错误，特作如下规定：凡要出版毛泽东著作的选本，必须报告中央。非经中央批准，不得

---

① 《中国新华书店发展大系 · 总店卷（1937—2017）》编纂委员会编：《中国新华书店发展大系 · 总店卷》，人民出版社 2017 年版，第 270 页。

印行。”[①] 这也从一个侧面印证了毛泽东著作在全国各地的印发出现了极大的膨胀，甚至出现了一些混乱，需要中央出面进行规范和矫正。

（二）领袖著作的学习热潮

1958 年开始的工农兵学哲学运动发展到 1962 年之后，转化为以学习毛泽东著作为主，简称“学毛著”。学习的主要内容甚至全部内容都是毛泽东著作，“文化大革命”前夕，形成了全民参与的空前学习高潮。由学习马克思列宁主义著作和毛泽东著作并重，转向专学毛泽东著作，是在当时特定的政治形势与理论环境下的必然产物，是一种历史合力的结果，不管如何对其进行价值评判，它就是一个实然的历史事件，无论由谁首先提出和推动，都会以不同的形式出现。“学毛著”热潮首先是从军队开始的，1959 年在军委扩大会议上基本形成了读马列著作不如直接学毛著的认识，并以“活学活用”的名义进行推进和实践。

第一，学习毛泽东著作热潮的兴起。

在学习毛泽东著作运动的兴起和初期的发展，总体上是由中央领导和组织开展的，是一个以学习促进实践的行动。1960 年 1 月，中共中央对共青团中央关于学习毛泽东著作运动的报告作出批复，并将这一批复转发给全党，实际上是对学习运动的一些基本问题进行了界定，并转发给全党，也等于就此项工作向全党发出了指引。此时中央的定义仍然是比较冷静和客观的，仍然注意到毛泽东著作在马克思主义发展史的地位，并没有将毛泽东著作和毛泽东思想人

① 中央档案馆、中共中央文献研究室编：《中共中央文件选集（1949—1966）》第 45 册，人民出版社 2013 年版，第 224 页。

为地拔高。“在青年中组织毛泽东著作的学习运动，在提正式的完整的口号的时候，用‘学习马克思列宁主义、学习毛泽东著作’的提法较为妥当。”但同时也对学习毛泽东著作运动的开展给予了很高的定位：“学习毛泽东思想，不仅对指导中国革命和建设有重要意义，而且对发展国际共产主义运动和反对现代修正主义也都具有十分重要的意义。我们不把‘学习马克思列宁主义，学习毛泽东思想’并列起来提，是避免人们把‘马克思列宁主义’和‘毛泽东思想’误解为两回事。”① 中央文件的解释十分巧妙，不把毛泽东思想与马克思列宁主义并列，是为了将毛泽东思想看成是马克思主义的发展，发展是否能和原始的具有同样重要的地位，可以进行不同的理解。在这一段时间内，中央对学习毛泽东著作的提法，都是放在学习马克思列宁主义之后的，并没有将学习毛泽东著作单独提出。而到了1960年3月，这一提法开始出现了一些变化，1960年3月20日，在《中共中央批转鞍山市委关于工业战线上的技术革新和技术革命运动开展情况的报告》中，学习毛泽东著作之前没有学习马克思列宁主义的前缀：“开展学习毛主席著作运动，用毛泽东思想武装我们的头脑。”② 在《中共中央批转中央财政贸易工作部关于全国大中城市财政银行工作、企业财务工作现场会议的报告》，再次肯定了单独使用学习毛泽东著作的提法：“各地必须组织财政银行干部和企业财务干部认真学习毛主席的著作，深刻领会毛泽东思想，加强政治观点、生产观点和群众观点，不断地提高他们的政治

---

① 中央档案馆、中共中央文献研究室编：《中共中央文件选集（1949—1966）》第33册，人民出版社2013年版，第10页。

② 中央档案馆、中共中央文献研究室编：《中共中央文件选集（1949—1966）》第33册，人民出版社2013年版，第386页。

水平和思想水平。”[①] 虽然后来的中央文件有时也有将马克思列宁主义放在毛泽东著作之前的提法，但两种提法交叉使用的情况也越来越多。

1964 年 8 月 18 日，中共中央发出《关于县以上干部学习毛泽东哲学著作的决定》，将以前批转文件的方式默许和鼓励的形式直接进行了组织安排和部署：“中央决定，从中央一级起到县（团）委一级，一切干部，特别是重要的负责干部，都应该精读毛主席的《实践论》《矛盾论》《关于正确处理人民内部矛盾的问题》《人的正确思想是从哪里来的?》这些哲学论文。”[②]

第二，学习毛泽东著作热情高涨。

雷锋是人民群众学习毛泽东著作的典型和榜样，反映了人民群众对中国化马克思主义理论的渴求，也是这特定时期马克思主义大众化发展的深层动力。雷锋在参军之前就已经非常注重学习毛泽东著作，由于其文化程度不高，他就虚心地向单位同事求教，当时望城县委机关有一位知识分子党员，雷锋就虚心向他学习，共同讨论毛泽东著作中的一些理论问题，如《湖南农民运动考察报告》中关于农民革命的理论指导问题。[③] 雷锋参军入伍之后，更加自觉地学习毛泽东著作，他在日记中写道：“人不吃饭不行，打仗没有武器不行，开车没有方向盘不行，干革命不学习毛主席著作不行!”[④] 在学习上，他有一种持之以恒的精神和坚强的意志。他有一段十分深

---

① 中央档案馆、中共中央文献研究室编：《中共中央文件选集（1949—1966）》第 33 册，人民出版社 2013 年版，第 552 页。

② 中央档案馆、中共中央文献研究室编：《中共中央文件选集（1949—1966）》第 46 册，人民出版社 2013 年版，第 364 页。

③ 邢华琪主编：《雷锋解读》，解放军出版社 2012 年版，第 144 页。

④ 《雷锋日记选》，人民出版社 1973 年版，第 35 页。

刻的话："一块好好的木板，上面一个眼也没有，但钉子为什么能钻进去呢？这就是靠压力硬挤进去的，硬钻进去的。由此看来，钉子有两个长处，一个是挤劲，一个是钻劲。我们在学习上，也要提倡这种'钉子'精神，善于挤和钻。"[①]

军队始终是学习毛泽东著作的先锋，早在《解放军报》登载毛主席语录时，一些战士就将其收集起来，放在口袋中，走到哪里学到哪里。《毛主席语录》正式出版后，由于其尺寸较小，方便携带，一时在军营里十分流行，几乎人手一册，在餐前睡前，都拿出来学一段，学多了，有些语录就能直接背诵了，有些学得比较好的，全部语录都能背诵。背诵之后，就可以进行讨论交流，为了集体学习和交流，有些连队准备了学习小黑板，走到哪里就带到哪里，只要有空就将小黑板支起来，进行学习和讨论。在部队中，涌现和树立了一大批学习毛泽东著作的先进模范和典型。如沈阳军区"学习毛主席著作的模范红九连"、广州军区"红色尖兵连"等，也出现了一大批先进个人，如欧阳海、王杰、麦贤得等。[②]

军队系统的带动和示范，给地方党员干部和人民群众学习毛泽东著作发挥了巨大的促进作用。各地迅速掀起了学习毛泽东著作的热潮，形式多样，内容丰富。因为人民解放军学习毛泽东著作运动开展得好，人民解放军成为全国人民学习的榜样，1964 年 2 月 1 日，《人民日报》发表《全国人民都要学解放军》的重要社论，并在第二版开辟《学习解放军无产阶级化的革命精神》。从此，一场声势浩大的"全国人民学解放军"运动迅速展开。在人民解放军的

① 北京地区军队院校协作中心、大连地区军队院校政治理论教育协作区编：《弘扬雷锋精神的理论思考》第 5 集，解放军出版社 1990 年版，第 34 页。

② 胡为雄：《毛泽东思想研究简史》，中央文献出版社 2014 年版，第 136 页。

带动下，全国各地也出现了各种各样的学习毛泽东著作的先进集体和个人。在黑龙江，1960 年上半年，在哈尔滨召开了青年学“毛著”现场会，让群众现身说学理论尝到的甜头，得到的实惠。会上，哈尔滨第七百货商店毛泽东著作学习小组的营业员魏淑琴、王洪华，双鸭山市一百营业员金国云，鹤岗市新街基国营食堂厨师武树芬，被光荣评为全省青年学习毛泽东思想标兵。[①]“哈尔滨市香坊‘三八’理发馆理发员查桂民、哈尔滨市妇儿商店营业员顾仁莲等，既是学‘毛著’积极分子，又当选全国劳动模范，10 年大庆时又都出席全国群英大会”。[②]

讲用会是当时学习毛泽东著作的重要形式，中共中央文件给予了肯定和推广，1966 年，中共中央批转指出：“及时总结交流经验。经常举办干部和职工群众共同参加的活学活用毛主席著作的讲用会。今年准备召开一次全国工业交通系统学习毛主席著作的积极分子会议，在干部和职工中，树立一批活学活用毛主席著作的标兵。”[③]

（三）领袖著作的实践运用

马克思主义大众化进程中的毛泽东著作学习，与工农兵学哲学的指导思想和行动路径基本相同，就是强调要通过学习，指导实践，在各自的思想、生活特别是工作中加以运用，一开始是强调实践运用，后来又发明了专有名词“活学活用”。所谓活学活用，就是结合实际。

---

① 《杨易辰回忆录》，中央文献出版社 1996 年版，第 205—206 页。

② 《杨易辰回忆录》，中央文献出版社 1996 年版，第 205—206 页。

③ 中央档案馆、中共中央文献研究室编：《中共中央文件选集（1949—1966）》第 50 册，人民出版社 2013 年版，第 335 页。

第一，结合工作实际的运用。

学习毛泽东著作的实践运用最早也是最主要的是针对工作中，特别是在当时社会主义经济建设中出现的困难而开展起来的。实际上，毛泽东著作确实发挥了统一思想、凝聚人心、增强信心的功能，对于当时进行独立自主的经济建设提供了很多方法论上的作用。

中共中央在批转的团中央的文件中对学习毛泽东著作，解决生产中的实际问题的提法予以高度肯定并向全国推广：“现在应当趁热发展，引导青年结合各种实际问题，像雷锋那样去学习毛选、去对待劳动、去帮助他人，落实到学习、生产和生活中去。同时大力发现和表扬各个战线上的活雷锋，如下乡务农的高中毕业生董加耕、学习毛选的标兵廖初江等，进一步在青年中解决所谓理想、前途、幸福、对待农业劳动、要不要艰苦奋斗等一系列问题。”[①]

中央要求，一定要在活学活用中将毛泽东著作对生产和工作的重大指导作用发挥出来：“活学活用毛泽东思想；大学解放军，大学一切先进经验，活学活用一切先进经验。大比先进，大比各个战线、各个岗位上的先进，大家互相比，互相找差距，展开共产主义的竞赛和协作。这样，我国人民就能够更高地举起毛泽东思想的伟大红旗，鼓足干劲，力争上游，把我们各方面的工作都做得好上加好！”[②] 把各项工作做得好上加好，是中央对运用毛泽东著作的最高要求，也是学习毛泽东著作的最初始目标。中央认为大庆会战是活用毛泽东著作和毛泽东思想的最突出的典型，无论是对毛泽东著作

① 中央档案馆、中共中央文献研究室编：《中共中央文件选集（1949—1966）》第46册，人民出版社2013年版，第143页。

② 中共中央文献研究室编：《建国以来重要文献选编》第18册，中央文献出版社1997年版，第80页。

运用的方法，还是毛泽东著作运用所取得的巨大生产成就，对国家经济建设所作出的贡献，都是全国人民学习的榜样。中央文件指出：“我们认为，大庆这个油田，是总路线的产物，是毛泽东思想的产物。大庆会战的胜利，主要不是决定于几个重大技术问题的解决，这不是灵魂；灵魂是党的总路线，是毛泽东思想。如果不是坚定不移地坚持按照总路线的精神办事，不是按照毛泽东思想办事，在那样艰苦的条件下，要想拿下这个大油田，速度又这样快，质量又这样好，水平又这样高，是不可能的。”①

第二，结合思想实际的运用。

要解决生产和工作问题，首先要解决思想问题，只要思想通了，主观能动性就能得到充分发挥，不可克服的困难，不可战胜的敌人，都不在话下，都可以克服，都可以战胜。而思想的力量和思想的方法就能在毛泽东著作中找到，从毛泽东著作中寻找思想方法，提高思想认识水平，是运用和实践毛泽东著作的最重要方式和途径。

首先，要解决革命理想问题。这是一切思想动力的根本问题，只要解决了这个根本问题，才会有无穷的动力源泉，就会充满精神力量。大庆工人之所以能够发出高昂的口号：“有条件要上，没有条件，创造条件也要上。”绝不是盲目蛮干，而是在学习毛泽东著作中的辩证法，精神变物质的基本原理之后，才获得理论自信与思想自觉。

其次，要改造旧思想，特别是知识分子和青年学生，都一定程度带有旧的知识分子的思想倾向。这些倾向不利于社会主义建设，

① 中央档案馆、中共中央文献研究室编：《中共中央文件选集（1949—1966）》第45册，人民出版社2013年版，第84页。

中央要求必须对其加强思想改造，而改造的重要理论武器就是毛泽东著作。1964 年 8 月 19 日，《中共中央、国务院关于发布高等学校毕业生劳动实习试行条例的通知》要求："毕业生劳动实习所在单位必须认真组织毕业生学习毛主席著作，并指导他们带着问题学，活学活用，联系实际，改造思想。"①

再次，要通过运用和实践毛泽东著作，提高思想修养和理论水平，形成积极向上的作风。中央要求："我们要以毛主席著作为武器，着重引导青年去解决有关阶级观念、政治方向、革命精神、组织修养、工作作风等方面的问题。"② 在甘肃白银"涌现出一千三百多个活学活用毛主席著作的五好职工和各种能手。广大群众，意气风发，斗志昂扬"③。

第三，结合生活实际的运用。

毛泽东著作所包含的深刻理论和方法，对人们的日常生活也有着重要的指导作用，通过学习和运用，特别是活学活用，使党员干部认清生活的方向与目标，增加生活的意义与价值，特别是将自己的生命与社会主义建设和为人民服务的事业联系起来，使自己的生活充满动力与活力。正如雷锋在运用毛泽东著作之后，对自己生命意义所做的界定与概括："将有限的生命投入到无限的为人民服务中去。"而这种力量就是在学习和运用毛泽东著作之后获得的，雷锋在日记中写道："我学习了毛主席著作以后，懂得了不少道理，

① 中央档案馆、中共中央文献研究室编：《中共中央文件选集（1949—1966）》第 46 册，人民出版社 2013 年版，第 375 页。

② 中央档案馆、中共中央文献研究室编：《中共中央文件选集（1949—1966）》第 46 册，人民出版社 2013 年版，第 142 页。

③ 中央档案馆、中共中央文献研究室编：《中共中央文件选集（1949—1966）》第 49 册，人民出版社 2013 年版，第 155—156 页。

脑子里一豁亮，越干越有劲，总觉得这股劲儿永远也使不败。”[①] 雷锋学习毛泽东著作之后，对自己生活要求和境界有了新规划：“我决心听毛主席的话，坚持政治挂帅，事事大公无私，处处从党和人民的利益出发，全心全意为人民服务，决不让有一点肮脏的个人利益低级趣味的东西来沾污自己。向白求恩学习，做一个毫不利己，专门利人的人，为共产主义奋斗终身。”[②]

对个人生活中的利益追求，与为人民服务的根本目的结合起来，不断提升自己的生活价值标准，向生活中的庸俗追求和低级趣味作必要的抵制和斗争，是现代人在生活中面临的重要抉择，也是人的现代性的根本体现，雷锋的日记将毛泽东著作中的人生哲理提取和表达出来，实际上具有划时代的意义，也是社会主义社会区别于其他一切社会的个体生命的本质特征，当然要体现这种生命的特征需要与旧的生活方式做顽强的斗争，但毛泽东著作一定程度上指出和引领了这种斗争的方向，在运用毛泽东著作的过程中，出现了像雷锋这样的现代性人物，恰恰是毛泽东一贯提倡并一生为之实践的社会目标。如果军事斗争和政治革命，只是为了实现这种现代性目标提供基础性支持的话，通过理论学习和思想改造，最终达到一个“纯粹”人的目标，就是毛泽东著作提倡的最高目标。可惜的是，像雷锋这样理解毛泽东著作并运用毛泽东著作的先进典型不容易达成。但也证明了经过学习和改造，人是可以达成“纯粹的人”和“脱离低级趣味的人”的目标。一旦达到这个目标，人的生活就是一种开阔而透明的生活，就是一种快乐的生活。这种生活应该就是现代人追求的生活境界和目标。这也是马克思主义所提倡的社会

① 《雷锋日记选》，人民出版社 1973 年版，第 11 页。

② 《雷锋日记选》，人民出版社 1973 年版，第 51 页。

主义道德标准之下的生活。在这里，马克思主义的倡导，毛泽东著作的要求，雷锋的实践三者达成了一致。这是马克思主义大众化的最高目标实现。

毛泽东著作的运用，总体提升了党员干部和人民群众的马克思主义特别是中国化马克思主义理论水平，增强了理论自觉性，是对党员干部和人民群众的一次深刻的马克思主义大众化启蒙，对党员干部的理想信念和政治觉悟都具有较大的提升作用，是马克思主义大众化百年历史进程中的一个具有高潮色彩的华章。当然，基于当时的国内外环境和条件，毛泽东著作的运用出现了较为严重的形式主义、教条主义和庸俗化倾向，有的地方甚至带有强迫和命令的偏向。这就损害了马克思主义大众化的理论意义和实践效果。马克思主义大众化反而造成了思想僵化和理论停滞的不良局面，对社会建设道路的探索形成负面妨碍作用。

第五章

改革开放时期的马克思主义大众化

1978年，中国共产党开启了改革开放的历史进程。改革开放的基础和前提就是思想解放与观念更新，最根本的就是要将马克思主义基本原理与中国社会主义建设的实际相结合，与世界经济发展的趋势与特征结合，要对马克思主义具体观点和个别结论进行创新性发展。而这些创新和发展必须要与广大人民的思想和实践相结合。必须把创新发展的理论传播到人民群众之中去，指导人民群众的实践。这就必然要积极推进马克思主义大众化。创新和发展马克思主义在改革开放时期的理论形态就是中国特色社会主义。改革开放的实践始终与中国特色社会主义理论相联系，中国特色社会主义就是改革开放时期的马克思主义，所以，改革开放时期的马克思主义大众化，主要内容就是中国特色社会主义理论的大众化，就是在这一理论形成和发展过程中的宣传、教育，同时也是人民群众在实践中创造马克思主义实践新经验的过程。

一、马克思主义真理观宣传

1978 年 5 月 11 日，《光明日报》发表特约评论员文章，向全体党员干部和全国人民群众重申了马克思主义的一个基本原理——实践是检验真理的唯一标准，这一原理就是文章的题目。这一重要文章实际上开启了马克思主义在中国的再启蒙进程，是改革开放时期马克思主义大众化历史进程的思想起点，也是改革开放伟大实践的思想基础和理论前提。改革开放的大幕是党的十一届三中全会拉开的，大幕的开启是以马克思主义大众化为思想前提的。

（一）马克思主义思想路线的再教育

实践是检验标准问题原本不是“问题”，在中国共产党领导革命、建设的过程中，都是在这一基本原理和原则指导下取得胜利的。早在延安时期，毛泽东就提出了实事求是的思想路线，实事求是与实践是检验真理的唯一标准都是马克思主义基本原理的正确表达。应该说，实事求是思想路线在历史和现实中都在发挥重要的作用，已经深入到了党员干部和人民群众的思想深处。但是，由于各种复杂的原因，极左思潮在“文革”时期的泛滥，遮蔽了实事求是的思想路线，一些党员干部和人民群众不敢坚持实事求是的思想路线，用教条主义的态度对待马克思主义的一些具体观点和个别结论。例如反对“唯生产力论”等错误的唯心主义观点曾经影响了党员干部和人民群众的实践。所以，为了重新恢复实事求是的思想路线，就必须对党员干部和人民群众进行一次马克思主义理论的再教育，而这一再教育，必须从什么是真理标准这一最基本问题开始正本清源。真理标准问题讨论就成为改革开放时期马克思主义理论再启蒙和马克思主义大众化再出发的逻辑与实践起点。

既然是马克思主义理论的再启蒙和马克思主义大众化的再出发，那就必然存在一个拨乱反正和恢复回归的环节。思想解放运动往往是以恢复某些原有的理论内容和形式为切入点的。因为恢复要比全新开始要容易一些，恢复只是将已经在大众意识中的一些正确的观点激活和提取出来，而不是全新置入一个新的结论和观点。改革开放时期的思想解放运动是以马克思主义实事求是思想路线的恢复为切入点的。因为实事求是思想路线在党员干部和人民群众意识中早就存在的，而且还有着较为深刻的印象，只是暂时被遮蔽了，需要对此进行恢复性激活，只有对这些进行恢复性激活之后，马克思主义唯物辩证法的其他原理特别是发展创新观点，才会有认同和共识的思想基础。

1977 年，邓小平政治生涯中的第三次复出，他职务恢复之后，就强调了实事求是思想路线的恢复。所以，如果说他的职务恢复是党的干部组织路线恢复的话，那么，他对实事求是的倡导恢复，则是党的思想路线的恢复。邓小平复出后的一项重要工作就是强调和宣传实事求是思想路线的恢复。从这个意义说，邓小平是改革开放时期马克思主义理论再启蒙、马克思主义大众化再出发的开创者。他所倡导的恢复实事求是思想路线，推动形成的解放思想的理论氛围，是真理标准讨论，具体来说就是《实践是检验真理的唯一标准》逻辑发生机制的触发起点。没有邓小平倡导恢复实事求是思想路线，就没有人去想，更没有人去写真理检验标准的问题。因为当时仍然在宣传“两个凡是”。不对“两个凡是”进行纠正，就不可能恢复实事求是思想路线，就不可能推动马克思主义理论再启蒙，也不可能开启马克思主义大众化的再出发。所以，邓小平恢复实事求是思想路线是以批评和纠正“两个凡是”开始的。同时将反对“两个凡是”与全面准确理解毛泽东思想联系在一起。而全面准确理解毛泽东思想，又与在党员干部和人民群众中进行马克思主义历史唯物主义再教育紧密联系在一起。

在党员干部和人民群众中进行马克思主义理论的再启蒙和马克思主义大众化再出发，必须把全面准确理解毛泽东思想作为首要任务，必须在人民群众中把毛泽东思想的科学体系与毛泽东晚年的一些错误观点区分开来，让党员干部群众在坚持和运用毛泽东思想的前提下，纠正毛泽东一些具体理论观点特别是“文革”时期的错误。邓小平严肃而明确指出：“我们必须世世代代地用准确的完整的毛泽东思想来指导我们全党、全军和全国人民，把党和社会主义的事业，把国际共产主义运动的事业，胜利地推向前进。”①

在这段重要论述中，邓小平强调要用毛泽东思想教育和武装全体党员干部和人民群众的重要问题，在当时特定的历史条件下，邓小平特别强调，不是一般意义上的毛泽东思想，而是加了两个限制词：“准确的”“完整的”。因为在“文化大革命”过程中，一些极左的宣传，将毛泽东思想搞成了“不准确”和“不完整”状态。所以，改革开放必须要对全体党员和人民群众进行一次“准确的”和“完整的”毛泽东思想再教育。这也是纠正“两个凡是”的错误的最根本前提。邓小平特别强调，在新的历史条件下，必须重新认识毛泽东思想的宣传和教育问题，也就是中国化马克思主义的再启蒙和马克思主义大众化再出发的问题。

首先，必须继续推进毛泽东思想的宣传教育问题。毛泽东思想是马克思主义在中国实践经验的理论形态，要进行马克思主义大众

---

① 《邓小平文选》第2卷，人民出版社1994年版，第39页。

化就必须加强毛泽东思想的宣传教育："做理论工作的同志，要花相当多的功夫，从各个领域阐明毛泽东思想的体系。要用毛泽东思想的体系来教育我们的党，来引导我们前进。"① 邓小平对用毛泽东思想教育和武装党员干部和人民群众的马克思主义大众化工作是高度重视的，这是马克思主义大众化最基本的内容，没有毛泽东思想的引领与指导，中国共产党前进方向和路线就有可能会发生错误。这是邓小平对马克思主义大众化在新历史条件下基本内容的确认和界定，充分体现了他对马克思主义大众化内容的科学理解和战略认识。

其次，要用准确和完整的毛泽东思想武装全体党员干部和人民群众。邓小平在这里强调要运用"体系"，要建构"体系"，要宣传"体系"。因为极左思潮将毛泽东思想僵化和割裂成了一些碎片化的东西，不是体系，这是不利于毛泽东思想的理解和运用的。他说："我们不能够只从个别词句来理解毛泽东思想，而必须从毛泽东思想的整个体系去获得正确的理解。'四人帮'，特别是所谓理论家张春桥，歪曲、篡改毛泽东思想。他们引用毛泽东同志的某些片言只语来骗人、吓唬人。"② 这是在坚持马克思主义大众化基本内容基础上，对内容的精准性的要求。因为有过"左"倾思潮的历史错误，就必须强调对毛泽东思想教育党员干部和人民群众的内容上的准确性与完整性。不是一般意义的笼统的强调，而是对毛泽东思想体系，特别是对毛泽东思想的一些基础性的理论观点和思想结论进行恢复和发展。

实事求是是毛泽东思想体系中最为基础的部分，所以，首先必

---

① 《邓小平文选》第 2 卷，人民出版社 1994 年版，第 44 页。

② 《邓小平文选》第 2 卷，人民出版社 1994 年版，第 43 页。

须加强对毛泽东思想关于实事求是思想路线的恢复教育与宣传。邓小平指出：

在延安中央党校，毛泽东同志亲笔题的四个大字，叫“实事求是”。我看大庆讲“三老”，做老实人，说老实话，干老实事，就是实事求是。我认为，毛泽东同志倡导的作风，群众路线和实事求是这两条是最根本的东西。①

正是在群众中加强实事求是教育的原则要求，党员干部和人民群众的思想才开始从极左僵化的状态下摆脱出来，开始从理论上反思和实践恢复一些原来正确的观点与做法。从理论上开启了真理标准问题讨论的大门，从实践激活了恢复家庭联产承包责任制的勇气。以恢复实事求是思想路线的马克思主义理论再启蒙与马克思主义大众化所产生的强大理论活力与实践动力，正在当时是中国大地上酝酿和凝聚一场深刻变革的磅礴力量！

（二）真理标准问题讨论中的认识论宣传

既然“两个凡是”是错误的，需要纠正，那么，什么才是衡量和检验一个观点的是非对错？正是在这一思想理论追问逻辑下，实践是检验真理标准的问题被提了出来，而这个问题又不是一个纯粹的理论问题，牵涉到实践问题，实践问题就必然要联系人民群众，因为人民群众是实践的主体。所以，在少数领导或者理论家中，明确实践是检验真理唯一标准的认识是远远不够用的，必须让全体党员干部和广大人民群众确立实践是检验真理唯一标准的认识，才能让全党全国的各项工作在正确的思想理论指导下向前发展。所以，实践是检验真理唯一标准的认识在理论家和高级领导人中的形成，

① 《邓小平文选》第2卷，人民出版社1994年版，第45页。

严格意义上并不是马克思主义大众化的范畴，只有将这一认识宣传普及全体党员干部和广大人民群众中去的过程和结果，才是马克思主义大众化的范畴。所以，必须展开真理标准问题的讨论。这一讨论必须是在极大范围里的参与，在讨论中进行教育和自我教育，讨论是马克思主义大众化的重要形式之一。仅仅发表一篇关于真理标准问题的论文，还不是完整意义上的马克思主义真理观的大众化，而真理标准问题的讨论就是真正意义上的马克思主义真理观的普及和教育，就是马克思主义真理大众化。

邓小平较早强调进行马克思主义真理观的宣传和教育活动，他在 1978 年 6 月，也就是《实践是检验真理的唯一标准》发表之后的一个月内，在全军思想政治工作会议上要求，把马克思主义真理观与军队思想政治工作结合起来："'人的正确思想，只能从社会实践中来'。又指出，由社会实践中产生的'思想（包括理论、政策、计划、办法）是否正确地反映了客观外界的规律，还是没有证明的，还不能确定是否正确'，只有放到社会实践中去，经过实践的考验，才能证明它'究竟是正确的还是错误的，此外再无别的检验真理的办法'。"① 虽然没有直接与真理标准问题的文章联系，但实际上就是将文章的基本观点推送到全军思想政治工作会议之上，并由此普及全军思想教育之中去，就是要在全军范围里进行以马克思主义真理观为主要内容的马克思主义大众化。

第一，高层争论中的真理观宣传。

真理标准问题讨论还没有开始之前，存在一个需不需要讨论，允不允许讨论的争论。"争论"是讨论的首要前提。如果讨论是一场深刻的马克思主义大众化行动的话，那么，"争论"是马克思主

---

① 《邓小平文选》第 2 卷，人民出版社 1994 年版，第 117 页。

义大众化进程的起点和开端。因为争论各方观点都通过各种途径在人民群众中得到传播，争论过程就是马克思主义真理观的宣传过程。

真理标准问题本来是一个非常清楚的理论问题，但经过“文化大革命”的长期“左”倾思潮的影响，在一些党员干部和人民群众中出现了模糊认识甚至错误结论，把毛泽东的个别结论和指示作为检验真理的标准就是其中最为突出的表现。真理标准问题的讨论就是从这里开始的，就是允不允许，可不可以讨论的问题，争论双方都陈述了自身的理解和认识，都表达了自己的观点，这些认识和观点在传播和扩散，就是对接受者的一次马克思主义真理观教育，接受者要用对两种对立的观点进行辨析和思考，这种辨析和思考过程就是马克思主义的大众化的重要组成部分。

在争论的过程中，反对的一方显然露出了其不符合马克思主义根本原则的缺陷，他们唯一的论据就是坚持毛泽东思想和维护毛泽东的历史地位，但这种坚持和维护必须放在客观科学的框架下，如果有错误就不能维护，如果因为要维护毛泽东的地位和形象，哪怕有错误也不能修正，那就陷入唯心主义的泥淖，就犯了常识性的逻辑错误。反对真理标准的一方，正是在这种错误下，在争论中处于被动，也被党员干部和人民群众所抛弃。因为党员干部比较容易看穿他们对待真理标准问题上的非马克思主义态度。

在争论的过程中，坚持真理标准的一方由于以唯物史观为基本原则，所以其观点就符合马克思主义的科学性，因而也就得到了党员干部和人民群众的理解和认同。所以，在争论的过程中始终占据着主动地位。在争论过程中，一批无产阶级革命家的正面支持使争论具有重要的作用。“在这关键时刻，邓小平、罗瑞卿、李先念、谭震林等老一辈革命家，发表文章或讲话，旗帜鲜明地支持实践观点，批评‘两个凡是’”。[①]

1978 年 9 月 6 日，邓小平在东北考察听取吉林省委汇报时，关于真理标准问题争论的讲话，可以看成是这次争论的最终总结。自此之后，真理标准问题不再是一个允不允许讨论、需不需要讨论的问题，而是如何讨论的问题。邓小平强调：“所谓理论要通过实践来检验，也是这样一个问题。现在，对这样的问题还要引起争论，可见思想僵化。根本问题还是我前边讲的那个问题，违反毛泽东同志实事求是的思想，违反辩证唯物主义、历史唯物主义的原理，实际上是唯心主义和形而上学的反映。”[②]

第二，学术理论界讨论中的真理观教育。

高层争论的最终结论是需要在全党和全国范围里进行一次广泛的马克思主义真理标准问题大讨论。这就为在真理标准问题大讨论过程中，对马克思主义基本原理，对毛泽东思想的完整体系的宣传教育与认识理解开启了畅通的道路。在经过长期的教条主义等非马克思主义观点传播之后，一场真正意义上的马克思主义理论教育活动，一次大规模的马克思主义大众化行动在中国大地上拉开了序幕。

长期以来，马克思主义大众化的重要对象就是知识分子，中华人民共和国成立之后，中国共产党十分重视对知识分子的马克思主义理论教育，然而，由于“文化大革命”中的极左思潮的影响，知识分子在马克思主义的科学立场和基本原则上也出现了一些错误认识，在一定程度上存在唯心主义和教条主义。并不是说真理标准问题在所有的知识分子中的认识都得到解决。有一些知识分子也是不

① 韩洪洪：《胡耀邦在历史转折关头》，人民出版社 2009 年版，第 106 页。

② 《邓小平文选》第 2 卷，人民出版社 1994 年版，第 128 页。

赞成《实践是检验真理的唯一标准》文章中的观点的。1978 年在中国社会科学院哲学研究所举办的理论与实践问题讨论会上，“下午分组讨论，空气就有点紧张了。有几位代表发言之后，忽然有位代表站起来很气愤地说：‘这是个什么会？想干什么？是举旗还是砍旗？我不参加了！’说完就悻悻而去，以示抗议”①。

这就说明，知识分子也需要进行马克思主义真理观的教育，随着讨论的不断推进，在知识分子中进行马克思主义大众化宣传教育的行动深入而广泛地开展。

首先，全国各大报刊都刊发或转发了真理标准问题讨论的文章，除了极少数报刊在初期态度模糊甚至质疑之外，大部分报刊都是支持实践是检验真理唯一标准的观点的。在当时的条件下，报刊是理论宣传和思想教育的最主要阵地和渠道，也是马克思主义大众化的主要工具和手段，绝大多数报刊刊发或转载支持实践真理标准，就是通过这一主要手段和工具，在全国范围里特别是在知识分子中进行了一次全方位的马克思主义真理观的大众化教育与宣传，对于改革开放初期马克思主义大众化的推进有着极其重要的推动作用。

《光明日报》的文章刊发不久，《人民日报》就于 5 月 12 日顶住压力予以全文转载，并在 6 月 16 日发表中国社会科学院哲学研究所邢贲思的文章《关于真理的标准问题》，从理论上支持了《实践是检验真理的唯一标准》的基本观点。《解放军报》随后发表了《马克思主义的一个最基本的原则》，对《光明日报》的文章进一步加以阐述，对那些反对实践真理标准的观点进行批评和澄清：“马列主义、毛泽东思想本身要由实践来检验，其正确性要由实践来证

① 陶德麟：《实践与真理》，人民出版社 2017 年版，第 438 页。

明。思想自身不能证明自身。理论是实践的指南和实践是检验理论（真理）的标准，这是两个不同的问题（虽然它们有联系），不能互相混淆。”[①] 这些观点实质上深化了《光明日报》首发文章的对马克思主义实践真理观的认识和理解，之后，就连《红旗》杂志也改变了不介入的态度，开始刊登支持实践真理标准的理论文章，1978 年第 12 期刊发谭震林的文章《井冈山斗争的实践与毛泽东思想的发展》。这些报刊都是发行量极大、影响面甚广的传播媒介，在马克思主义大众化的进程中发挥着十分重要的作用。这些报刊的介入，对于推进以真理标准为核心的马克思主义大众化有着重要的作用。“据不完全统计，到 1978 年底，中央及省级报刊发表的真埋标准讨论的文章有 650 篇之多。这就形成了以理论界为主力，波及全国，影响各界，人人关注的讨论热潮。”[②]

其次，理论研讨和交流中的实践真理的传播。除了报刊宣传外，在知识分子中进行马克思主义大众化的一个重要途径就是理论研讨和学术交流。在研讨和交流之中，马克思主义的一些正确观点得到较大范围的传播。

真理标准问题实际上是科学认识论的问题，必须遵循科学认识发展规律，所以，自然科学界的知识分子的感受最为深刻，反应也最为迅速。1978 年 5 月，国家科委、中国科学院、中国科协召开联席会议，集中讨论《实践是检验真理的唯一标准》的文章，大部分科学家都对文章的观点表示赞同和支持。在会议精神影响下，中国科学院高能物理研究所研究员何祚庥撰写了《真理的标准只能是社会实践——从宇宙不守恒的发现说起》，《光明日报》5 月 13 日全

① 《解放军报》1978 年 6 月 24 日。

② 赵智奎：《改革开放 30 年思想史》上卷，人民出版社 2008 年版，第 122 页。

文发表。

由于真理标准问题是马克思主义哲学上的认识论问题，所以哲学界的知识分子最为敏感，也是最先响应的知识分子群体。1978 年 7 月 17—24 日，中国社会科学院和《哲学研究》编辑部邀请全国哲学界的专家在北京召开了长达一周的研讨会，为了避免与《光明日报》文章同名，引起不必要的争论，研讨会用“理论与实践”作为会议名，来自全国理论宣传、党校高校和研究单位的代表共 160 多人参加了会议，实质上就是围绕真理标准问题进行讨论和交流，会上赞同实践是检验真理唯一标准的观点和代表成为主流，这些代表将研讨会的观点和结论带回各自单位进行传播，影响面较大，在哲学界甚至整个知识分子层面都进行了马克思主义真理标准观的宣传教育。邓力群在研讨会上讲话指出：“这篇文章确实起了很好的作用。这次把讨论继续深入下去，一定会起到更好的作用。”[①] 胡乔木的讲话强调了真理标准问题讨论在马克思主义理论宣传和教育中的重大意义：“文章的内容是宣传马克思主义认识论的一个根本原理：实践是检验真理的唯一标准。我们完全同意这篇文章的观点。但是这样的一个马克思主义的基本原理，而且是毛主席特别着重宣传和反复宣传过的基本原理，竟然会成为问题，这个事实本身，就说明进行这场讨论是多么及时，多么中肯，多么必要。”[②] 文章内容本身就是宣传马克思主义基本原理的，但却有人阻挠这种宣传，实际是不符合马克思主义大众化的原则，这种行为在某种程度上就是愚弄和蒙骗人民，企图在党员干部和人民群众之中制造唯心主义的神

① 程中原等：《1977—1982：实现转折，打开新路》，人民出版社 2017 年版，第 106 页。

② 程中原等：《1977—1982：实现转折，打开新路》，人民出版社 2017 年版，第 107 页。

话，并以此种神话代替马克思主义的实践真理标准观，正因为如此，就要更加重视马克思主义实践真理观的宣传和教育，更要深入开展真理标准问题的讨论。

第三，党员干部和人民群众讨论中的真理观宣传。

首先是在各级党委、政府和党员干部中进行讨论。实际上在需不需要的争论过程中，一些地方的讨论就已经开始了。

在地方党委中，最早出来表态支持讨论，并赞同实践真理标准观的是甘肃省委。在《光明日报》文章发表后不到一个月的时间内，中央高层还存在分歧的形势下，时任甘肃省委第一书记的宋平就于 1978 年 6 月 27 日出席该省真理标准座谈会，旗帜鲜明地支持实践是检验真理的唯一标准的观点。他指出：对重大政治理论问题，要敢于研究。要在完整的、准确的马列主义、毛泽东思想体系上下功夫。6 月 28 日，《光明日报》对座谈会作了重点报道。7 月 25 日，《人民日报》发表宋平的文章《一切从实际出发，按照客观规律办事》。①

自甘肃省委首先表态赞同和支持真理标准问题讨论之后，全国省级地方党委基本上都在 1978 年之内，以各种形式和途径表达和显示了对真理标准问题的讨论的支持态度。6 月 30 日，习仲勋在中共广东省委四届一次常委扩大会议的总结讲话，表态支持实践是检验真理唯一标准的观点。② 他们都表示要推动本省范围内的讨论，对党员干部和人民群众进行一次全面的马克思主义真理观宣传和教育。③

---

① 程中原等：《1977—1982：实现转折，打开新路》，人民出版社 2017 年版，第 108 页。

② 《习仲勋传》编委会：《习仲勋传》下卷，中央文献出版社 2013 年版，第 373 页。

③ 《人民日报》1978 年 9 月 20 日。

1978 年 12 月 8 日，《人民日报》报道了湖南省委对真理标准问题讨论的消息，消息引用湖南省委主要负责人的话说：“实践是检验真理的唯一标准。凡是经过长期实践证明是符合客观规律、符合大多数人利益的事，我们就坚决地办、坚持到底。”[①] 在形势发展的要求下，湖南省委作为省级地方党委，最后表态支持真理标准问题的讨论，跟上了全国的步伐，实现了真理标准问题讨论的全部地方党委覆盖。地方党委如此全部而一致的表态，在马克思主义大众化的历史上是罕见的。这说明了两个方面的问题：一是这一问题的极端重要性，是检验党性和政治性的标准，在这一标准问题上不能有丝毫的含糊；二是说明真理标准问题讨论是一场深刻而广泛的马克思主义大众化行动，各级地方党委皆无遗漏的表态，势必推动本地区的讨论，而讨论的参与就是马克思主义大众化的形式的内容。从这个角度说，真理标准问题的讨论可以称得上是一次覆盖面最大的、全方位的马克思主义大众化行动之一。

（三）真理标准问题讨论中的实践论宣传

真理标准问题的讨论间接导致了中央工作会议的主题变换和党的十一届三中全会的召开。这两个方面结果既是马克思主义大众化的成果，同时又成为马克思主义大众化的新起点。这主要体现在两个方面：

第一，基层讨论的深入普及和思想解放实践。

真理标准问题讨论的结论就是实践是检验真理的唯一标准，这个结论的实践运用就是解放思想，冲破禁区，正确认识和解决历史遗留问题。各地方表态完毕已经是 1978 年中央工作会议和党的十一

---

① 《人民日报》1978 年 12 月 8 日。

届三中全会召开之际。所以，进一步深入地方党员干部和人民群众的讨论与学习，时间上已经是在党的十一届三中全会之后。虽然其政治重要性已经随着党的十一届三中全会对党的思想路线问题的解决而有所下降，但对党员干部和人民群众的马克思主义大众化教育意义丝毫没有降低，因为经过“文化大革命”的极左思潮的影响，党员干部和人民群众急需进行一次马克思主义理论再启蒙和马克思主义大众化再教育。真理标准问题的讨论就是一个重要的契机和内容。有些原来认识没有跟上，真理标准问题讨论工作没有及时推进的地区进行了“补课”。

在云南昆明地区，真理标准问题的讨论直到1979年下半年才真正开始全面铺开，但随着党委认识的不断深化，“补课”工作可以说是开展得有声有色，效果比较突出。1979年8月，昆明市委召开宣传工作会议，会议分析认为，鉴于没有认真开展真理标准问题的讨论，在思想认识上遗留很多的问题，特别是在改革的一些具体措施上很难推进，主要是一些干部群众存在思想认识上的误区，认为以前已经形成并得到认可的经验与做法，是党的政治路线的延续，是根本不能动摇的，过去“批判”的一些做法，如注重经济效益，将发展生产力作为中心工作，是错误的，这些错误不能再犯。要将这些旧思想和旧观念移除，没有真理标准问题讨论的深入开展，是不可能的。正因为如此，昆明市委认为，真理标准问题讨论的“补课”已经成为当时昆明各项工作的顺利开展的基本前提，必须刻不容缓地开启并推进。自此，昆明地区的真理标准问题讨论才深入开展起来。1980年3月10—15日，昆明市委召开全市宣传工作会议。对半年来全市开展真理标准讨论“补课”情况作了回顾。认为：“补课”已在全市各基层单位普遍展开。通过学习和讨论，弄清了领袖、政党、阶级、群众的相互关系；弄清了毛泽东思想不仅是毛泽东个人智慧的产物，也是他的战友们及党和革命人民的智慧的产物，因此必须把毛泽东晚年的一些错误同毛泽东思想的科学体系区别开来。从而弄清了“两个凡是”的错误，突破了精神枷锁，促进了思想解放。[①]

第二，真理标准运用于改革实践。

1978 年秋，也许小岗村的农民并不知道和理解真理标准问题的内容与意义，但他们在客观形势下，开始了他们认为可以改变饥饿状态的实践活动，由原来的人民公社和生产队制度，改为分小组承包的生产组织方式。其实，这也并不是小岗村农民的发明，早在 20 世纪 60 年代，中国大地上有很多农民都在实行过，但在“左”倾思潮下，这些行为最后都被禁止了。而 1978 年秋小岗农民的实践被默许、保留、推广开来。这就与真理标准问题讨论，与马克思主义大众化的结果联系了起来。在 1978 年前，没有进行真理标准问题的讨论，在生产关系问题上不是以实践作为检验标准，而是以领袖著作为标准，因为家庭联产承包责任制不符合经典作家的观点和结论，所以，哪怕结果再好，产量再高，都是错误的都必须禁止。所以，就一直没有推广开来。而真理标准问题讨论之后，党员干部以实践作为真理的检验标准，认为能让农民群众吃饱肚子的就是真理。而小岗农民的家庭联产承包制能够让长期饥饿的“讨饭村”变成吃饱村，从实践是检验真理的唯一标准的角度来衡量，那就是真理，是真理就必须允许、坚持和推广。这就是真理标准问题讨论之后，党员干部特别是党政管理干部的思想认识。

1980 年 1 月 20 日，万里来到小岗，对小岗人表示：“只要能对

① 昆明市地方志编纂委员会编：《昆明市志》第 7 分册，人民出版社 2001 年版，第 251 页。

国家多贡献，对集体能够多提留，社员生活能有改善，干一辈子也不能算‘开倒车’。”①

在云南省昆明市，经过真理标准问题的讨论“补课”之后，各级党员干部和人民群众的思想认识有了很大提升，推进改革的积极性和主动性大大增强。在西山区，真理标准问题讨论“补课”之前，实行生产责任制的生产队仅有 194 个，占全区生产队总数的 37.9%。区委决定加强“补课”教育，举办了两期有公社党委书记、主任、宣传干部、大队支部书记、大队长等 300 余人参加的学习班。接着，各公社又举办了有大队干部、生产队长、组长及党员群众共 3220 多人参加的“补课”学习班。在此之后，生产责任制的推行迅速加快。“全区建立生产责任制的队，到三秋时上升为 299 个，达到总队数的 58.5%，计划 1980 年初，全区 511 个生产队都实行不同形式的生产责任制。”②

二、社会主义革命与建设经验、教训的讨论与宣传

中华人民共和国成立之后，以毛泽东为核心的中国共产党坚持马克思主义基本原理，并与中国社会实际相结合，开始了艰难的理论思考和实践探索历史进程，由于存在着一系列复杂的环境，在思考和探索过程中，在取得巨大理论成果和实践成就的同时，也出现了理论思考上的错误观点与实践探索过程中的行动失误。给后来的

---

① 欧远方：《农村改革的兴起》，中国文史出版社 1993 年版，第 24 页。

② 昆明市地方志编纂委员会编：《昆明市志》第 7 分册，人民出版社 2001 年版，第 251 页。

中国共产党人既留下了丰富的经验，也留下了深刻的教训，特别是“文化大革命”的严重错误，给党的事业造成了严重的损失，给一些党员干部和人民群众造成了利益伤害。要继续推进中国社会主义建设事业，就必须领导全体党员干部和广大人民群众总结经验，吸取教训，纠正错误。所以，在“文化大革命”结束之后，必然要推进拨乱反正的行动。拨乱反正不仅仅是上层的行动，也是通过上层行动与基层党员干部的互动，而共同发挥作用的过程，实际上要在全党和全国范围里进行一次马克思主义大众化的再教育的行动和过程。

（一）拨乱反正中的理论宣传教育

拨乱反正主要是从组织上进行的，具体表现为对一些错误案件进行平反昭雪。但每一次组织上的平反结果都通过宣传，为党员干部和人民群众所熟知，而这些案件都是组织甚至中央会议认定的，人民群众的印象非常深刻，对这些印象深刻的重大案件和涉及面很广的案件改正（如“右派”摘帽），都会引起党员干部和人民群众的思想触动，是一次深刻的实事求是思想路线教育，是一次马克思主义实践原则的宣传，在马克思主义大众化的推进中有着积极的作用。

首先是在对一些重要人物的平反、改正过程中，加强实事求是思想路线的宣传和教育，在一些认识上加以引导。如给刘少奇平反的过程，就是一次深刻而广泛的教育，也是对“文化大革命”错误的否定。因为刘少奇案件是“文化大革命”的核心内容，也曾经被称为“文化大革命”的“重要成果”，给刘少奇平反，实际上就是对“文化大革命”内容和结果的否定，也是对脱离马克思主义实事求是思想路线的教条主义的否定。刘少奇案人人皆知，对刘少奇冤案进行平反，当然也是人人皆知，这些皆知的人们，必然以此为起点进行思考，思考的过程就是接受和理解马克思主义思想路线的过程，也是接受马克思主义正确教育的过程。刘少奇的案件，牵涉到“文化大革命”的全局，为刘少奇平反，不能不考虑它的后果。“文化大革命”期间，对刘少奇的批判曾经进行得非常广泛，非常持久。很多人，特别是年轻人，对刘少奇的历史不了解，或不详细了解，对于有关“文化大革命”的种种事实也难以完全究明真相。在这种情况下，为刘少奇平反当然会引起一定的震动。[①] 从后来的历史过程和经验来看，这种震动就是一次思想上深刻的洗礼，就是马克思主义实事求是思想路线回归的必要性精神治疗。没有震动，就不可能真正认清“文化大革命”错误的思想本质和理论原因。

其次是在一些重要群体的平反、改正过程中加强理论宣传和思想引导。中华人民共和国成立以来，中国共产党知识分子的理论认识和实践政策，总体上来讲是符合马克思主义基本原则的，知识分子是工人阶级一部分的观点得到了实践和贯彻，但是在实践过程中，仍然存在认识不深刻和实践不彻底的缺陷，对待知识分子问题上的一些政策和行动脱离了马克思主义基本原则，对一些知识分子造成了伤害。从中华人民共和国成立开始，就在知识分子问题上出现了一些错案，如最早的“胡风反革命集团”案，后来出现了其他针对知识分子的错案。影响最为广泛的是1957年反右派运动，将一批党员干部和普通群众错划为“右派”，这些“右派”主要是知识分子。所以，拨乱反正中对“右派”的摘帽，主要涉及知识分子。而这些知识分子的摘帽，就是对这些知识分子的一次马克思主义实事求是思想路线的宣传，因为中国共产党真诚地给他们改正，实际

---

① 钟文等：《百年小平》下卷，中央文献出版社2004年版，第539页。

上就是承认自身的认识失误和行动偏差，这种姿态就是马克思主义有错就改、有错必纠的思想态度，得到了广大知识分子的理解。

（二）人物与事件评价中的历史经验宣传教育

要拨乱反正，纠正错误，就必须反思历史，总结经验，吸取教训。如何认识和评价中华人民共和国成立以来，中国共产党领导中国人民在社会主义革命和建设过程中取得的理论成果、实践成就，总结成功经验，反思失误的教训，就成为“文革”结束之后，特别是党的十一届三中全会启动改革开放之后，中国共产党面临的重要任务。一些党员干部和人民群众对历史的认识和评价存在很多想法和议论，社会思潮方面也是出现一些不正确倾向：主要表现为教条主义和虚无主义。以邓小平为代表的中国共产党人认为要对历史经验进行充分的讨论，并在评价人物和事件过程中，进行一次马克思主义中国化的历史教育，在教育的基础上消除认识分歧，达成思想共识。

第一，正确评价人物事件的动员。

党的十一届三中全会之前，中央开了36天的中央工作会议，时间之所以这样长，根本原因就是对相当复杂的历史问题进行了讨论，花费了大量时间。中央工作会议原本没有讨论历史经验和教训的议程，只是讨论农业和国民经济预算的问题。陈云首先打破了僵局，将讨论和总结历史经验和教训问题提到了会议日程。他在东北组关于历史重大事件问题的发言，引起了与会人员的热烈反响，成为其他小组甚至大会的主题转换原因。陈云在发言中说：“华主席说，对于那些在揭批‘四人帮’运动中遗留的问题，应由有关机关进行细致的工作，妥善解决。我认为这是很对的。但是，对有些遗留的问题，影响大或者涉及面很广的问题，是需要由中央考虑和作出决定的。对此，中央应该给以考虑和决定。”[1] 陈云一共列举了中华人民共和国成立以来党的历史上六个大的问题，引起了参会人员的共鸣，在某种意义就是对历史经验总结与讨论的正式开始，在此之前，一些关于中华人民共和国成立以来的历史过程和经验的言论，都只是一些个人和局部范围的表达，不是从党的组织平台和格局上的正式讨论。陈云的发言在中央工作会议上，作为会议简报印发给全体参会人员，产生了重要影响。中央工作会议，必须要面对这个问题，必须要把这个问题提出来，放在全体党员干部和人民群众的面前。这是不可回避的问题。

会议关于历史问题的讨论必须作一个结论，正是基于这种需要，邓小平在中央工作会议上作了《解放思想　实事求是　团结一致向前看》的总结发言。发言的主题成为党的十一届三中全会的主题思想。关于党的历史问题，邓小平在讲话中分为两个层面来处理。

首先是历史遗留的组织与案件问题。这是需要进行甄别清理和做出结论的，必须要加快进行。如陈云在发言中所提出的六大问题，在中央工作会议上，基本达成了一致的认识，需要在会后尽快通过组织程序迅速解决。邓小平对此有一大段的论述：

我们的原则是“有错必纠”。凡是过去搞错了的东西，统统应该改正。有的问题不能够一下子解决，要放到会后去继续解决。但是要尽快实事求是地解决，干脆利落地解决，不要拖泥带水。对过去遗留的问题，应当解决好。不解决不好，犯错误的同志不做自我批评不好，对他们不作适当的处理不好。但是，不可能也不应该要

① 中共中央文献研究室编：《三中全会以来重要文献选编》上，人民出版社 1982 年版，第 16 页。

求解决得十分完满。要大处着眼，可以粗一点，每个细节都弄清不可能，也不必要。[①]

邓小平的这段重要论述，奠定了后来一切关于党的历史问题讨论和总结的最基本原则和方法。那就是有错必纠，大处着眼，不纠缠细节，主要是把原则和是非问题弄清楚就行了，没有必要过分在具体细节上花费过多精力。这也是后来起草《关于建国以来党的若干历史问题的决议》的基本原则。这一原则得到了全党的高度赞同，并通过会议精神予以公布与传播，为全国人民所熟知和理解，也是马克思主义历史方法论的一次大众化传播与运用，从此之后，在思考和评价党的历史问题之时，党员干部和人民群众都会运用这一原则来进行对待与处理。

其次，邓小平提出了对待重要人物和重大理论问题评价的问题。中华人民共和国成立后的党的历史，决不能绕开毛泽东和毛泽东思想，而“文化大革命”的错误又与毛泽东有着联系，所以，如何正确评价和对待毛泽东思想，就成为当时的一个历史问题、思想问题甚至是政治问题。在中央工作会议之前，社会上就已经出现了不少的言论，中央工作会议上，也必然对此有所涉及，所以，中央工作会议结束和党的十一届三中全会开幕之际，中央必须对此重要问题有一个正面的回应与引导。邓小平是这样表述的：“最近国际国内都很关心我们对毛泽东同志和对文化大革命的评价问题。”[②] 既然国内外都很关心，那么中央是一个什么态度？邓小平分成两个方面也就是运用一分为二的辩证法来进行论述：

一方面，必须正面肯定毛泽东的历史地位和毛泽东思想的重大

① 《邓小平文选》第2卷，人民出版社1994年版，第147—148页。

② 《邓小平文选》第2卷，人民出版社1994年版，第149页。

意义："毛泽东同志在长期革命斗争中立下的伟大功勋是永远不可磨灭的。回想在一九二七年革命失败以后，如果没有毛泽东同志的卓越领导，中国革命有极大的可能到现在还没有胜利，那样，中国各族人民就还处在帝国主义、封建主义、官僚资本主义的反动统治之下，我们党就还在黑暗中苦斗。所以说没有毛主席就没有新中国，这丝毫不是什么夸张。毛泽东思想培育了我们整整一代人。"①另一方面，必须指出毛泽东晚年所犯的错误并将这种错误与毛泽东思想区分开来。邓小平说："当然，毛泽东同志不是没有缺点、错误的，要求一个革命领袖没有缺点、错误，那不是马克思主义。"②邓小平这里用到的方法十分科学而精准，将毛泽东的错误放在马克思主义认识论的高度来看待，将一个领袖的错误放在正常的框架下来认识，这样就将毛泽东从神化逻辑下抽离了出来，成为一个党的正常领袖人物，而任何正常领袖人物都可能会犯错误。这不值得奇怪，也没必要谈到毛泽东的错误就感到震惊。这是对全党进行了一次唯物史观教育，党的领袖不是神，而是人，既然是人，就有可能犯错误。

关于"文化大革命"的认识和评价问题，邓小平在讲话中也进行了正面回应：

关于文化大革命，也应该科学地历史地来看。毛泽东同志发动这样一次大革命，主要是从反修防修的要求出发的。至于在实际过程中发生的缺点、错误，适当的时候作为经验教训总结一下，这对统一全党的认识，是需要的。文化大革命已经成为我国社会主义历史发展中的一个阶段，总要总结，但是不必匆忙去做。要对这样一

① 《邓小平文选》第 2 卷，人民出版社 1994 年版，第 148 页。

② 《邓小平文选》第 2 卷，人民出版社 1994 年版，第 149 页。

个历史阶段做出科学的评价，需要做认真的研究工作，有些事要经过更长一点的时间才能充分理解和作出评价，那时再来说明这一段历史，可能会比我们今天说得更好。①

邓小平的这段论述有着十分深刻的唯物史观理论认识，也有着十分精准的历史辩证法。他从“文化大革命”爆发的根本原因确认了其性质。也就是包含着一定的必然性和必要性的意思，这也许代表了中国共产党对“文化大革命”最原始和最朴素的认识，后来，随着“文化大革命”错误的事实不断被披露，叙事框架与维度的不断变化，这种原始和朴素的认知逐渐发生了变化。然而，原始和朴素往往是最为真实或者是比较正确的，后来的叙事方式的变化必然导致评价方式与评价结论的变化。

中央工作会议实际上在一定程度上解决了党的十一届三中全会的关键与核心问题，正因为如此，党的十一届三中全会时间不长就结束了。党的十一届三中全会关于历史问题讨论和评价的叙述与结论，基本是中央工作会议精神的继续。全会公报指出：“会议认真地讨论了文化大革命中发生的一些重大政治事件，也讨论了文化大革命前遗留下来的某些历史问题。”② 至于如何对待历史问题，全会作出了这样的要求：“会议指出，解决历史遗留问题必须遵循毛泽东同志一贯倡导的实事求是、有错必纠的原则。只有坚决地平反假案，纠正错案，昭雪冤案，才能够巩固党和人民的团结，维护党和毛泽东同志的崇高威信。”③ 作为全会公报，这些原则性规定直接影

① 《邓小平文选》第 2 卷，人民出版社 1994 年版，第 149 页。

② 中共中央文献研究室编：《三中全会以来重要文献选编》上，人民出版社 1982 年版，第 9 页。

③ 中共中央文献研究室编：《三中全会以来重要文献选编》上，人民出版社 1982 年版，第 10 页。

响了后面的历史问题评价。

党的十一届三中全会关于历史问题讨论与评价的内容，在当时特定的历史条件与思想状态下，对党员干部和人民群众的思想认识有着极大的引导作用。党员干部和人民群众当时迫切需要有一种正确的声音来澄清一些流传的模糊认识，有些党员干部和人民群众苦闷彷徨。邓小平的重要讲话和全会公报，与当时的社会思想状态特别是党员干部和人民群众的心态实现了对接，解除了一些迷惑和彷徨，是一次深刻的马克思主义历史辩证法和认识论的教育，是一次马克思主义大众化的重要行动。

第二，人物与事物评价中的马克思主义历史方法论教育。

中央工作会议和党的十一届三中全会在初步讨论和解决了一些历史问题之后，认为有一些重大的理论和人物评价问题，可以先放一段时间，待进行深入的调查研究之后，再进行讨论和评价。然而，在贯彻党的十一届三中全会的过程中，存在着一定的思想阻力，主要还是来自思想僵化的问题，而思想僵化问题根本原因还是在于没有从极左倾向和教条主义束缚之下走出来。在这种情况下，就必须把历史问题的讨论和评价深入开展下去，在讨论的基础上达成共识之后，放下历史包袱，轻装上阵，面向未来，把力量凝聚到社会现代化建设事业上来。所以，中央决定加快推进历史问题的讨论，并扩大讨论的范围，通过讨论对党员干部和人民群众进行一次马克思主义历史方法论教育。

通过纪念活动，表达一些重大的理论观点和政治态度，是中国共产党推进马克思主义大众化的一种重要方式。1979 年是中华人民共和国成立 30 周年，三十而立，在 30 年之际全面回顾和总结中华人民共和国成立以来的历史过程，概括经验，指出教训，形式上十分恰当，内容也是十分必要的，所以，中央决定由当时的中央主要领导人叶剑英发表一篇讲话，并以讲话的起草和修改，在全党范围里开展一次深入而全面的讨论，在讲话发表之后，在全国范围里以学习讲话的形式，推动一次全民性的历史问题讨论，并通过讨论进行一次马克思主义大众化的理论教育。“稿子还发给中央机关、各省市自治区领导、中央委员、候补中央委员讨论，并且在各民主党派的负责人中间征求了意见。前前后后参加讨论的，大概有四千人。在讨论过程中提了很多问题，有很多很好的意见。”①

邓小平对讲话稿的修改非常重视，1979 年 9 月 4 日和 9 月 12 日，两次通过不同的方式提出修改意见。其基本思路和要求就是，坚持一分为二的马克思主义历史观，在充分肯定中华人民共和国成立以来中国共产党领导中国人民取得巨大成就的同时，指出出现的失误，总结正面经验，反思负面教训。并通过历史经验和教训，教育和引导党员干部与人民群众，坚持马克思主义实事求是的思想路线，发挥社会主义制度的优势性，改革工作中存在的问题和缺点，更好地推进社会主义现代化事业。他强调：“要讲我们有了正面经验，也有了反面经验。两方面的经验经过总结，教育了我们人民，教育了我们党，说明马列主义、毛泽东思想是我们前进的指南。”②邓小平对讲话的特别之处，就在于将历史问题的总结和讨论放在教育党员干部与人民群众的目的之上，而不是一般意义上的是非对错的争论的定型。这种特别的认识，说明了邓小平在对待历史问题上的战略认识与宽广格局。通过历史问题的讨论，通过历史经验的总结，通过历史教训的反思，对党员干部和人民群众进行了一次马克

---

① 《邓力群文集》第 1 卷，当代中国出版社 1998 年版，第 269—270 页。

② 中共中央文献研究室编：《邓小平思想年谱（1975—1997）》，中央文献出版社 1998 年版，第 130 页。

思主义大众化教育，从而提升党员干部与人民群众的马克思主义理论水平，达到思想团结与统一的目的，为已经开启的社会主义现代化与改革开放事业奠定坚实的思想基础。

党的十一届四中全会专门讨论了叶剑英即将在庆祝国庆30周年大会上的讲话稿，并在全会公报中以评价的形式对讲话内容进行了披露。这是中国共产党历史上比较少见的一项举动，充分说明中央对历史问题讨论与教育党员干部、人民群众的高度重视，公报指出："讲话稿在全会讨论前曾在党内广泛征求意见，并在各民主党派一部分负责人和一些无党派人士中征求了意见。这是一个对全党全军全国工作有长期指导意义的、非常重要的历史文献。它的发表，将极大地鼓舞和激励全党全军全国各族人民团结一致，向着社会主义现代化的宏伟目标奋勇前进。"①

叶剑英在庆祝中华人民共和国成立30周年大会上的讲话发表后，引起了社会的极大反响，是一次较好的马克思主义历史观教育，对于统一全党思想，凝聚全国人民共识，有着重要的促进作用："叶帅的讲话发表以后，党内党外、国内国外，反映都很好。有不少同志说，从'文化大革命'以来，可以说没有看过这样好的讲话。这个讲话，对于统一党内的认识，现在从各方面的反映来看，已经起了一个很好的作用。"②

讲话发表后，为了推动全党和全国的历史问题讨论与总结，中央决定在全国范围内开展一次学习宣讲活动，对叶剑英讲话的本质内涵和重要意义进行阐释。如时任军事学院院长的萧克将军邀请讲

① 中共中央文献研究室编：《三中全会以来重要文献选编》上，人民出版社1982年版，第205页。

② 程中原等：《1977—1982：实现转折，打开新路》，人民出版社2017年版，第451页。

话起草人邓力群到军事学院作报告，进一步宣传叶剑英“国庆讲话”的一些重要观点，扩大讲话的影响。全国各地也都举行了类似的宣讲活动，开展了一次广泛性群众教育活动，推进了马克思主义大众化工作。

（三）《关于建国以来党的若干历史问题的决议》的讨论与宣传

叶剑英的“国庆讲话”在党员干部和人民群众中的热议和共识，都只是一种开放性的内容，而没有上升到历史结论特别是党的组织规范定论的高度，其权威性和引导力仍然不够。于是，党内就出现了这样的呼声与要求：以党的文件形式，对中华人民共和国成立以来的一些重大历史问题进行组织结论式的总结与评价，最终在党的总结与评价上达成统一，从而真正达到总结历史，面向未来的目标，把精力从历史问题的思考与讨论中摆脱出来，集中于改革开放和社会主义现代化事业。邓力群在宣讲叶剑英“国庆讲话”时说道：“十二大对文化大革命，对建国三十年的历史，不能够说做很详细、很具体的规定，但是起码对一些主要问题，应该作出结论。”[①] 至此，起草关于中华人民共和国成立以来党的若干重大历史问题的决议就被提上了议事日程。如果说，中央工作会议和党的十一届三中全会是历史问题讨论与总结启动的话，叶剑英的“国庆讲话”则是这一工作的深入展开，而关于中华人民共和国成立以来党的若干历史问题的决议的起草和通过，则是这一重要工作的最后完成。这三个阶段的工作，都是一个开放的过程，参与的人很多，在

① 转引自程中原等：《1977—1982：实现转折，打开新路》，人民出版社 2017 年版，第 451 页。

全体党员干部和人民群众中的宣传也比较充分，随着三个阶段工作的推进，其参与度与宣传面一直在不断扩充，到了关于中华人民共和国成立以来党的若干历史问题的决议的起草和讨论过程，就成了一场十分广泛和深刻的马克思主义大众化教育行动。

第一，起草和讨论过程中的历史观教育。

起草工作所涉及的范围不是很大，但也有一定的规模，而且参与的都是一些重要理论部门专家和领导，他们经常通过他们的研究成果发表与宣传来对一些重要的理论问题进行阐释。因此，他们在《关于建国以来党的若干历史问题的决议》（以下简称《决议》）起草过程中的反复讨论，实际上是对他们自身进行一次马克思主义历史观的自我教育与提升，在自我教育的基础上，通过他们的研究成果的发表和宣传，对其所影响范围内的党员干部和人民群众是一次初步的马克思主义历史观教育。

《决议》起草的教育过程是十分明显的。这体现在《决议》起草组反复对重要历史问题特别重要人物及其思想进行研究，历史的叙事方式和评价标准在不断思考和研究中深化。其中邓小平在这方面所发挥的作用是十分重要的，可以说，《决议》起草阶段，就是邓小平对起草组成员和中央其他领导同志的一次马克思主义历史观教育，不断提升起草组成员的历史理论水平，甚至是历史叙事的技术与方法，邓小平都思考得非常具体和深入，可以说从根本上提升了起草组和中央其他领导同志关于历史问题认识与表达的政治站位。党内理论水平很高，号称党内“第一支笔”的胡乔木都感到起草《决议》的巨大压力和困难，起草组反复讨论撰写出来的初稿，达不到邓小平的要求，被邓小平基本否定：

决议草稿看了一遍。不行，要重新来。我们一开始就说，要确立毛泽东同志的历史地位，坚持和发展毛泽东思想，现在这个稿子没有很好体现原先的设想。一九五七年以前的几部分，事实差不多，叙述的方法、次序，特别是语调，要重新斟酌、修改。要说清楚关于社会主义革命和社会主义建设，毛泽东同志有哪些贡献。他的思想还在发展中。[①]

客观地说，当时的起草组，包括胡乔木在内，思想理论水平、叙事的能力，特别是历史逻辑与现实需要之间的有机结合的战略思维，都达不到邓小平的高度，因而也就写不出他所要求的草稿。所以邓小平否定得非常直接：不行，要重新来。这是因为稿子没有体现邓小平最初给起草组交代的基本原则，没有体现当初的设想。可以说，从起草到定稿，是邓小平一步一步地将起草组的思想理论水平和叙事表达能力提升到了与起草《决议》相适应的高度。所以，《决议》起草过程的马克思主义大众化就是邓小平这样一位毛泽东之后中国共产党最优秀的马克思主义者，对党的理论工作者和高级干部进行的一次深刻的马克思主义大众化教育。

这样的理论高度和能力要求，在党内确实没有人能够达到，起草组的主要负责人胡乔木感叹："这个稿子，我也说不上是第几次稿子了，一些主要的骨架，大概就像现在这个样子了，要作很大的变化，实在说我也变不出来了。经过大家交换意见，现在的写法跟原来的想法确实有了很多的变化。有许多问题，在党内也好，党外也好，争论是很尖锐的。"[②] 在这段感想中，胡乔木透露了两个方面的意思：一是他和起草组做了大量工作，付出了巨大努力，不知道撰写和修改了多少稿，自己都不记得了，可见工作量之大；二是在如此投入的情况下，仍然拿不出令人满意的稿子来，还需要推倒重

---

① 《邓小平文选》第 2 卷，人民出版社 1994 年版，第 297 页。

② 《胡乔木文集》第 2 卷，人民出版社 1999 年版，第 143 页。

来，可见工作的要求与标准有多高。连胡乔木这样的党内最优秀的理论家和文字高手，都感叹自己变不出来了。也就是说，胡乔木自己的起草达不到邓小平的思想高度。

然而，经过邓小平的反复指导和提升，胡乔木和起草组反复撰写和修改，最终还是拿出了一个基本满意，可以提交干部群众讨论并作进一步修改的初稿，这也说明在邓小平的不断教育引导下，起草组的马克思主义理论水平不断提升，最终达到了历史讨论和教育总结的基本目标。

第二，《决议》修改讨论中的历史观宣传。

《决议》起草过程中的马克思主义大众化应该还不是严格意义的，只是在起草组和部分领导同志中的马克思主义理论教育，真正意义上的马克思主义大众化是从《决议》初稿形成之后，在全党范围和部分党外人士中的较大规模讨论。

《决议》第一次在起草组之外进行讨论，是 1980 年的 9 月 10 日，《决议》以未定稿的标注，提交给当时正召开的各省、自治区、直辖市党委第一书记座谈会。为了让参与讨论者对《决议》有更深入的认识，胡乔木在会上还专门作了一个说明，介绍了这一基本指导思想和重点章节的内容理解。然而，未定稿和说明在座谈会上引起了激烈的争论，有些问题提得非常尖锐，这是胡乔木始料未及的。这些争论实际是各个讨论参与者对马克思主义历史观理解的角度问题，争论实际上有助于历史问题的认识。从这个意义上说，争论是一次马克思主义历史观的宣传。

在省、区、市党委第一书记座谈会之后，在邓小平的指导下，起草组又对《决议》未定稿进行了修改，并再次形成了未定稿。为了进一步在更大范围征求意见，并通过征求意见的讨论方式，进行一次更大范围的马克思主义历史观教育，让党员干部和人民群众更好地用马克思主义历史认识中华人民共和国成立以来的重大历史问题。1980年10月12日，中共中央办公厅发出《组织〈关于建国以来党的若干历史问题的决议〉（草稿）讨论的通知》。随通知发了《关于建国以来党的若干历史问题的决议（一九八〇年十月供党内高级干部讨论稿）》，要求在10月15日以前发到各省、自治区、直辖市。根据通知要求，这次讨论定在4000人的范围里。对一个重要的文件进行如此大规模的讨论，在中华人民共和国成立之后极其罕见，充分体现了邓小平和党中央对这一重要文件的高度重视，也是通过这次讨论进行了一次马克思主义历史观教育的战略考量，是马克思主义大众化历史上的一次重要行动。

讨论的气氛非常热烈，讨论的意见也是十分丰富，对《决议》稿的修改产生了极大的推动作用，更重要的是，如此大规模的讨论，对于提升全党马克思主义理论水平，特别是强化马克思主义历史观教育，发挥了重要的作用，是一次深刻而广泛的马克思主义大众化行动。讨论情况不断用简报、快报和手写的情况汇报，迅速、及时地反映到起草小组，反映到党中央。对重大问题则写成综合报告、意见汇集等，上报中共中央政治局。讨论期间，共发快报88期、简报938期，其中，中直机关221期，中央国家机关338期，军队系统307期，各省、自治区、直辖市74期。另有中共中央党校学员讨论情况的简报157期。4000人讨论之认真、热烈，从简报的数量和质量上也反映出来。①

第三，《决议》宣传中的马克思主义历史观教育。

党的十一届六中全会于1981年6月27日在北京开幕并举行全体会议，专门就《决议》进行表决，表决结果是一致通过。这标志

① 程中原等：《1977—1982：实现转折，打开新路》，人民出版社2017年版，第464页。

着中国共产党对中华人民共和国历史问题特别是党的经验与教训的认识在组织形式上做出了结论，在思想认识上达成了共识。自此之后，全党和全国开展广泛的《决议》教育活动，更多的党员干部和人民群众更加深入地了解《决议》的内容，从而形成了马克思主义大众化教育的一个重要环节。党的十一届六中全会公报指出了工作继续前进的方向。全会认为，《决议》的通过和发表，对于统一全党、全军、全国各族人民的思想认识，同心同德地为实现新的历史任务而奋斗，必将产生伟大的深远的影响。[1]

全会闭幕之后，中央决定在全党范围和全国各族群众中开展一次《决议》的宣传和教育活动。主要以两种方式：一是在传播媒体上发表一系列宣传和阐释《决议》的文章和著作，中央各大报刊和广播电视系统都组织和发表了一系列重要的文章，在《决议》的基础上，引导广大党员和人民群众正确认识历史问题，正确评价一些重要的历史人物，中央专门组织一批理论工作者和职能部门的领导，从各个角度来阐释和宣传《决议》的重要观点和叙述，形成《关于建国以来党的若干历史问题决议注释本》，由人民出版社于1983 年出版。这部注释本在宣传《决议》上发挥了重要的作用，深入浅出地对《决议》的一些重要论述和基本观点进行了具体而通俗的解释，是马克思主义大众化教育的重要而具体的体现。二是在各地举行宣讲活动，由一些理论专家，在中央层面的《决议》主要起草人，进行《决议》的会议宣讲工作，面对党员干部和人民群众进行马克思主义历史观教育，推动马克思主义大众化。例如，《决议》起草组负责人之一的邓力群，就亲自到河北省、中央党校等地区和

① 中共中央文献研究室编：《三中全会以来重要文献选编》下，中央文献出版社1982 年版，第 848 页。

部门，进行《决议》的宣讲活动，对党员干部进行深入的正确认识历史问题的教育和辅导，大大提高党员干部对一些重大历史问题的认识水平，推进了马克思主义大众化的深入。

三、中国特色社会主义理论的宣传教育

党的十一届三中全会之后，马克思主义理论与中国社会主义建设实际相结合，经过广大人民群众的实践运用和探索，取得了巨大的成就，经济建设和社会发展形成了中华人民共和国成立以来前所未有的良好局面。这是因为，中国共产党在解放思想实事求是的基础上，进行了大胆的理论创新，形成了一系列新的理论观点和实践方案，发展了马克思主义关于社会主义建设的观点和论述。这些创新理论观点和实践方案，被称为中国特色社会主义。这是全新的马克思主义。这种马克思主义必须让更多的党员干部和人民群众准确理解和积极运用，只有在准确理解中国特色社会主义的基础上，才能在中国特色社会主义理论观点与实践政策的指导下，取得社会主义建设的更大胜利。所以，中国共产党决定要在党员干部和人民群众中开展中国特色社会主义理论和实践教育。

（一）邓小平理论的学习和宣传

邓小平理论是中国特色社会主义理论的基础和框架，是在改革开放以后的长期实践中，在中国共产党领导中国人民艰苦曲折实践探索中形成的，是和平与发展时期的马克思主义，对中国社会主义建设取得巨大成就有着直接的指导意义。邓小平理论的宣传，是改革开放之后很长一段时间内，党的理论宣传和马克思主义理论教育

的主要内容，是改革开放之后马克思主义大众化的主体行动。

邓小平理论的宣传教育工作可以分为三个阶段，这三个阶段在推动马克思主义大众化方面有着不同的表现形式和重点内容。

第一阶段：邓小平理论学习和宣传的开启。

1978 年党的十一届三中全会之后，经过党的十一届六中全会，到党的十二大和党的十三大，初步形成了有中国特色的社会主义理论，这个理论的最主要代表就是邓小平，邓小平的一系列重要理论观点，就是这一时期有中国特色的社会主义的核心内容。所以，这一阶段的邓小平理论宣传普及教育，是以有中国特色的社会主义理论为旗帜和形式的，但实质内容表现为邓小平理论。

1983 年 7 月 1 日，由中央文献编辑委员会编辑的《邓小平文选（1975—1982）》由人民出版社出版。这部文献收入了 1975 年邓小平第二次复出，推动国民经济和社会发展整顿开始，到 1977 年第三次复出后至 1982 年的重要讲话、谈话和批示。在中央的号召下，全国兴起了购买和学习《邓小平文选（1975—1982）》的热潮，据不完全统计，《邓小平文选（1975—1982）》共销售 6000 多万册。

7 月 12 日，中央发出《关于全党学习〈邓小平文选〉的通知》。这是第一个号召全党学习有关邓小平重要著作的文件。这个通知是加强中国特色社会主义理论教育，推动改革开放时期马克思主义大众化的重要起点，说明了中央决定转变马克思主义大众化内容的重点，在继续加强马克思主义基本原理和毛泽东思想宣传教育的同时，将理论宣传和思想教育的重点内容转向中国特色社会主义。这是基于当下现实需要的战略性转变，标志着马克思主义大众化在中国进入了一个全新的历史阶段。该通知对学习和宣传邓小平重要文献的意义进行深刻论述，对学习和宣传的方法与路径进行安排，在论述学习和宣传的重要时是这样表述的：

认真学习《邓小平文选》，能够帮助我们进一步认识党的这个伟大转折时期的历史，认识十一届三中全会路线的由来和发展，认识十二大提出的建设有中国特色的社会主义正确道路的主要内容和主要保证，认识我们党在新的历史条件下坚持和发展毛泽东思想的新成果。[①]

显然，该通知将《邓小平文选（1975—1982）》的学习是放在历史与现实的结合维度上来强调的，将邓小平提出的建设有中国特色的社会主义理论作为毛泽东思想的历史延续和重要组成部分，同时又对建设有中国特色的社会主义理论的创新性和相对独立性进行了确认。这一维度的确认，符合当时人民群众的心态和党的现实工作的需要，有利于在《决议》基础上，进一步加强对历史问题的统一认识，更有利于在历史问题统一认识的基础上，立足现实与面向未来，将主要精力和中心工作集中在经济建设和社会发展的艰巨任务上来。

将邓小平建设有中国特色的社会主义理论的学习和宣传作为这一时期马克思主义理论教育和马克思主义大众化的重要内容确定之后，中央对如何深化和普及这一理论进行了认真部署，具体确认了学习的重点群体和一般对象，从而形成了重点和一般相结合的结构性关系。

学习《邓小平文选》，必须坚持理论联系实际的原则。参加学习的同志，特别是县团级以上的领导干部，要在认真读书、深刻领会其思想内容的基础上，联系自己的思想实际和工作实际，回顾自己这几年的经历（有些老同志还可以回顾中华人民共和国成立30

---

① 中共中央文献研究室科研管理部：《邓小平著作是怎样编辑出版的》，中央文献出版社2010年版，第450页。

多年来的经历），总结经验教训，克服各种错误认识，进一步提高执行党的十一届三中全会和十二大路线的自觉性，提高在政治上与中央保持一致的自觉性。特别要结合当前的形势和任务，着重学习和领会建设有中国特色的社会主义这一基本思想。①

学习的主体是党员干部特别是中高级干部，学习的主要方法就是联系自己的历史，结合自己的思想，落脚于当前的工作，突出中国共产党一贯倡导的理论联系实践的马克思主义学风。

1987 年党的十三大，标志着邓小平所开创的建设有中国特色的社会主义理论的基本形成，党的十三大之后的宣传学习活动，实际上就是对邓小平理论的宣传与学习，就是以邓小平建设有中国特色的社会主义理论为中心的马克思主义大众化。从中央到地方都掀起了全面学习党的十三大精神的热潮。中共中央宣传部于 1987 年 11 月发出通知要求，各地各部门要结合自身的实际，把党的十三大文件和精神学习和贯彻好。时任国务院总理的李鹏强调："当前，我们国务院系统各部门的中心工作是贯彻落实党的十三大精神，进一步解放思想，进一步解放生产力，推动改革的深化，加快现代化建设。"② 各地落实中央关于学习贯彻党的十三大精神要求，积极推进党的十三大精神的宣传教育工作。在山东，中共山东省委组织部、宣传部和省委党校联合发出通知，要求在全省范围内开展一次学习党的十三大精神的宣传教育活动，保证每个党员特别是党员干部都要接受一次以各种形式开展的培训，对一些群众也要尽量进行宣传的覆盖。广大干部分期分批参加了省、地（市）、县、乡（镇）党

① 中共中央文献研究室科研管理部：《邓小平著作是怎样编辑出版的》，中央文献出版社 2010 年版，第 450 页。

② 中共中央文献研究室编：《新时期党的建设文献选编》，人民出版社 1991 年版，第 375 页。

校举办的学习班、培训班；广大党员、群众也由各自的工作单位组织集中或分散的讨论、学习。①

第二阶段，邓小平理论学习和宣传的深入。

党的十三大之后，邓小平对建设有中国特色的社会主义的一系列重大问题进行深入思考，不断将马克思主义基本原理和中国社会主义建设的实践相结合，特别是在东欧剧变、苏联解体，社会主义阵营发生了剧烈振荡变化之后，邓小平更加系统深入地思考社会主义建设的核心问题，并对这些问题进行了深刻而创新的阐述，特别是在1992年春的南方谈话中，形成了完整系统的中国特色社会主义理论观点和实践路线。受到了全党的高度拥护和全国人民的积极响应。学习宣传邓小平建设有中国特色的社会主义理论的热潮在中国大地上迅速掀起，形成了一次马克思主义大众化的新高潮。1992年2月28日，中央以2号文件下发《中共中央关于传达学习邓小平同志重要谈话的通知》。对邓小平南方谈话内容进行了重点概括，并提出了在全党和全国开展学习宣传南方谈话精神的要求和部署。该通知强调："全党同志尤其是各级领导干部，要认真学习邓小平同志的重要谈话，全面深刻地领会谈话的精神实质，紧密结合实际，认真贯彻落实。"② 中共中央政治局于3月9—10日在北京召开全体会议，完全赞同邓小平同志的重要谈话，并认真讨论了中国改革和发展的若干重大问题。全会要求，全党同志特别是各级领导干部，要认真学习邓小平同志的重要谈话，认真学习邓小平同志关于建设有中国特色的社会主义的一系列重要论述，进一步提高全面贯彻执

---

①　常连霆主编：《中共山东编年史》第14卷，山东人民出版社2015年版，第454页。

②　中共中央纪律检查委员会法规室、中华人民共和国监察部法规司编：《中国共产党纪律检查工作现行条规汇编1989—1992》，中国方正出版社1994年版，第103页。

行党的基本路线的自觉性。[1] 对邓小平南方谈话的学习宣传，在党员干部和人民群众中激发了强烈反响，参与改革开放和社会主义建设的热情和动力被充分激发，解放思想、锐意改革的精神面貌在中华大地上处处呈现。

为了进一步扩大对邓小平建设有中国特色的社会主义理论的学习和宣传，进一步推动马克思主义大众化，中共中央决定将邓小平南方谈话的重要内容作为党的十四大的基本指导思想和重要主题，将党的十四大作为贯彻落实邓小平南方谈话精神的动员大会。1992 年 10 月，党的十四大隆重开幕，江泽民向大会作了《加快改革开放和现代化建设步伐，夺取有中国特色社会主义事业的更大胜利》的报告。该报告再次将邓小平南方谈话放在党代会层面上进行高度评价，高度肯定了南方谈话的宣传教育对党员干部和人民群众思想认识的作用和意义："邓小平同志今年初视察南方的重要谈话，极大地鼓舞了全党同志和全国各族人民。广大干部和群众思想更加解放，精神更加振奋，上下团结一致，到处热气腾腾，进一步展现出中华民族实现伟大理想的壮丽前景。"[2]

党的十四大报告第一次将有中国特色社会主义理论与邓小平的名字联系起来，标志着对邓小平理论的认识和理解发展到了一个重要的阶段，也预示着关于邓小平建设有中国特色社会主义理论的宣传教育进入一个新阶段。1993 年 10 月，中共中央文献编辑委员会编辑的《邓小平文选》第三卷正式出版，中共中央随即于 11 月 2 日发出《中共中央关于学习〈邓小平文选〉第三卷的决定》。这不

---

① 江流主编：《有中国特色社会主义大事典》，人民出版社 1994 年版，第 115 页。

② 中共中央文献研究室编：《十四大以来重要文献选编》上，人民出版社 1996 年版，第 2 页。

是一个通知，而是一个决定，其指导性和严肃性有了很大提升。该决定在充分论述了《邓小平文选》第三卷的核心内容和重大意义之后，对全党和全国的学习工作进行了正式部署和安排，该决定作出两项重要的安排：一是从中央到地方，以党校为平台，对全体党员干部进行分批集中轮训，并以此为契机，进一步推进马克思主义的理论教育和马克思主义大众化工作。要通过对干部学习《邓小平文选》第三卷的培训，“带动全党的理论学习，提高全党的马克思主义水平”[①]。二是要将第三卷的学习与高校思想政治理论课结合起来。这是邓小平建设有中国特色社会主义理论学习宣传常规化和建制化的重要标志，标志着邓小平建设有中国特色社会主义理论即将进入国民教育体系。“党校系统和高等学校的马克思主义理论教育，应根据中央决定的精神，加强和改进工作。”[②] 为了将邓小平的重要文献编辑成系列，更好地推进其理论和思想宣传学习，经中共中央批准，中央文献编辑委员会于 1994 年将《邓小平文选》第三卷之前的文献进行整理和编辑，并以《邓小平文选》第一、二卷的形式出版，由此邓小平的重要著作形成了三卷的完整系列，这就为宣传学习邓小平的思想和观点提供了完整和系统材料。1994 年 11 月 2 日，中共中央宣传部、中共中央组织部联合发出《关于学习〈邓小平文选〉第一、二卷的通知》，详细介绍了出版第一、二卷的背景和指导思想，强调了其重大的理论意义、政治意义和现实意义。

第三阶段，邓小平理论学习和宣传的普及。

1997 年 9 月 12 日召开的中国共产党第十五次全国代表大会，

---

① 中共中央文献研究室科研管理部：《邓小平著作是怎样编辑出版的》，中央文献出版社 2010 年版，第 453 页。

② 中共中央文献研究室科研管理部：《邓小平著作是怎样编辑出版的》，中央文献出版社 2010 年版，第 453 页。

对邓小平理论的概括与定位提升到前所未有的高度，开启了邓小平理论宣传学习的新高潮。江泽民在大会报告中，正式提出了邓小平理论的命名，这是党的十一届三中全会以来，中国特色社会主义理论形成第一个重大理论模块的重要标志。邓小平理论直接进入报告的题目《高举邓小平理论伟大旗帜，把建设有中国特色社会主义事业全面推向二十一世纪》，报告将高举邓小平理论伟大旗帜，把建设有中国特色社会主义事业全面推向二十一世纪作为大会的主题，大会报告的第二部分专门论述“邓小平理论的历史地位和指导意义”，将邓小平与毛泽东思想提到了同样高度来看待：马克思主义与中国实际相结合的过程中，马克思主义基本原理在指导中国革命和建设实践过程中，产生了两次飞跃，产生了两大理论成果，第一次飞跃的理论成果是毛泽东思想，第二次飞跃的理论成果是邓小平理论。“邓小平理论是当代中国的马克思主义，是马克思主义在中国发展的新阶段。”① 大会通过的《中国共产党章程（修正案）》，正式将邓小平理论写入党章，作为全党的指导思想：“这次修改，集中在一个重大问题上，即在党章中明确规定，把邓小平理论确立为党的指导思想。”②

1998 年 6 月 24 日，中共中央发出《关于在全党深入学习邓小平理论的通知》，根据党的十五大精神和要求，对全党范围里开展大规模的邓小平理论宣传和学习进行了具体部署，通知内容丰富，要求明晰，工作布置有力。这次通知的最大特征就是除了对党员干部进行集中培训学习的安排之外，还对学校教育中的邓小平理论学

① 中共中央文献研究室编：《十五大以来重要文献选编》上，人民出版社 2000 年版，第 10 页。

② 中共中央文献研究室编：《十五大以来重要文献选编》上，人民出版社 2000 年版，第 52 页。

习进行了具体的部署，第一次提出了党的创新理论“三进”的要求，要求教育行政部门迅速贯彻落实，推进邓小平理论进教材、进课堂、进学生头脑工作，以邓小平理论宣传学习为主体内容的马克思主义大众化兴起了一个新高潮。

教育部门要做好邓小平理论进教材、进课堂、进学生头脑的工作，加强教材编写工作和师资队伍建设。高等学校要开设专门课程，系统讲授邓小平理论。中等学校要把邓小平理论的基本观点贯穿到相关课程的教学中。[①]

1998年，中共中央宣传部和教育部联合发出《关于普通高等学校“两课”课程设置的规定及其实施工作的意见》，决定在高等学校实施思想政治理论课“98方案”。“根据‘98方案’，高等学校面向学生开设马克思主义理论课和思想品德课（简称‘两课’），前者包括马克思主义哲学原理、马克思主义政治经济学原理、毛泽东思想概论、邓小平理论概论、当代世界经济与政治（文科类开设）等课程，后者包括思想道德修养、法律基础、形势与政策等课程。”[②] 将邓小平理论作为思想政治理论课的一门课程单独开设。以课程的方式，将邓小平理论的宣传学习规范化和常态化，标志着邓小平理论的宣传教育进入了普及化的阶段。

（二）“三个代表”重要思想的学习和宣传

人类社会发展进入21世纪之后，中国特色社会主义事业和改革开放实践，特别是党的自身建设面临着新的问题，建设什么样的执

---

① 中共中央文献研究室科研管理部：《邓小平著作是怎样编辑出版的》，中央文献出版社2010年版，第466页。

② 冯刚主编：《改革开放以来高校思想政治教育发展史》，人民出版社2018年版，第89—90页。

政党，如何建设一个执政党，成为世界各国政党必须面对的一个共同问题，一些国家和地区的执政党没有把握和处理好执政党建设问题，结果造成了政亡人息的悲惨结局。正是站在这一历史和时代的高度上，江泽民对执政党建设问题进行了深入思考，结合中国特色社会主义事业和改革开放实践的深入推进，提出了“三个代表”重要思想，成为中国共产党理论创新的时代标志和阶段性成果。如何将这一最新的中国化马克思主义理论迅速宣传普及全体党员干部和广大人民群众之中去，就成为党的理论工作和马克思主义大众化在新世纪的首要任务。

“三个代表”重要思想的宣传大约分两个阶段，以党的十六大为界，第一阶段主要是理论上的阐释与解读，重点宣传对象是党员干部，第二阶段属于规范性普及阶段，主要对象是人民群众。

第一阶段，“三个代表”重要思想的宣传阐释。

“三个代表”重要思想的命题提出与内容完善在时间上存在一个差异，在提出命题并形成初步框架之后，其内容还在宣传教育中进一步阐发和充实。2000 年，江泽民在广东考察时的一系列讲话中，初步提出了“三个代表”的命题，但并没有对其内在含义做明确的展开性阐释。这一阶段又分为两个环节：第一个环节是江泽民 2000 年 2 月在广东考察期间，提出“三个代表”重要思想的概念和命题，由于这一重大命题的复杂性和深刻性，首次提出之时并没有完整而准确的内容，所以，当时的理论宣传也没有就此进行深入推广工作。第二个环节是同年 5 月，江泽民在江苏、浙江、上海考察工作，再次发表了关于“三个代表”重要思想的讲话。由于讲话对这一重大命题本身阐述有了深化，对重要意义的概括也进入了一个新高度，所以，开始引起理论和宣传部门的重视。鉴于“三个代表”重要思想的重大理论意义和现实指导性，江泽民在讲话中提出了在全党特别是在基层进行“三个代表”重要思想学习讨论的要求：“各级党委要按照中央的部署，全面抓好党的建设的各项工作，特别要把‘三个代表’的要求贯彻落实到党的基层组织建设的各项工作中去。”[①] 自此之后，全党范围里对“三个代表”重要思想的宣传教育工作进入了一个启动阶段。

2001 年 7 月 1 日是中国共产党成立 80 周年纪念日，中共中央在北京召开隆重的庆祝大会，江泽民在大会上发表了讲话，核心和主体内容是论述“三个代表”重要思想，第二部分的标题是“正确认识和全面贯彻‘三个代表’要求”，第三部分的标题是“按照‘三个代表’要求加强和改进党的建设”。这一讲话，将“三个代表”重要思想在党的指导思想和理论原则层面上提了出来，既然是党的指导思想和理论原则，就必须加强宣传和教育，使党员干部和人民群众对其核心要义有准确的理解和全面贯彻落实。江泽民在讲话中要求：“全党同志一定要坚持把全面落实‘三个代表’要求，统一于党的建设的各个方面，统一于党领导人民进行改革开放和社会主义现代化建设的全过程。”[②]

江泽民“七一”重要讲话发表后，在中共中央的部署下，全党和全国迅速掀起了学习“七一”重要讲话特别是学习“三个代表”重要思想的热潮。7 月 3 日，中共中央宣传部发出通知强调：“认真学习和深刻领会讲话的基本精神，对于教育全党、全国各族人民牢记我党半个多世纪以来英勇奋斗、开辟中国历史新纪元的光辉业绩，进一步继承和发扬党的优良传统，充分认识党所肩负的历史重

---

① 中共中央文献研究室编：《十五大以来重要文献选编》中，人民出版社 2000 年版，第 1231 页。

② 中共中央文献研究室编：《十五大以来重要文献选编》中，人民出版社 2000 年版，第 1911 页。

任，坚定不移地建设有中国特色的社会主义，具有极为重要的意义。”①

2001 年 7 月 26 日，教育部下发《关于普通高等学校“两课”教育教学中贯彻江泽民同志“七一”重要讲话精神的通知》，要求将“三个代表”重要思想作为高校思想政治理论课教学的重要内容。与此同时，教育部将“邓小平理论概论”课调整为“邓小平理论和‘三个代表’重要思想概论”课，“三个代表”重要思想以课程内容的形式进入宣传教育的建制化框架。

广东省委按照中央的要求，迅速组织和开展江泽民“七一”重要讲话的学习和宣传工作，省委办公厅发出《关于认真做好学习江泽民“七一”重要讲话宣讲工作的通知》。从 2001 年 9 月 6 日开始，宣讲团分赴全省 18 个地级市以及中山大学、华南理工大学，向广大党员干部和师生宣讲江泽民总书记“七一”重要讲话。宣讲活动历时近半个月，直接听众 4 万多人。阳江、惠州、茂名等市还组织市委宣讲团，分赴县区宣讲。②

第二阶段，“三个代表”重要思想学习与普及。

所谓规范性确认，就是经过党内程序和国家法律程序，对“三个代表”重要思想的地位和作用进行党内法规和国家法律上的规定。2002 年 11 月 8—14 日，中国共产党第十六次全国代表大会在北京召开，大会的重要主题和任务就是学习贯彻“三个代表”重要思想，为实现建设小康社会的目标而努力奋斗。大会的主题是：高举邓小平理论伟大旗帜，全面贯彻“三个代表”重要思想，继往开

---

① 钟碧惠主编：《中国振兴之路改革开放纪事》第 2 册，中共中央党校出版社 1999 年版，第 493 页。

② 黄华华主编：《年轮——广东年鉴 1987—2006 年精选本》增刊，广东年鉴社 2006 年版，第 324 页。

来，与时俱进，全面建设小康社会，加快推进社会主义现代化，为开创中国特色社会主义事业新局面而奋斗。[①] 大会通过了党章修正案，一致同意将“三个代表”重要思想作为全党指导思想之一写入党章：“大会一致同意在党章中明确规定，中国共产党以马克思列宁主义、毛泽东思想、邓小平理论和‘三个代表’重要思想作为自己的行动指南，‘三个代表’重要思想是党必须长期坚持的指导思想。”[②]

既然作为党的指导思想并且载入了党章，那就必须对这一重要的思想理论进行广泛宣传，动员和引导党员干部和人民群众深入学习。为了推动这一工作，中共中央发出了《关于在全党兴起学习贯彻“三个代表”重要思想新高潮的通知》，要求在全党全国“兴起学习贯彻‘三个代表’重要思想新高潮，要把‘三个代表’重要思想作为统领和指导各项工作的根本指针”。为了让“三个代表”重要思想更好地指导人民群众的中国特色社会主义实践，用法律形式确认其在国家政治生活中的重要地位，2004 年 3 月，第十届全国人民代表大会第二次会议通过《中华人民共和国宪法修正案》，确立“三个代表”重要思想在国家政治和社会生活的指导地位：“宪法序言第七自然段中‘在马克思列宁主义、毛泽东思想、邓小平理论指引下’”修改为“在马克思列宁主义、毛泽东思想、邓小平理论和‘三个代表’重要思想指引下”。[③] 党章和宪法的双重地位确认，标

① 中共中央文献研究室编：《十六大以来重要文献选编》上，人民出版社 2005 年版，第 1 页。

② 中共中央文献研究室编：《十六大以来重要文献选编》上，人民出版社 2005 年版，第 46 页。

③ 中共中央文献研究室编：《十六大以来重要文献选编》上，人民出版社 2005 年版，第 889 页。

志着“三个代表”重要思想的宣传教育进入规范性普及阶段。

全党和全国按照中央的要求，迅速掀起了学习和宣传“三个代表”重要思想的高潮。为了更好地宣传和实践“三个代表”重要思想，经中共中央批准，由中共中央文献编辑委员会编辑出版《江泽民文选》。《江泽民文选》共三卷，全面反映了“三个代表”重要思想的形成与发展过程，是理解和把握“三个代表”重要思想的重要文献依据。2006年8月13日，中共中央发出《中共中央关于学习〈江泽民文选〉的决定》，指出：“党的十六大以来，党中央相继部署在全党兴起学习贯彻‘三个代表’重要思想新高潮、开展以实践‘三个代表’重要思想为主要内容的保持共产党员先进性教育活动，把学习贯彻‘三个代表’重要思想不断引向深入。党中央还作出了编辑出版《江泽民文选》的重大决定。现在，《江泽民文选》已经出版发行。这是党和国家政治生活中的一件大事。”①

中共中央于2006年8月15日举行学习《江泽民文选》报告会，时任中共中央总书记胡锦涛出席并发表重要讲话，他对做好“三个代表”重要思想宣传教育提出了具体要求：“我们要继续坚定不移地加强用邓小平理论和‘三个代表’重要思想武装全党、教育人民的工作。”②

《江泽民文选》的出版和学习将“三个代表”重要思想宣传教育推进到一个新的阶段，各地各部门将学习《江泽民文选》作为深入理解和准确实践“三个代表”重要思想的重要教材。2006年8月15日，中共崇明县政协党组发出《关于认真学习〈江泽民文选〉的通知》。要求全体政协委员充分认识学习《江泽民文选》的重大

① 《中共中央关于学习〈江泽民文选〉的决定》，人民出版社2006年版，第1页。

② 《中共中央关于学习〈江泽民文选〉的决定》，人民出版社2006年版，第11页。

意义，发扬理论联系实际的学风，认真学习《江泽民文选》，深刻领会《江泽民文选》的精神实质，不断增强学习和践行“三个代表”重要思想的坚定性和自觉性，要以“三个代表”重要思想为指导，不断开创崇明政协工作的新局面，为构建和谐崇明、建设社会主义新农村和现代化生态岛区作出新的贡献。[①]

（三）科学发展观的学习和宣传

党的十六大以后，中国特色社会主义事业和改革开放进入了新的历史时期，在经济总量不断扩大，社会快速发展的良好形势下，一些发展中的新问题甚至深层次问题开始暴露出来。发展方式的严峻问题摆在中国共产党面前，2003 年暴发“非典”疫情成为这些问题暴露的重要表征。这些问题当然引起中国共产党决策层的深入思考。2003 年“非典”期间，胡锦涛在广东考察工作，第一次提出了科学发展观。他说：“要坚持全面的发展观，通过促进三个文明协调发展不断增创新优势。党的十六大确立的全面建设小康社会的目标，是中国特色社会主义经济、政治、文化全面发展的目标。”[②] 这段论述可以说是科学发展观的萌芽，以全面发展和协调发展为基本理念。由于这是一个重要的理论和实践问题，迅速得到全党的重视，科学发展观得到不断地完善和深化。从 2003 年胡锦涛提出科学发展观开始到 2012 年党的十八大，科学发展观不断在实践中丰富和完善，同时，科学发展观也不断在党员干部和人民群众中宣传教育。科学发展观宣传教育成为这一时期马克思主义大众化的最主要

① 陈汉刚主编：《崇明县政协志（1956—2012）》，方志出版社 2016 年版，第 576 页。

② 《胡锦涛文选》第 2 卷，人民出版社 2016 年版，第 43 页。

内容。科学发展观宣传教育进程大约分为两个阶段：

第一阶段，科学发展观的内容阐释和理论宣传。

2003 年春，胡锦涛在广东考察工作时关于全面和协调发展的讲话，这一理论在经济社会发展中极端重要，立即引起了党员干部和人民群众强烈反响。迅速兴起了学习和实践的热潮，科学发展观本身也在不断阐释和充实中丰富。2003 年 11 月，党的十六届三中全会在北京召开，这是从党的中央全会层面对科学发展观这一重要的创新理论的内容概括与意义确认。科学发展观的核心要义得到了全党的高度认同，并决定向全体党员干部和人民群众进行宣传，全会公报指出："坚持统筹兼顾，坚持以人为本，树立全面、协调、可持续的发展观，促进经济社会和人的全面发展，强调按照统筹城乡发展、统筹区域发展、统筹经济社会发展、统筹人与自然和谐发展、统筹国内发展和对外开放的要求，更大程度地发挥市场在资源配置中的基础性作用，为全面建设小康社会提供强有力的体制保障。"①

2004 年 6 月 2 日，胡锦涛在中国科学院第十二次院士大会、中国工程院第七次院士大会上发表讲话，号召在全社会大力宣传和普及科学发展观，使科学发展观深入人心，是树立和落实科学发展观的基础性工作。只有全体人民和社会方方面面都了解科学发展观、掌握科学发展观、实践科学发展观，科学发展观才能成为全社会的自觉行动，才能真正贯彻到经济社会发展和社会生活的各个领域、各个环节。②

---

① 《中国共产党第十六届中央委员会第三次全体会议公报》，《人民日报》2003 年 10 月 15 日。

② 胡锦涛：《在中国科学院第十二次院士大会、中国工程院第七次院士大会上的讲话》，人民出版社 2004 年版，第 8 页。

中央关于学习科学发展观的号召得到全国各地的热烈响应。抚顺市委宣传部认真抓好县（处）级以上领导干部的学习各级党委中心组，多次举办学习科学发展观的报告会和研讨会，对引领和推动全市科学发展观宣传教育活动发挥积极作用，在理论学习中的示范和带动作用得到增强。以本市高校为重要阵地，深入推进科学发展观“三进”工作，强化了大学生思想政治教育。精心组织面向基层的理论宣讲，成立市委宣讲团，构建市、县（区）、乡（街道）三级宣讲网络进一步健全，深入基层，全年共宣讲1600余场，直接听众达20万人次。确定了33个社会科学研究课题，形成了一批有价值的研究成果。① 在河南林州市，建立了宣传学习科学发展观的广播电视传播网络，根据实际情况，通过有线广播电视进行科学发展观主要内容和重大意义的宣传，特别是结合林州地区人与自然生态的有机结合，有效利用水资源，提高人与自然之间的和谐水平。科学发展观的宣传内容通俗易懂，形式多样生动，科学发展观的宣传教育对于推动林州经济建设和社会发展发挥思想引领和理论指导作用。②

第二阶段，科学发展观系统宣传和全面学习。

2007年10月，中国共产党第十七次全国代表大会在北京开幕，胡锦涛向大会作报告，报告对大会的主题确认中，第一次将科学发展观作为全党的指导思想确认下来。

大会的主题是：高举中国特色社会主义伟大旗帜，以邓小平理论和“三个代表”重要思想为指导，深入贯彻落实科学发展观，继续解放思想，坚持改革开放，推动科学发展，促进社会和谐，为夺

① 抚顺县人民政府编：《抚顺县年鉴·2007》，辽宁民族出版社2007年版，第94页。

② 管文魁主编：《林州年鉴·2007》，林州年鉴编纂委员会2008年版，第223页。

取全面建设小康社会新胜利而奋斗。[1]

大会将科学发展观作为中国特色社会主义理论的重要组成部分，与邓小平理论、“三个代表”重要思想并列，意味着中国共产党在新历史发展阶段的理论创新形成了新的理论概括和思想成果，是马克思主义中国化的重要阶段。为了将这一重要的理论成果和党的指导思想宣传贯彻到全体党员干部和人民群众之中去，必须推进以科学发展观宣传教育为中心的马克思主义大众化工作。为此党的十六大在党章修正案中，正式将科学发展观写入党章之中，科学发展观的历史地位在党的最高规范性文件中得到了确认。党的十七大通过的党章修正案指出：

科学发展观是对党的三代中央领导集体关于发展的重要思想的继承和发展，是马克思主义关于发展的世界观和方法论的集中体现，是同马克思列宁主义、毛泽东思想、邓小平理论和“三个代表”重要思想既一脉相承又与时俱进的科学理论，是我国经济社会发展的重要指导方针，是发展中国特色社会主义必须坚持和贯彻的重大战略思想。[2]

为了贯彻党的十七大精神，加强以科学发展观宣传教育为主体内容的马克思主义大众化进程，中共中央于2008年9月14日发出《中共中央关于在全党开展深入学习实践科学发展观活动的意见》，决定在全党范围开展一次以科学发展观为主要内容的学习和实践活动，并对活动提出了具体要求和安排。“根据党的十七大部署，中央决定，从二〇〇八年九月开始，用一年半左右时间，在全党分批

① 中共中央文献研究室编：《十七大以来重要文献选编》上，中央文献出版社2009年版，第1页。

② 中共中央文献研究室编：《十七大以来重要文献选编》上，中央文献出版社2009年版，第44页。

开展深入学习实践科学发展观活动。”①

中共中央宣传部组织编写了《科学发展观学习读本》，中共中央组织部、中共中央宣传部联合发出《关于认真组织学习〈科学发展观学习读本〉的通知》，要求各级党组织在科学发展学习实践活动中，以读本为主要教材，准确地理解和宣传科学发展的内容和意义。“《读本》以党的十七大精神为指导，全面准确地阐述了科学发展观的历史地位、时代背景、科学内涵、精神实质、根本要求，是广大党员、干部深入学习领会科学发展观的重要辅助材料。”②

作为马克思主义大众化重要渠道和平台的学校思想政治理论教育，特别是高校思想政治理论教育课程，在科学发展观宣传教育中发挥了重要作用。高校思想政治理论课对教材体系进行了重构，确保科学发展观进入到高校思想政治理论课的所有教材之中。“科学发展观进教材，首先是现有中宣部、教育部联合组织编写的‘马克思主义理论研究和建设工程重点教材’中的《马克思主义基本原理概论》（简称‘原理’）、《毛泽东思想和中国特色社会主义理论体系概论》（简称‘概论’）、《中国近现代史纲要》（简称‘纲要’）、《思想道德修养与法律基础》（简称‘基础’）等四门思想政治理论课的教材分别渗透科学发展观的内容。”③

一场深刻的以科学发展观学习实践为主要内容的马克思主义大众化行动在中华大地蓬勃兴起。在云南德宏州，德宏民语文化传播中心按照德宏州委科学发展观宣传教育的要求，充分发挥自身优

① 《中共中央关于在全党开展深入学习实践科学发展观活动的意见》，人民出版社2008年版，第1页。

② 中共中央文献研究室编：《中国特色社会主义理论体系形成与发展大事记》，中央文献出版社2008年版，第463页。

③ 黄蓉生：《大学生思想政治教育若干论题研究》，人民出版社2016年版，第716页。

势，以民族群众喜闻乐见的方式，通过深入浅出的持续宣传切实把科学发展观的精神实质内涵和要求传达给各族干部群众。一是将央视《新闻联播》《云南新闻联播》有关科学发展观活动的内容翻译成为少数民族语言，共译制播出 150 余条。二是先后拍摄和播放“深入学习科学发展观”“科学发展在德宏”“科学发展·时代先锋”宣传专栏节目，集中相关专题宣传，共播出与科学发展观宣传教育相关新闻近 500 条。[①] 在北京市昌平区流村镇，镇党委精心组织，认真部署，严格按照中央的要求，扎实推进科学发展观学习实践活动。2009 年 7 月 29 日召开科学发展观学习实践活动中期分析会，“镇党委书记赵宝东对全镇科学发展观学习实践活动分析检查阶段工作进行了总结，对整改落实阶段工作进行动员部署”[②]。

在党员干部和人民群众学习科学发展观的实践中，科学发展观在党的指导思想和国家政治生活中的地位需要规范和确认下来。为适应这种要求，党的十七大对党章进行了修改，正式将科学发展观确立为全党指导思想。党的十七大通过的《中国共产党第十七次全国代表大会关于〈中国共产党章程（修正案）〉的决议》写道：“大会一致同意将科学发展观写入党章。大会要求全党同志全面把握科学发展观的科学内涵和精神实质，增强贯彻落实科学发展观的自觉性和坚定性。”[③]

---

① 德宏州史志办公室编：《德宏年鉴·2010》，德宏民族出版社 2010 年版，第 226 页。

② 张涛等：《流村镇志》，人民出版社 2011 年版，第 405 页。

③ 张晓燕等编：《新党章读本》，人民出版社 2007 年版，第 151 页。

第六章

中国特色社会主义新时代的马克思主义大众化

党的十八大以后，中国特色社会主义进入新时代，中国经济建设、社会发展出现了新特征，社会主要矛盾和社会意识形态都发生了深刻的变化，国际环境与世界格局也处在前所未有的大变局之中。社会思潮十分复杂，要用马克思主义基本原理引领党员干部和人民群众观察和思考新时代的新问题，在中国特色社会主义道路开展伟大的新实践，就必须加强马克思主义大众化，必须加强对党员干部和人民群众的马克思主义理论教育，特别是要用党的创新理论即中国化马克思主义、21 世纪马克思主义武装党员干部和人民群众的思想。因此，加强以党的创新理论特别是习近平新时代中国特色社会主义思想的宣传和实践，就成为新时代马克思主义大众化的核心内容与主体工作。

一、马克思主义大众化的新时代开启

从思想上建党是中国共产党的传统优势，也是中国共产党凝聚共识，领导和团结人民攻坚克难的制胜法宝。中国特色社会主义进入新时代之后，在经济建设与社会发展任务十分艰巨，风险和困难有可能增加的形势下，必须以高度统一的思想来应对复杂形势，始终保持工作的主动性。用马克思主义世界观和方法论，用党的创新理论武装头脑，统一思想就显得十分必要。也正是有了这种必要，以习近平同志为核心的党中央，对马克思主义大众化工作予以前所未有的高度重视，开启了马克思主义大众化的新时代。

（一）重视马克思主义大众化的新高度

在学习贯彻党的十八大精神的过程中，新一届中央领导集体就表现出了对马克思主义理论和习近平新时代中国特色社会主义思想宣传教育的高度重视，注重从思想理论加强党的建设的优良传统开始回归。

作为思想前提和精神支柱的马克思主义世界观和方法论，中国特色社会主义的理论原则和实践要求，决定了中国共产党能否带领人民群众进行改革开放这一伟大事业。在革命、建设和改革开放的历史进程中，我们有着丰富的经验，也存在一些深刻的教训，什么时候坚持马克思主义，用中国化的马克思主义理论武装全党、教育人民，什么时候中国的革命、建设和改革开放的伟大事业就能够乘风破浪，在曲折中取得胜利，反之离开马克思主义、离开中国化马克思主义，向机会主义和教条主义的方向偏离，中国的革命、建设和改革开放事业就会出现挫折甚至失误。无论是世界社会主义发展的历史，还是中国社会主义事业的进程都雄辩地证明了这一客观真理。党的十八大之后，以习近平同志为核心的党中央在这一问题上认识是十分清醒的，在行动上也是十分自觉的。在党的十八大闭幕后不久，新一届中央政治局举行集体学习，习近平总书记在学习会上发表讲话，对马克思主义基本理论和中国特色社会主义理论的宣传教育表示高度重视：

中国特色社会主义理论体系，是马克思主义中国化最新成果，包括邓小平理论、“三个代表”重要思想、科学发展观，同马克思列宁主义、毛泽东思想是坚持、发展和继承、创新的关系。马克思列宁主义、毛泽东思想一定不能丢，丢了就丧失根本。……在当代中国，坚持中国特色社会主义理论体系，就是真正坚持马克思主义。①

习近平总书记在讲话中特别强调要坚持群众路线，特别要用科学的理论教育群众、引导群众，只有这样，才能在思想认识的深度和理论自觉的高度上团结群众和服务群众。他说：

我们要适应新形势下群众工作的新特点新要求，深入做好组织群众、宣传群众、教育群众、服务群众工作，虚心向群众学习，诚心接受群众监督，始终植根人民、造福人民，始终保持党同人民群众的血肉联系，始终与人民心连心、同呼吸、共命运。②

这就确立和规划了新时代对广大群众进行马克思主义理论和中国特色社会主义思想宣传教育的基本原则，那就是以团结和服务群

---

① 中共中央文献研究室编：《十八大以来重要文献选编》上，中央文献出版社 2014 年版，第 75 页。

② 中共中央文献研究室编：《十八大以来重要文献选编》上，中央文献出版社 2014 年版，第 81 页。

众为目标，在理论上教育群众、在思想上引导群众。这就是群众路线辩证法，既要团结和服务群众，又要引领和组织，不能做群众的尾巴，要用科学和先进的理论教育与武装群众。

这次重要讲话，是以习近平同志为核心的党中央，特别是习近平作为党的总书记的第一次理论表态和思想呈现，其清醒的认识、坚定的立场和科学的态度，掷地有声的话语，令人为之精神一振。特别是将马克思主义列宁主义、毛泽东思想这个根本指导思想提高到应有的高度，又理清了其同中国特色社会主义理论之间的继承和发展关系：一定不能丢，丢了就丧失根本，可以说是在理论和思想上振聋发聩，醍醐灌顶。是对改革开放以来马克思主义大众化经验和教训的深刻总结，是中国特色社会主义新时代马克思主义理论和中国特色社会主义思想宣传教育的开篇宣言，是中国特色社会主义新时代马克思主义大众化新进程历史开启的标志。

2013 年 1 月，为了进一步深入学习和贯彻党的十八大精神，中央举办了学习贯彻党的十八大精神高级干部研讨班，习近平总书记在开班式上发表了《关于坚持和发展中国特色社会主义的几个问题》的讲话。这篇重要讲话是习近平总书记在十八届中央政治局首次学习会讲话的逻辑深化和理论展开，就一系列重大的理论问题澄清了认识，表明了态度。在谈到马克思主义理论教育和思想政治工作时，习近平总书记以高度的政治站位和广阔的时代格局强调：

要教育引导广大党员、干部把践行中国特色社会主义共同理想和坚定共产主义远大理想统一起来，做到虔诚而执着、至信而深厚。有了坚定的理想信念，站位就高了，眼界就宽了，心胸就开阔了，就能坚持正确政治方向，在胜利和顺境时不骄傲不急躁，在困难和逆境时不消沉不动摇，经受住各种风险和困难考验，自觉抵御各种腐朽思想的侵蚀，永葆共产党人政治本色。[①]

思想的动摇、理论上的迷失是一切问题的根源，一些党员干部出现贪污腐败行为，社会上出现不正之风，最根本的原因还是在于思想的动摇和理论上的迷失，对人生观和世界观产生了误解和模糊。“我们一些同志之所以理想渺茫、信仰动摇，根本的就是历史唯物主义观点不牢固。”[②] 要解决这些问题，从根本上还是加强马克思主义历史唯物主义教育，坚持共产主义远大理想和中国特色社会主义共同理想教育，有了马克思主义世界观和方法论，有了共产主义远大理想，有了中国特色社会主义共同理想，其精神境界就会提高，其思想情怀就会开阔，就会在前进道路上做到顺利时不骄傲自满，逆境中不消极气馁。这样的人格、这样的品性，就一定能够在工作、学习和生活上一往无敌，乘风破浪。

（二）推进马克思主义大众化的新举措

马克思主义大众化面临的新时代环境和条件，必然要求从体制机制和具体行动上设计和实施新举措，从而有针对性和有实效地推进马克思主义大众化。

第一，以党的主题和专题教育为载体，推进对党员干部的马克思主义大众化。

党的十八大之后，特别是党的十九大之后，中央对马克思主义大众化教育对象的针对性区分有了更准确的把握，将马克思主义大

① 中共中央文献研究室编：《十八大以来重要文献选编》上，中央文献出版社 2014 年版，第 116—117 页。

② 中共中央文献研究室编：《十八大以来重要文献选编》上，中央文献出版社 2014 年版，第 116 页。

众化的重点放在党员干部特别是中高级干部上，力图通过党员干部的马克思主义理论和中国特色社会主义思想的学习与实践，带动人民群众的思想理论教育与学习宣传，更有效推进新时代马克思主义大众化，只有党员干部特别是中高级干部的马克思主义理论水平提升了，才会对普通党员和人民群众的马克思主义理论教育发挥引领与示范作用。党的十八大之后，在马克思主义大众化推进的具体行动上，聚焦重点对象进一步明确，行动方式更加具体，党员干部特别是中高级干部的马克思主义理论和中国特色社会主义思想教育的最常见方式就是主题教育和专题教育。中国特色社会主义新时代的两次全国党代会上，都提出了进行不同内容和不同形式的党员干部主题或专题教育的安排。党的十八大报告提出，围绕保持党的先进性和纯洁性，在全党深入开展以为民务实清廉为主要内容的党的群众路线教育实践活动。根据这一部署，2013 年下半年开始，这场专题性教育实践活动正式拉开了序幕，2013 年 6 月 18 日，中共中央召开群众路线教育实践活动工作会议，习近平总书记在会上发表讲话强调："围绕保持党的先进性和纯洁性，在全党深入开展以为民务实清廉为主要内容的党的群众路线教育实践活动，是党的十八大作出的一项重大部署。"①

早在动员会议之前，中共中央就于 5 月 13 日发出了《中共中央关于在全党深入开展党的群众路线教育实践活动的意见》。该意见对活动的指导思想做了明确表述："高举中国特色社会主义伟大旗帜，坚持以马克思列宁主义、毛泽东思想、邓小平理论、'三个代表'重要思想、科学发展观为指导，紧紧围绕保持党的先进性和

① 中共中央文献研究室编：《十八大以来重要文献选编》上，中央文献出版社 2014 年版，第 307 页。

纯洁性，以为民务实清廉为主要内容，以县处级以上领导机关、领导班子和领导干部为重点，切实加强全体党员马克思主义群众观点和党的群众路线教育。”①

中央关于在党员干部中推进群众路线教育实践活动有深刻的理论含义和实践指向。从上列表述中就可以洞见在马克思主义大众化维度上的双重意蕴：一是对党员干部进行群众路线教育实践活动本身就是马克思主义大众化的应有之义，群众路线是马克思历史唯物主义的实践表达，是马克思主义政党的政治品格与思想底色，加强对党员干部的理论教育，首先就是唯物史观教育，而唯物史观的思想表现和实践特征就是群众路线，所以党的十八大之后，最先开启的马克思主义大众化工作就是党员干部群众路线教育和实践活动。二是对党员干部进行群众路线教育有着更为深刻和长远的马克思主义大众化战略考量。因为群众路线的实践对象就是群众，党员干部的群众路线水平提升了，群众路线的实践能力增强了，就会对人民群众形成辐射和引领作用，实际上就是对最广大人民群众的马克思主义大众化教育，党员干部的理想信念增强了，也会影响和增强人民群众的马克思主义信仰和中国特色社会主义信念。所以，对党员干部进行马克思主义群众路线教育是马克思主义大众化进程中一举两得的有效举措，充分体现了新时代马克思主义大众化的全新特征和丰富内容。

在群众路线教育实践取得重要成效的基础上，中央紧接着开始了“三严三实”的专题教育。所谓“三严三实”就是习近平总书记提出的“严以修身、严以用权、严以律己，谋事要实、创业要实、

---

① 本书编写组编：《党的群众路线教育实践活动读本》，人民出版社 2014 年版，第 2 页。

做人要实”。2014 年 3 月，习近平总书记在十二届全国人大二次会议安徽代表团参加审议政府工作报告时发表讲话指出：“各级领导干部都要树立和发扬好的作风，既严以修身、严以用权、严以律己，又谋事要实、创业要实、做人要实。”① 而且特别强调领导干部要坚定理想信念，理想信念就是共产主义远大理想和中国特色社会主义坚定信念。理想和信念都需要马克思主义理论学习和中国特色社会主义伟大实践形成和巩固，所以，“三严三实”专题教育首先是一场马克思主义理论教育，这一过程中，习近平总书记系列讲话开始成为专题教育的主要内容。2015 年 4 月 21 日，“三严三实”专题教育工作座谈会在京召开，时任中共中央政治局常委的刘云山发表讲话指出：“开展专题教育，要把学习教育放在首位，着眼于坚定理想信念、强化党性观念、增强实干精神，深入学习习近平总书记系列重要讲话。”② 这是党的十八大之后，在中央层面上首次将习近平总书记系列讲话提到学习教育内容上，这是新时代马克思主义大众化内容上的一次重要更新与发展，也是新历史条件下，马克思主义大众化内容的充实，是将新时代中国化马克思主义、21 世纪马克思主义作为马克思主义大众化核心内容的开端，具有重要的历史和现实意义。因为习近平总书记系列讲话是中国特色社会主义理论和实践的最新概括，也是新时代中国马克思主义的最新成果，是 21 世纪马克思主义的理论表达和实践运用，将习近平总书记系列讲话纳入党的专题教育活动内容，标志着新时代马克思主义大众化的全新内容的出现。

正是这种马克思主义大众化内容上的考量，习近平总书记系列

---

① 《人民日报》2014 年 3 月 10 日。

② 《人民日报》2014 年 4 月 22 日。

讲话开始正式列入党的理论学习教育的核心内容和主要文献。这在“两学一做”学习教育中得到了完整和具体体现。所谓“两学一做”就是指“学党章党规、学系列讲话，做合格党员”。2016 年 2 月 24 日，中共中央印发《关于在全体党员中开展“学党章党规、学系列讲话，做合格党员”学习教育方案》，正式启动“两学一做”学习教育活动。这次专题教育的核心内容已经转入到学习宣传习近平总书记系列讲话，习近平总书记关于新时代中国特色社会主义建设和发展的一系列重要论述，开始成为新时代马克思主义大众化的核心内容。中央方案指出“以用习近平总书记系列重要讲话精神武装全党为根本任务”①，随着“两学一做”学习教育的不断深入，其重要的思想理论意义和马克思主义大众化的实效，得到了广大党员干部的高度认同，为此，中央决定将“两学一做”由阶段性学习教育走向常态化和制度化，从而在规范与制度上为以习近平总书记系列讲话为核心内容的马克思主义大众化提供保障。

2017 年 3 月 20 日，中共中央办公厅印发《关于推进“两学一做”学习教育常态化制度化的意见》并发出通知，要求各级党委在第一阶段“两学一做”学习教育的基础上，进一步学深做实，在保持“两学一做”常态化上下功夫，在构建“两学一做”制度上花力气，把“两学一做”持久深入开展和推进。在“两学一做”常态化和制度化阶段，更加要聚焦学习习近平总书记系列讲话，用讲话武装和统一全党思想，实质上就是对全党进行一次以习近平总书记系列讲话为核心内容的中国化马克思主义理论、21 世纪马克思主义理论的再武装，是马克思主义大众化在新时代的最新表现。“推进

① 中共中央文献研究室编：《十八大以来重要文献选编》下，中央文献出版社 2018 年版，第 222 页。

‘两学一做’学习教育常态化制度化，对于进一步用习近平总书记系列重要讲话精神武装全党，加强和规范党内政治生活，保持党的先进性和纯洁性，增强党的生机活力，确保全党更加紧密地团结在以习近平同志为核心的党中央周围，激励全党为实现崇高理想和宏伟目标而不懈奋斗，不断开创中国特色社会主义事业新局面，具有重大而深远的意义。”①

2017 年 4 月 17 日，中共中央召开推进“两学一做”学习教育常态化制度化工作座谈会，刘云山代表中共中央出席会议并讲话，他指出要“普遍加强党委（党组）理论学习中心组学习，开展集中轮训培训，抓好党支部党小组集体学习”。这是传统的马克思主义大众化的基本方式，在新时代仍然要继续坚持和运用，但这种形式下的内容已经发生了深刻变化，党的创新理论通过习近平总书记系列讲话来体现，新时代中国马克思主义也通过习近平总书记系列讲话来表达，所以，新时代马克思主义大众化的常态化和制度化内容就是习近平总书记系列讲话精神，刘云山对领导干部提出要求：“领导干部以普通党员身份参加所在党支部组织生活、深入基层讲党课，推动党员、干部自觉用习近平总书记系列重要讲话精神武装头脑、指导工作。”无论是党员干部的自我学习，还是党员干部深入基层的辅导，其核心内容特别是根本目的就是要用习近平总书记系列讲话武装头脑，指导实践。从中央层面提出了新时代马克思主义大众化的根本目标和具体要求。

党的十九大对中国特色社会主义新时代的马克思主义大众化和思想理论宣传工作作出了战略部署，其中第一个行动就是开展党员

① 中共中央文献研究室编：《十八大以来重要文献选编》下，中央文献出版社 2018 年版，第 674 页。

干部“不忘初心、牢记使命”主题教育。习近平总书记在党的十九大报告中将“不忘初心、牢记使命”作为大会的主题和任务，“大会的主题是：不忘初心、牢记使命，高举中国特色社会主义伟大旗帜，决胜全面建成小康社会，夺取新时代中国特色社会主义伟大胜利”。①习近平总书记还在报告中部署了在党员干部中开展“不忘初心、牢记使命”主题教育的计划与安排：“在全党开展‘不忘初心、牢记使命’主题教育，用党的创新理论武装头脑，推动全党更加自觉地为实现新时代党的历史使命不懈奋斗。”②

2019 年 5 月，中共中央在北京召开“不忘初心、牢记使命”主题教育工作会议，习近平总书记出席会议并讲话，对主题教育工作的基本内容、重要意义和工作计划进行了部署。自此之后，主题教育分为两批，在全党范围展开，第一批主要是党政机关的党员干部，第二批主要是企业、事业单位的党员干部。主题教育按照中央的部署，依据“守初心、担使命，找差距、抓落实”的总要求扎实展开。主题教育的核心是理论学习和思想教育，通过用马克思主义基本原理和党的创新理论对党员干部进行一次思想再武装，是马克思主义大众化在中国特色社会主义新时代的具体表现。2020 年 1 月，按照工作计划，两批主题教育的单位和党员干部顺利完成了学习教育的全过程。中共中央于 2020 年 1 月 8 日召开“不忘初心、牢记使命”主题教育工作总结会，习近平总书记在会上发表了总结讲话。习近平总书记高度评价了主题教育工作取得的成绩和经验，特别是在理论学习和思想武装上上了新台阶，这次主题教育也为新形

① 习近平：《决胜全面建成小康社会　夺取新时代中国特色社会主义伟大胜利——在中国共产党第十九次全国代表大会上的报告》，人民出版社 2017 年版，第 1 页。

② 习近平：《决胜全面建成小康社会　夺取新时代中国特色社会主义伟大胜利——在中国共产党第十九次全国代表大会上的报告》，人民出版社 2017 年版，第 63 页。

势下的党员干部教育和理论学习探索了新路径与新方法，在今后的马克思主义大众化过程中，需要认真总结，继续运用。他特别强调用中国化马克思主义教育和武装全党的重要意义：

要教育引导全党从党的非凡历程中领会马克思主义是如何深刻改变中国、改变世界的，感悟马克思主义的真理力量和实践力量，深化对中国化马克思主义既一脉相承又与时俱进的理论品质的认识，特别是要结合党的十八大以来党和国家事业取得历史性成就、发生历史性变革的进程，深刻学习领会新时代党的创新理论，坚持不懈用党的创新理论最新成果武装头脑、指导实践、推动工作。[1]

第二，以社会主义核心价值观的宣传和实践为中心，推进人民群众的马克思主义大众化。

党的十八大报告对加强社会主义核心价值体系教育，倡导和践行社会主义核心价值观进行了论述和部署："倡导富强、民主、文明、和谐，倡导自由、平等、公正、法治，倡导爱国、敬业、诚信、友善，积极培育和践行社会主义核心价值观。"[2] 从这段论述可以看出，当时中央并没确立社会主义核心价值观的具体内容，并没有将社会主义核心价值观与这24个字的内容直接联系起来，也就是给继续凝练和概括社会主义核心价值观的内容留下了空间。党的十八大之后，经过1年多时间的实践观察和运用，中共中央认为，党的十八大报告所概括的24字内容在现阶段就是社会主义核心价值观，可以作为人民群众思想教育和道德行为引导的依据。2013年12月，中共中央在社会主义核心价值体系教育和实践基础上，正式向

① 《人民日报》2021年2月21日。

② 胡锦涛：《坚定不移沿着中国特色社会主义道路前进　为全面建成小康社会而奋斗——在中国共产党第十八次全国代表大会上的报告》，人民出版社2012年版，第32页。

全国人民提出了社会主义核心价值观，并将其作为中国特色社会主义新时代思想文化和马克思主义大众化的核心内容和主要途径。12月11日，中共中央办公厅发出《关于培育和践行社会主义核心价值观的意见》，将培育和践行社会主义核心价值观作为群众性理论教育和思想引导的核心内容，通知强调，培育和践行社会主义核心价值观的根本原则和指导思想就是用马克思主义基本理论和中国化马克思主义最新成果教育广大人民群众，“高举中国特色社会主义伟大旗帜，以邓小平理论、‘三个代表’重要思想、科学发展观为指导，深入学习贯彻党的十八大精神和习近平同志系列讲话精神”[①]。

中央对开展社会主义核心价值观的培育与践行工作做出了系统的安排和周密部署，是中华人民共和国成立以来特别是改革开放以来，对群众进行全面而系统的思想理论教育与实践行为引导的重大行动，也是马克思主义大众化在全体人民之中展开的有效路径。中央通知对这次大规模的教育和引导行动进行了长期的计划部署，对传播社会主义核心价值观的方法与手段进行了全面动员和运用，力图真正做到全方位、无漏洞。

中央关于社会主义核心价值观宣传教育的全方位展开主要依靠两个方面平台和路径展开：

首先是学校思政教育平台与路径。学校思政教育平台与路径是社会主义核心价值观宣传教育的建制性资源与手段，具有规范性、常态性和可控性的最大特征，在长期以来的马克思主义大众化过程中，特别是中华人民共和国成立以来的马克思主义大众化进程中，发挥了主渠道和主阵地作用。在新时代以社会主义核心价值观为主

① 《关于培育和践行社会主义核心价值观的意见》，人民出版社2013年版，第5页。

要内容的马克思主义大众化进程中，当然也必须高度重视对这一建制性资源的合理有效运用。中央通知从三个方面对这一资源的运用进行了规划和安排。一是课堂教育体系，就是从基础教育到高等教育、从职业教育到成人教育，所有的教学体系和课堂内容都必须融入社会主义核心价值观的内容，要将社会主义核心价值观教育“落实到教育教学和管理服务各环节，覆盖到所有学校和受教育者，形成课堂教学、社会实践、校园文化多位一体的育人平台”①。二是拓展青少年社会主义核心价值观实践基地，通过校外的多种形式，为青少年学生提供践行社会主义核心价值观的空间和平台。三是加强教师队伍建设，将教师的思想理论水平提升到与传播社会主义核心价值观相适应的高度，从而发挥教师在社会主义核心价值观教育中的主体作用。“着重抓好学校党政干部和共青团干部，思想品德课、思想政治理论课和哲学社会科学课教师，辅导员和班主任队伍建设。”②

其次是思想理论和新闻宣传平台与路径，大力推进社会主义核心价值观的宣传和教育。中央通知从四个方面对宣传思想文化资源运用进行了安排和部署：一是充分利用党的理论学习宣传平台，如党委学习中心组、讲师团等传统有效资源。“把社会主义核心价值观学习教育纳入各级党委（党组）中心组学习计划，纳入各级党委讲师团经常性宣讲内容。”③ 同时加强对哲学社会科学研究和教育的作用，有意识地渗透社会主义核心价值观宣传教育内容：“深入推进马克思主义理论研究和建设工程，发挥国家社科基金的导向带动

---

① 《关于培育和践行社会主义核心价值观的意见》，人民出版社 2013 年版，第 7 页。

② 《关于培育和践行社会主义核心价值观的意见》，人民出版社 2013 年版，第 8 页。

③ 《关于培育和践行社会主义核心价值观的意见》，人民出版社 2013 年版，第 11 页。

作用，推出更多有分量有价值的研究成果。"[①] 二是有效运用新传播手段和资源，在广播电视、报纸杂志等传播媒介上，加强对社会主义核心价值观的宣传教育："新闻媒体要发挥传播社会主流价值的主渠道作用。坚持团结稳定鼓劲、正面宣传为主，牢牢把握正确舆论导向，把社会主义核心价值观贯穿到日常形势宣传、成就宣传、主题宣传、典型宣传、热点引导和舆论监督中。"[②] 三是发挥互联网的作用，互联网在社会主义核心价值观的传播中有着不可替代的重要作用，必须充分与合理运用，"建设社会主义核心价值观的网上传播阵地。适应互联网快速发展形势，善于运用网络传播规律，把社会主义核心价值观体现到网络宣传、网络文化、网络服务中，用正面声音和先进文化占领网络阵地"[③]。四是发挥文艺作品和文化产品的作用与功能。文艺作品和文化产品在社会主义核心价值观的传播与渗透中有无形的作用，必须将社会主义核心价值观融入文艺作品和文化产品之中，传播到人民群众特别是青少年之中，"一切文化产品、文化服务和文化活动，都要弘扬社会主义核心价值观"[④]。

自中央发出通知对社会主义核心价值观进行宣传教育之后，一场声势浩大、规模宏伟的社会主义核心价值观宣传教育活动在全国火热开展起来。关于社会主义核心价值观宣传广告、标语与口号在各种载体上涌现。这是改革开放以来，一场最为全面和系统的以全体人民群众为对象的马克思主义大众化教育活动。在内蒙古自治区呼和浩特市苏虎街实验小学，"良好的校园文化环境中处处体现出社会主义核心价值观内容。校外宣传栏、楼道内、主题空间，社会

① 《关于培育和践行社会主义核心价值观的意见》，人民出版社 2013 年版，第 11 页。
② 《关于培育和践行社会主义核心价值观的意见》，人民出版社 2013 年版，第 12 版。
③ 《关于培育和践行社会主义核心价值观的意见》，人民出版社 2013 年版，第 13 页。
④ 《关于培育和践行社会主义核心价值观的意见》，人民出版社 2013 年版，第 13 页。

主义核心价值观宣传展板随处可见。各年级、各班级的墙壁上都悬挂有社会主义核心价值观和《中小学生守则》挂图”[①]。在广州市南沙区，2016 年，区关工委、各镇街组建社会主义核心价值观宣讲团，以社会主义核心价值观教育为重点确定宣讲课题，到中小学校宣讲，全区各级讲师团开展宣讲课题约 50 场次，受教育青少年学生 1.5 万多人次。[②]

（三）马克思主义大众化目标的新界定

党的十九大对中国特色社会主义新时代的马克思主义大众化工作做出了全面部署，科学规划了马克思主义大众化的新时代目标，党的十九大报告指出：“必须推进马克思主义中国化时代化大众化，建设具有强大凝聚力和引领力的社会主义意识形态，使全体人民在理想信念、价值理念、道德观念上紧紧团结在一起。要加强理论武装，推动新时代中国特色社会主义思想深入人心。”[③] 党的十九大报告的部署，从三个方面对新时代马克思主义大众化的目标进行新界定。

第一，以社会主义意识形态建设推动新时代马克思主义大众化。

中国特色社会主义新时代的利益多元化和社会思潮的复杂化，必然要求主流意识形态建设更加具有凝聚力和引导力，否则就无法将利益多元和思潮复杂形势的人民群众团结起来，形成思想与精神

---

① 中共中央党校（国家行政学院）党建部编：《基层党组织如何提升组织力》，人民出版社 2019 年版，第 120 页。

② 曾进泽主编：《南沙年鉴 2017》，广东经济出版社 2017 年版，第 84 页。

③ 习近平：《决胜全面建成小康社会　夺取新时代中国特色社会主义伟大胜利——在中国共产党第十九次全国代表大会上的报告》，人民出版社 2017 年版，第 41 页。

上的共同力量。所以，党的十九大将这一目标作为新时代马克思主义大众化的首要目标。

党的十八大以后，以习近平同志为核心的党中央就在总结马克思主义大众化的经验基础上，对意识形态工作特别是主流意识形态的凝聚力和引导力高度重视，一直朝着打造强有力的目标与方向而制订方案和采取行动。

党的十八大之后，习近平总书记多次反复强调建设主流意识形态的重要性，提出要增强主流意识形态的凝聚力和引导力，高度重视在这一问题上的战略意义。习近平总书记在总结苏联东欧社会主义教训的基础上，要求全党要保持高度的思想清醒，在主流意识形态建设上加强领导，科学设计，有力推进。在坚持以经济建设为中心的前提下，也丝毫不能放松主流意识形态建设工作。“我们在集中精力进行经济建设的同时，一刻也不能放松和削弱意识形态工作。在这方面，我们有过深刻教训。一个政权的瓦解往往是从思想领域开始的，政治动荡、政权更迭可能在一夜之间发生，但思想演化是个长期过程。”①

习近平总书记在这里从教训的高度对新时代主流意识形态建设进行深刻论述，并且将其提高到国家政权巩固，社会稳定繁荣，人民幸福安康的高度来认识，因为只有主流意识形态建设有力，社会才会有团结和统一的思想基础和认识前提。而这一思想基础和认识前提的建设是一个长期的过程，如果加强建设，这个长期过程就是向上的发展，也就是主流意识形态的凝聚力和引导力日益增强，人民思想水平更加提高，社会团结和稳定的程度进一步提高；如果不

---

① 中共中央文献研究室编：《习近平关于社会主义文化建设论述摘编》，中央文献出版社 2017 年版，第 21 页。

重视主流意识形态建设，这个过程就可能向下发展，人民的思想日益混乱，认识日益模糊，社会分裂会不断加剧，最终就会走向政权崩溃，社会动荡和人民受苦的状态。这在社会主义发展史上是有深刻教训的。习近平总书记认为，苏联东欧政权崩溃的一个重要原因就是主流意识形态失去了凝聚力和引领力，国家和民族认同感下降，人民团结削弱。正是基于这些深刻的教训，习近平总书记将新时代意识形态工作放到了一个极端重要的战略高度来认识："经济建设是党的中心工作，意识形态工作是党的一项极端重要的工作。"①

第二，通过马克思主义大众化增强人民群众理想信念和道德观念。

主流意识形态建设最终还是要落实到每个人民群众的思想道德的理念和实践之中去，所以，新时代意识形态工作的最终指向就是人民群众的思想教育和道德引领问题。只有人民有了坚定的信仰，有了良好的道德素质，新时代的社会才是一个充满着希望的社会。所以，习近平总书记在党的十九大报告中提出"加强思想道德建设。人民有信仰，国家有力量，民族有希望"②。这一目标的达成，必须建立在思想理论自觉的基础上，就是要有马克思主义世界观与方法论引领理想信念和道德观念。正因为如此，马克思主义大众化是这一目标达成的有效手段。

党的十八大以来，中国共产党更加重视坚持推进全体人民的思想教育和道德引领，加强对人民群众精神世界和思想境界的引导，

---

① 中共中央文献研究室编：《习近平关于社会主义文化建设论述摘编》，中央文献出版社 2017 年版，第 34 页。

② 习近平：《决胜全面建成小康社会　夺取新时代中国特色社会主义伟大胜利——在中国共产党第十九次全国代表大会上的报告》，人民出版社 2017 年版，第 42 页。

习近平总书记反复强调："要持续深化社会主义思想道德建设，弘扬中华传统美德，弘扬时代新风，用社会主义核心价值观凝魂聚力，更好构筑中国精神、中国价值、中国力量，为中国特色社会主义事业提供源源不断的精神动力和道德滋养。"[①] 习近平总书记关于加强新时代人民群众的社会主义思想道德建设，基于落实新时代马克思主义大众化的根本目标，以构筑中国价值、中国精神的强大动力，为中国特色社会主义伟大事业提供动力。这一目标设定与加强主流意识形态建设形成了一个朴素支撑的逻辑闭环，形成二者互为目的和手段的良好循环局面。

第三，在马克思主义大众化进程中加强对人民群众的理论武装。

让人民有信仰最根本的还是要从根本的世界观与方法论建设做起。信仰的最根本内容就是马克思主义和中国特色社会主义，在中国特色社会主义新时代，就是习近平新时代中国特色社会主义。所以，加强对人民群众进行习近平新时代中国特色社会主义思想的教育，是新时代马克思主义大众化的主要内容和方式。因为，习近平新时代中国特色社会主义思想是马克思主义中国化的最新成果，是当代中国马克思主义，是21世纪马克思主义。用这一思想对全体人民群众进行理论武装就是新时代马克思主义大众化的最具体和最有效的表现形式。

习近平总书记强调马克思主义大众化就是通过对人民群众的理论宣传和教育，提高人民群众的思想认识，能够运用马克思主义世界观和方法论分析社会现象，指导自身行动，"要坚持用这一科学

① 中共中央文献研究室编：《习近平关于社会主义文化建设论述摘编》，中央文献出版社2017年版，第146页。

理论体系武装全党、教育人民、指导工作，引导广大干部深刻领会党的理论创新成果，坚定理想信念。新干部、年轻干部尤其要抓好理论学习，通过坚持不懈学习，学会运用马克思主义立场、观点、方法观察和解决问题，坚定理想信念，提高辩证思维能力”①，这是对新时代马克思主义大众化目标的明确界定。

党的十九大关于用习近平新时代中国特色社会主义思想武装党员干部和人民群众的号召，在各地党务部门得到了深入贯彻和执行。在教育战线的理论宣传中强调：“坚持用新时代中国特色社会主义思想武装全党、教育人民，坚持培育和践行社会主义核心价值观，坚持文化自信是更基础、更广泛、更深厚的自信，是更基本、更深沉、更持久的力量。”②

二、马克思主义大众化内容的新时代建构

每个时代都有着与之相适应的主题，也会在不同主题之下产生不同的理论。用新时代的理论武装新时代的人民，是每个政党和国家必须完成的任务。在中国特色社会主义新时代，内部的社会主要矛盾和外部的条件环境都在发生深刻变化。中国共产党领导中国人民向着中华民族伟大复兴的梦想努力奋进，外部世界正在发生百年未有之大变局。因此，必须用符合时代需要的理论和思想对党员干部和人民群众进行理论的再武装，以保证中华民族伟大复兴目标的

① 中共中央文献研究室编：《习近平关于社会主义文化建设论述摘编》，中央文献出版社 2017 年版，第 62 页。

② 郝文斌：《高校教师思想政治工作实证研究》，人民出版社 2019 年版，第 81 页。

实现。新时代的理论有新时代的本质内容和核心观点，新时代的马克思主义大众化必须准确选择和建构与新时代相符合的内容。

（一）以习近平新时代中国特色社会主义思想为核心内容

理论武装必须用时代思想的精华作为主体和核心内容，再配套以基本原理和方法的理论，才能建构理论宣传和思想教育的系统性和整体性内容。中国特色社会主义新时代的思想精华就是习近平新时代中国特色社会主义思想。因此，这一新思想是新时代理论宣传和思想教育的主体内容，也是新时代马克思主义大众化的主体内容。

习近平新时代中国特色社会主义思想是在长期实践探索中形成的，其理论概念是在党的十九大正式提出的，但在此之前就已经在发展中逐渐形成。在党的十九大之前，用新思想武装全党和教育工作已经展开，只不过没有使用习近平新时代中国特色社会主义思想的概念，使用较多的是习近平总书记系列讲话精神、习近平总书记治国理政新理念新思想新战略。从马克思主义大众化内容建构的维度上看，习近平新时代中国特色社会主义思想体系的形成发展是一个历史过程，这一过程可以划分为三个阶段。

第一阶段，习近平总书记系列讲话精神的学习与宣传。

党的十八大之后，习近平作为党的总书记开始思考和研究新历史条件和外部环境下的理论创新问题，并在一系列重要讲话中，体现了这一思考和研究的成果，逐渐形成了以系列讲话命名的第一阶段的理论成果。其核心内容是以新时代中国特色社会主义建设总任务与战略目标的制定和实施——以中华民族伟大复兴中国梦为基本的战略目标，全面建成小康社会和基本实现现代化为战略路径；以经济社会发展的总体布局和系统性安排，确立新的发展理念——

“四个全面”战略布局和“五位一体”新发展理念，以适应经济发展新常态为主要方式，在思想文化建设上以社会主义核心价值观的培育和践行为主要推进行动；在对外开放和大国外交上提出了构建人类命运共同体理念，提出建设“一带一路”的倡议，在军队建设上提出了强军兴军的基本方略，在党的自身建设上提出了全面从严治党的理念和方法。这些创新的理论内容成为新时代中国特色社会主义实践发展的重要行动指南，急需宣传推送到党员干部和人民群众之中去。

在历史发展的必然之中，习近平总书记系列讲话成为习近平新时代中国特色社会主义思想的第一个命名，并以这个命名构建新思想的初步内容体系，这就构成了新时代马克思主义大众化的第一阶段主体内容和核心观点。为了将习近平总书记系列讲话精神集中汇编，为党员干部和人民群众提供学习文献材料，中共中央宣传部编写《习近平总书记系列讲话读本》，由学习日报社、人民出版社于2014 年出版。中共中央比较早地使用这一概念是在2015 年“三严三实”的专题教育活动中，中央首次将习近平总书记系列讲话精神列入党员干部专题教育的重要内容。2015 年 4 月，中共中央召开“三严三实”专题教育工作座谈会，时任中央政治局常委、分管理论宣传工作的刘云山在会上发表讲话，首次提出要在全党范围加强习近平系列讲话的宣传和学习：“深入学习习近平总书记系列重要讲话，学习党章和党的纪律规定，组织好专题党课、专题学习研讨、专题民主生活会和组织生活会，把严和实的要求立起来、树起来。”[①] 显然，这是经过反复考量和研究之后的新提法，总的原则已经确立下来，也就是习近平在党的十八大之后的一些新思考和新观

① 《人民日报》2015 年 4 月 22 日。

点，是中国特色社会主义理论体系的重要组成部分，是中国特色社会主义理论体系在新的历史条件下的最新成果。所以，要成为党员干部和人民群众学习的理论内容，也是马克思主义大众化的基本依据。

这一提法及其所包含的内容，得到全党的高度认同，并在理论教育中取得良好效果。随着习近平总书记系列讲话数量的不断增加和系统性的不断提升，中央决定开展一次以习近平系列讲话精神为主要内容之一的专题学习教育活动，那就是“两学一做”学习教育活动，“两学”之中的一学就是指学习习近平系列讲话。习近平总书记系列讲话精神成为新时代高校思想政治理论教育的重要内容，大学生对这一重要内容表现出了积极的学习热情。在北京高校，“习近平总书记系列讲话精神进课堂，这是对高校思想政治理论课教学的重要要求。北京市各高校积极落实总书记系列讲话精神进课堂的任务，努力帮助学生深刻领会习近平总书记系列讲话精神的科学内涵、精神实质和实践要求，取得了一定的成效”[①]。

第二阶段，习近平总书记治国理政新理念新思想新战略的学习与宣传。

以习近平总书记系列讲话来概括党的十八大以来习近平总书记对中国特色社会主义理论和实践的思考与创新，显然形式上不完整，内容上不准确，因为这一命名方式只是从框架或者数量上对习近平总书记关于中国特色社会主义理论思考和创新进行了概括，还没有进入到内容层面对其本质进行概括和表达。所以，在理论宣传过程中，开始进入内容层面进行命名，形成了“习近平总书记治国理政新理念新思想新战略”的命名，虽然这一命名还不是十分精

① 郭春燕：《北京高校新时代新思想学习研究》，中国书籍出版社 2019 年版，第 19 页。

准，但在当时的理论探索阶段，与系列讲话这一名称相比，应该说是向前发展了一步。其基本内容框架和逻辑体系与“习近平系列讲话”接近。主要包括实现中华民族伟大复兴，坚持和发展中国特色社会主义，协调推进“四个全面”战略布局，牢固树立新发展理念，统筹推进“五位一体”总体布局建设，加强国防和军队建设，构建新型国际关系，学习掌握科学的思想方法和工作方法等治国理政的各个方面。

中共中央正式对习近平总书记关于中国特色社会主义的理论思考与创新进行“新理念新思想新战略”的命名是在2015年党的十八届五中全会上，全会通过《中共中央关于制定国民经济和社会发展第十三个五年规划的建议》，在这一重要文件中高度评价了党的十八大以来，习近平总书记关于治国理政的战略与方法：“党的十八大以来，以习近平同志为总书记的党中央毫不动摇坚持和发展中国特色社会主义，勇于实践、善于创新，深化对共产党执政规律、社会主义建设规律、人类社会发展规律的认识，形成一系列治国理政新理念新思想新战略，为在新的历史条件下深化改革开放、加快推进社会主义现代化提供了科学理论指导和行动指南。”①

自此之后，至党的十九大正式将习近平总书记关于中国特色社会主义理论思考和创新命名为“习近平新时代中国特色社会主义思想”为止，马克思主义大众化的理论教育的主体内容就是以“习近平总书记治国理政新理念新思想新战略”来命名的。为了更好宣传习近平总书记治国理政新理念新思想新战略，人民出版社于2017年出版了中共中央党校组织编写的《以习近平同志为核心的党中央治

① 《中共中央关于制定国民经济和社会发展第十三个五年规划的建议》，人民出版社2015年版，第3页。

国理政新理念新思想新战略》，在前言中指出："这五年党和国家各项事业之所以能开新局、谱新篇，根本的就在于有习近平总书记系列重要讲话精神和治国理政新理念新思想新战略的科学指引。"[①] 全书以 30 个专题来阐释和解读习近平总书记治国理政新理念新思想新战略，较好地呈现和表达了习近平总书记治国理政新理念新思想新战略的内容体系，为党员干部和人民群众学习把握这一理论形态的核心观点和本质内容提供了参考。

第三阶段，习近平新时代中国特色社会主义思想学习宣传。

党的十九大集中全党智慧，参照中国共产党创新理论命名的经验和惯例，将党的十八大以来习近平总书记关于中国特色社会主义理论的思考和创新体系，正式命名为"习近平新时代中国特色社会主义思想"。党的十九大报告指出，党的十八大以来，中国共产党以时代课题和任务为导向，以马克思列宁主义、毛泽东思想、邓小平理论、"三个代表"重要思想、科学发展观为指导，"以全新的视野深化对共产党执政规律、社会主义建设规律、人类社会发展规律的认识，进行艰辛理论探索，取得重大理论创新成果，形成了新时代中国特色社会主义思想"[②]。

党的十九大通过了新党章修正案，将习近平新时代中国特色社会主义思想作为全党的指导思想写入党章。修改后的新党章明确："中国共产党以马克思列宁主义、毛泽东思想、邓小平理论、'三个代表'重要思想、科学发展观、习近平新时代中国特色社会主义思

① 中共中央党校编：《以习近平同志为核心的党中央治国理政新理念新思想新战略》，人民出版社 2017 年版，前言部分。

② 习近平：《决胜全面建成小康社会　夺取新时代中国特色社会主义伟大胜利——在中国共产党第十九次全国代表大会上的报告》，人民出版社 2017 年版，第 18—19 页。

想作为自己的行动指南。”① 2018 年，党的十三届全国人大一次会议通过的《中华人民共和国宪法修正案》把习近平新时代中国特色社会主义思想载入《宪法》，实现了党和国家指导思想的与时俱进。

2019 年 6 月，中共中央宣传部组织编写《习近平新时代中国特色社会主义思想学习纲要》，以提纲的形式对习近平新时代中国特色社会主义思想的核心内容和主要观点及其逻辑框架进行了新的表述，成为新阶段学习宣传习近平新时代中国特色社会主义思想的权威文本。文本最大特点就是将习近平新时代中国特色社会主义思想分成若干专题，对其核心内容和主要观点进行了简要而准确的表达和阐释。在学习《习近平新时代中国特色社会主义思想三十讲》的基础上，表述有所展开，一些观点的阐释也有所深化，对于更好理解和把握习近平新时代中国特色社会主义思想有着重要的帮助。6 月 4 日，中共中央发出关于印发《习近平新时代中国特色社会主义思想学习纲要》的通知。由于《习近平新时代中国特色社会主义思想学习纲要》的系统性和权威性相比之前的读物有了很大提高，所以这次学习通知是由中共中央发出的，其政治性和规范性显然是有了提升。这对于习近平新时代中国特色社会主义思想的学习深入有着较大的促进作用。通知对学习的具体形式与方法也做了组织性要求：“各级党委（党组）要坚持不懈用习近平新时代中国特色社会主义思想武装头脑、指导实践、推动工作。要组织全体党员认真读原著、学原文、悟原理，并紧密结合‘不忘初心、牢记使命’主题教育，把《纲要》纳入学习计划，作出周密安排，开展多形式、分层次、全覆盖的学习培训。要在多思多想、学深悟透上下功夫，深入学习领会这一思想的时代意义、理论意义、实践意义、世界意

① 《中国共产党章程》，人民出版社 2017 年版，第 1 页。

义，深刻理解其核心要义、精神实质、丰富内涵、实践要求。”中央学习的规范要求和组织规定为各级党组织学习习近平新时代中国特色社会主义思想提供了最严格的遵循和指引。多形式、分层次、全覆盖的要求充分体现了这一重要工作的具体实施路径。这对于新时代以党的创新理论为核心内容的马克思主义大众化有了更加坚实的组织保障。

在编写和宣传习近平新时代中国特色社会主义思想的阐释文本和辅导教材的同时，中央十分重视编辑习近平新时代中国特色社会主义思想的原始文献，也就是习近平总书记的重要讲话、文章、批示及电文。中共中央宣传部、中共中央文献研究室以文献摘编的方式在各个专题上，进行摘编和读本式的编辑。这有助于有针对性地结合实践工作对习近平新时代中国特色社会主义思想进行学习和运用。但这些片段式的摘录，缺乏系统性，不利于学习与领会中的整体把握。为了弥补这一不足，2014 年 10 月，外文出版社组织编辑出版了《习近平谈治国理政》，以专题模块分类，收录原文全文或主体部分，使读者能够全面阅读和掌握文献的整体内容和系统观点，由于外文出版社是向国际社会介绍中国理论和文化的出版机构，主要以外文出版为主，《习近平谈治国理政》在出版中文版的同时，更主要是出版外文版。基于国际阅读和文化交流习惯，以治国理政这一通用性和技术性主题为支点，在书名上强调了全世界不同制度和意识形态国家所共同面临的难题，国家治理和政治发展的问题。所以，文本运用了治国理政这一标题。事实证明，这一考量是正确的。文献出版后，引起国内外读者的广泛关注和热情购买，发行规模很大。这在中国政治理论国际传播史上是一个很好的案例，也是一个成功的典范，对于讲好中国故事，传播中国智慧和经验，塑造中国智慧和经验，有着前所未有的开拓性进展。

在《习近平谈治国理政》取得良好效果的基础上，中共中央决定更加系统性地编辑出版这一形式的文献系列。2017 年 11 月，由中共中央宣传部牵头，中共中央文献研究室和中国外文局组织编辑，由外文出版社出版《习近平谈治国理政》第二卷，2014 年的版本没有标卷数，所以，在没有第一卷的情况下，出版了第二卷，意味着这一文献的系列需要重新编辑，重要性系统性还需要提高。也就是已经将 2014 年的版本作为第一卷，从内容安排上也是如此，第二卷的文献在时间上是紧接着 2014 年版的，而且中央领导已经将 2014 年版本作为第一卷来表述。2017 年 11 月 24 日，中共中央举行《习近平谈治国理政》第二卷出版座谈会，中共中央政治局常委王沪宁出席并讲话，他在讲话中就将 2014 年版本称为第一卷。“2014 年编辑出版的《习近平谈治国理政》第一卷，受到国内外读者广泛关注和好评。《习近平谈治国理政》第二卷生动记录了以习近平同志为核心的党中央团结带领全党全国各族人民在新时代坚持和发展中国特色社会主义的伟大实践，集中反映了习近平新时代中国特色社会主义思想形成发展的轨迹和成果，充分体现了为推动构建人类命运共同体、促进人类和平与发展事业贡献的中国智慧和中国方案。”①

为了保证版本系列的一致性，2018 年，中共中央宣传部会同中共中央文献研究室、中国外文局对 2014 年出版的没有标注卷号的《习近平谈治国理政》进行了修订，并标注第一卷出版。这样，就有了《习近平谈治国理政》第一、第二卷，第一卷的出版时间在第二卷出版时间之后，在出版史上属于较少见的现象。

党的十九大之后，习近平新时代中国特色社会主义思想不断丰

① 《人民日报》2017 年 11 月 25 日。

富和发展，理论创新和经验总结的实践指导意义越来越重要。在国内外读者的期盼之下，中共中央宣传部会同中共中央党央和文献研究院、国务院新闻办、中国外文局，于2020年7月编辑出版了《习近平谈治国理政》第三卷。随后，中共中央办公厅转发《中央宣传部、中央组织部关于认真组织学习〈习近平谈治国理政〉第三卷的通知》，该通知指出："《习近平谈治国理政》第一卷、第二卷出版后，在国内外产生了强烈反响。党的十九大以来，习近平总书记在领导推进新时代治国理政的实践中，又发表一系列重要论述，提出许多具有原创性、时代性、指导性的重大思想观点，进一步丰富和发展了党的理论创新成果。"① 该通知在对前两卷予以高度评价的基础上，对第三卷出版的重要意义进行充分的表述："集中展示了马克思主义中国化的最新成果，充分体现了我们党为推动构建人类命运共同体贡献的智慧方案，是全面系统反映习近平新时代中国特色社会主义思想的权威著作。"② 该通知对学习和宣传《习近平谈治国理政》第三卷提出了明确而又严格的要求："认真学习《习近平谈治国理政》第三卷，是用习近平新时代中国特色社会主义思想武装全党、教育人民的重大政治任务。各级党组织要精心组织、周密安排，将《习近平谈治国理政》第三卷与第一卷、第二卷作为一个整体，引导广大党员、干部读原著、学原文、悟原理。"③

在中共中央通知和各级党组织的精心部署下，2020年7月开始，在全国范围里开始兴起了学习和宣传《习近平谈治国理政》第三卷的热潮。在广州，广州市委发出了学习宣传的通知，组建了广

① 《人民日报》2020年7月9日。
② 《人民日报》2020年7月9日。
③ 《人民日报》2020年7月9日。

州市委宣讲团，成员由相关部门的领导、理论专家和高校马克思主义学院教授组成，在全市各直属单位、街道、企事业单位进行巡回宣讲，大大提升了全市学习热情，并将学习《习近平谈治国理政》第三卷同贯彻习近平总书记关于广州工作的指示结合起来，落实习近平总书记关于广州实现老城市焕发新活力和“四个出新出彩”的要求，学习取得了良好成效。

（二）以马克思主义世界观和方法论为基本内容

马克思主义是中国共产党的理论基础，是中国意识形态的指导思想，也是中国人民最基本的精神信念，自 20 世纪初传入中国以来，极大改变了中国人的精神状态，毛泽东在《唯心史观的破产》一文中写道：“自从中国人学会了马克思列宁主义以后，中国人在精神上就由被动转入主动。”① 马克思主义是一个博大精深的理论体系，对实践和思维的指导作用，必须在一代又一代的革命者和建设者中运用和发挥。所以，中国革命、建设和改革开放事业，中国人民的精神世界和思想体系的确立，中国人的日常生活与安身立命都已经和马克思主义联系在一起。什么时候党员干部和人民群众的马克思主义理论学习和运用比较到位，什么时候中国的社会主义实践就会高歌猛进，反之，什么时候离开或者歪曲了马克思主义，中国的社会主义事业就会遭受挫折。党的十八大以后，以习近平同志为核心的党中央对这一历史经验和真理的理解十分深刻。将马克思主义基本理论的教育提高到战略的高度来认识和落实。

所谓马克思主义基本理论就是指马克思主义三大组成部分的核心内容和主要观点，就是包括马克思主义哲学中的唯物史观和

---

① 《毛泽东选集》第 4 卷，人民出版社 1991 年版，第 1516 页。

唯物辩证法，就是马克思主义政治经济学的基本生产力和生产力关系学说，就是科学社会主义的政党学说、国家学说和人民学说。用最简单的话说，马克思主义基本原理就是马克思主义世界观和方法论。马克思主义大众化的前提性内容就是，引导党员干部学习、掌握和运用马克思主义世界观与方法论，而不是用其他的一些非马克思主义甚至反马克思主义的世界观与方法论来指导工作实践与精神生活，绝对不允许在党内特别是党的干部中出现“不信马列信鬼神”的反常现象。党的十八大之后，习近平总书记在其创新的新时代中国特色社会主义思想中，反复强调用马克思主义基本理论来教育党员干部，并要求党员干部学习和运用马克思主义的世界观。

党的十八大之后，习近平总书记在学习和运用马克思主义世界观与方法论上以身作则，率先垂范。作为党的总书记，上任伊始，在中共中央举办的学习贯彻党的十九大精神省部级干部研讨班上，习近平总书记主要不是谈具体工作，而是用较多时间谈了学习马克思主义世界观与方法论，运用唯物辩证法来指导工作，引导精神思维的问题。习近平总书记在讲话一开始就澄清了一些长期对中国特色社会主义与科学社会主义关系之间的模糊认识：“中国特色社会主义是社会主义而不是其他什么主义，科学社会主义基本原则不能丢，丢了就不是社会主义。我们党始终强调，中国特色社会主义，既坚持了科学社会主义基本原则，又根据时代条件赋予其鲜明的中国特色。这就是说，中国特色社会主义是社会主义，不是别的什么主义。”[①] 这段话是以习近平同志为核心的党中央在新的意识形态下

---

① 中共中央文献研究室编：《十八大以来重要文献选编》上，中央文献出版社 2014 年版，第 109 页。

的宣言书，习近平治国理政纲领性的体现，具有极其重要的政府意义和深远的政治意义，理解习近平新时代中国特色社会主义思想，理解中国特色社会主义新时代的马克思主义大众化，必须以此为历史和逻辑的起点，从这里可以窥见习近平总书记后来的一切理论创新观点和政治立场阐释，都与此相关。这一段重要论述，具有强烈的对马克思主义大众化的正面引导，同时又有对负面思想现象的反思和矫正。从正面意义来讲，他要求党员干部和人民群众在认识中国特色社会主义过程中，必须从科学社会主义的根本原则出发来考察和衡量，中国特色社会主义首先坚持马克思科学社会主义的基本原则，同时又结合中国的实际情况，进行了创新性的运用与发展。同时，他前所未有地对一些误解和歪曲中国特色社会主义的思潮进行了矫正，非常明确而又坚定地强调：中国特色社会主义是社会主义，而不是什么其他的主义。这一观点澄清了在党员干部和人民群众中的一些模糊认识和错误观念，对于保证马克思主义大众化的正确方向有着力定乾纲的重要作用。

2013 年 12 月 3 日，中共中央政治局举行集体学习，主题是历史唯物主义基本原理和方法论，邀请中国人民大学和中央党校的哲学专家进行讲解。习近平总书记在主持学习会时强调，马克思主义哲学始终是中国共产党人的看家本领，在新的历史条件下，必须更加高度重视并创新运用马克思主义哲学原理，要在学员干部和人民群众中倡导学习和运用马克思主义哲学。推动新的历史条件下的马克思主义哲学大众化：“我们党在中国这样一个有着 13 亿人口的大国执政，如果缺乏理论思维的有力支撑，是难以战胜各种风险和困难的，也是难以不断前进的。党的各级领导干部特别是高级干部，要原原本本学习和研读经典著作，努力把马克思主义哲学作为自己的看家本领，提高战略思维能力、综合决策能力、驾驭全局能力。”①

自此之后，习近平总书记和党中央在不同场合多次强调和要求在党员干部和人民群众中推动马克思主义理论教育。特别是在国民教育系列中，习近平总书记和党中央要求必须改变在高校思想政治教育和高校人文社科教育中的马克思主义理论缺位和虚位的问题。要在全国高校中恢复马克思主义学院的建制，在思想政治理论课程体系中，特别突出马克思主义理论的内容，要教育和引导青年学生用马克思主义世界观和方法论观察社会现象，指导自己的人生。国民教育又恢复了马克思主义大众化主渠道和主要阵地的作用。2018年5月2日，习近平总书记考察北京大学马克思主义学院，提出了马克思主义学院“马院姓马，在马言马”的要求，确认了高校马克思主义学院在马克思主义理论教育的重要地位和作用，加强了马克思主义大众化的载体与平台建设。

2018年，是马克思诞辰200周年，中共中央召开隆重的纪念大会，习近平总书记在大会上发表了长篇讲话，对马克思主义在人类历史进程特别是在中国革命、建设与改革开放中的重要作用进行了深刻论述，昭示了在中国推动用马克思主义理论武装全党、教育人民的鲜明立志。习近平总书记强调马克思主义在意识形态建设中始终是首要内容，是看家本领：“我们要坚持和运用辩证唯物主义和历史唯物主义的世界观和方法论，坚持和运用马克思主义立场、观点、方法，坚持和运用马克思主义关于世界的物质性及其发展规律，关于人类社会发展的自然性、历史性及其相关规律，关于人的解放和自由全面发展的规律，关于认识的本质及其发展规律等原

① 《人民日报》2013年12月4日。

理，坚持和运用马克思主义的实践观、群众观、阶级观、发展观、矛盾观，真正把马克思主义这个看家本领学精悟透用好。”[①]

三、马克思主义大众化形式的新时代转换

党的十八大以后，马克思主义大众化的时代呼唤日益高涨，党和人民对马克思主义理论的渴求也越来越强烈，但由于历史的原因，马克思主义大众化的载体和平台建设不能很好适应，马克思主义理论观点、马克思主义声音缺乏有效的渠道和载体进行表达和传播，马克思主义的观点被一些错误的思潮弱化或边缘化，习近平总书记在哲学社会科学工作座谈会上尖锐地指出：“实际工作中，在有的领域中马克思主义被边缘化、空泛化、标签化，在一些学科中‘失语’、教材中‘失踪’、论坛上‘失声’。这种状况必须引起我们高度重视。”[②] 所以，在中国特色社会主义新时代，要强力推进马克思主义大众化，就必须高度重视马克思主义大众化的载体、平台、工作和手段建设，真正能够让马克思主义观点、马克思主义的声音表达出来，传播开去。

（一）高度重视新时代马克思主义大众化的阵地建设

马克思主义大众化之所以在中国革命、建设和改革开放中发挥重要思想支撑与理论引导的作用，就在于长期以来，中国共产党十

---

① 习近平：《在纪念马克思诞辰 200 周年大会上的讲话》，人民出版社 2018 年版，第 25 页。

② 习近平：《在哲学社会科学工作座谈会上的讲话》，人民出版社 2017 年版，第 10 页。

分重视对理论宣传阵地领导、掌握、建设和运用。中国特色社会主义事业进入新时代，对马克思主义大众化的目标要求有了很大的提升，理论宣传阵地建设还不能适应这种要求。所以，党的十八大之后，党中央和习近平总书记对理论阵地建设和运用十分重视，将理论宣传阵地建设作为马克思主义大众化的关键环节来重视。

第一，加强和改善党对理论宣传阵地的领导。

理论宣传阵地具有很强的政治性，是为党实现政治目的而服务的，党的政治目的就是为了人民谋利益。在中国特色社会主义新时代，加强理论宣传阵地建设的首要条件就是要加强党对理论宣传阵地的领导，没有党的领导，就会失去方向。毛泽东早就提出“要政治家办报”①。各级党组织的主要负责人一定要把本级的报纸管起来，特别是中央一级和省、区、市一级的报纸，党的负责人一定要亲自抓：“局和区党委的报纸，必须于每天出版之前，由一个完全懂得党的正确路线和正确政策的同志，将大样看一遍，改正错误观点，然后出版。”② 加强党对理论宣传阵地的领导是中国共产党的优良传统和有效的工作方法。

党的十八大之后，习近平总书记反复强调加强党的理论宣传阵地领导的意义和领导的方法，要体现理论宣传阵地中的党性原则。“党性和人民性从来都是一致的、统一的。我们党是全心全意为人民服务、代表中国最广大人民根本利益、来自人民为了人民的马克思主义政党。从本质上说，坚持党性就是坚持人民性，坚持人民性就是坚持党性，党性寓于人民性之中，没有脱离人民性的党性，也

---

① 《毛泽东新闻工作文选》，新华出版社 1983 年版，第 216 页。

② 吴冷西：《忆毛主席》，新华出版社 1995 年版，第 41 页。

没有脱离党性的人民性。”[①] 在这段论述中，习近平总书记澄清了在意识形态领域特别是在理论宣传阵地领域的一种错误观念，就是党性与人民性关系问题，党性与理论性关系等问题。甚至一些理论宣传工作者在这些关系问题上的认识也不是十分清晰，常常将理论宣传的规律性与党的领导，将理论宣传阵地的人民性与党性对立起来。习近平总书记从党的宗旨与性质的高度，将二者辩证统一起来，从而为加强党的理论宣传阵地的领导消除了思想认识的阻力。

在思想上厘清了一些模糊认识之后，习近平总书记又从组织纪律的高度强调了党对理论宣传阵地领导的严肃性。他要求必须把党对理论宣传阵地的领导作为一条政治纪律提到各级理论宣传工作人员特别是党员工作人员的面前。要坚持党管媒体原则不动摇，坚持政治家办报、办刊、办台、办新闻网站，加强马克思主义新闻观教育。宣传思想工作者要增强党的意识，尽职尽责为党和人民事业服务。坚持什么、反对什么，说什么话、做什么事，都要符合党的要求，过得硬、靠得住，真正做到“千磨万击还坚劲，任尔东西南北风”。

加强和改善党的理论宣传阵地领导的一个重要手段就是配齐用好干部队伍，对理论宣传阵地党的领导班子和干部队伍的建设要高度重视，从思想上、能力上对理论宣传阵地的干部队伍特别是领导干部进行培养。“要选好配强领导班子，关心爱护宣传思想干部，对不适合、不适应的坚决作出调整，确保宣传思想工作领导权牢牢掌握在忠于党和人民的人手里。”[②]

---

① 中共中央文献研究室编：《习近平关于社会主义文化建设论述摘编》，中央文献出版社 2017 年版，第 23 页。

② 中共中央文献研究室编：《习近平关于社会主义文化建设论述摘编》，中央文献出版社 2017 年版，第 33 页。

第二，加大对理论宣传阵地的建设力度。

理论宣传阵地建设问题是新时代马克思主义大众化的一个重要内容。党的十八大以来，中国共产党对这一问题的重视和投入有了很大的提升。

首先，强化理论宣传阵地的功能目标。一段时间以来，一些理论宣传阵地的功能目标模糊，甚至为市场经济条件下的一些错误观念所影响，将经济效益放在不应有的位置，降低和放松理论宣传阵地的政治要求和社会效应，甚至有的理论宣传阵地迷失方向，沦为错误思潮和人物的栖息地。针对一些理论宣传阵地如党校的功能定位模糊的现象，习近平总书记明确要求："党校、干部学院、社会科学院、高校、理论学习中心组等都要把马克思主义作为必修课，成为马克思主义学习、研究、宣传的重要阵地。"① 除了报纸杂志之外，党的理论研究、思想政治教育和干部教育机构，都必须建设成为马克思主义学习和宣传的重要阵地，都必须建设成为马克思主义大众化的重要载体和平台。

其次，要加大理论宣传阵地的建设。加强理论宣传人才队伍建设，是阵地建设的重中之重，必须作为建设的首要任务。习近平总书记强调："做好党的新闻舆论工作，关键在人。新闻舆论工作队伍的政治素养、理论水平、政策水平、业务能力，直接关系党的新闻舆论工作效果。"② 习近平总书记要求各级党委在加强领导的同时，要关心人才和队伍的成长，为他们创造应有的工作环境和生活条件。"要认真贯彻党的知识分子政策，尊重劳动、尊重知识、尊重人才、

---

① 中共中央文献研究室编：《习近平关于社会主义文化建设论述摘编》，中央文献出版社 2017 年版，第 22 页。

② 中共中央文献研究室编：《习近平关于社会主义文化建设论述摘编》，中央文献出版社 2017 年版，第 47 页。

尊重创造，做到政治上充分信任、思想上主动引导、工作上创造条件、生活上关心照顾，多为他们办实事、做好事、解难事。”①

加强理论宣传阵地的基础建设特别是教材建设，是马克思主义大众化的重要条件，教材是马克思主义理论宣传教育的基本依据，也是马克思主义大众化的重要工具和载体，没有高质量的教材，马克思主义宣传教育，马克思主义大众化的效果就会大打折扣。习近平总书记认为，马克思主义理论教材建设在取得成绩的同时，还存在明显的不适应性，甚至还有一些短板和漏洞，必须尽快在建设上完成补短板、堵漏洞的工作：“经过努力，我们在实施马克思主义理论研究和建设工程的过程中，教材建设取得了重要成果，但总体看这方面还是一个短板。要抓好教材体系建设，形成适应中国特色社会主义发展要求、立足国际学术前沿、门类齐全的哲学社会科学教材体系。”②

第三，推进理论宣传阵地的创新。

在党的十九大报告中，马克思主义中国化、大众化、时代化是放在一起来表述的。这说明中国共产党在新时代是将马克思主义大众化与其他方面联系在一起的，马克思主义大众化在阵地和手段方面与时代化有着密不可分的联系，而时代化就意味着与时代同步，与时俱进，特别是在马克思主义大众化的形式与手段、体制与机制上有发展和创新，才能与党员干部和人民群众的心理状态和学习接受习惯相适应，才能提升马克思主义大众化的效果。习近平总书记在谈到宣传思想文化阵地建设时，对传统阵地的创新十分重视：

① 习近平：《在哲学社会科学工作座谈会上的讲话》，人民出版社 2017 年版，第 28 页。

② 习近平：《在哲学社会科学工作座谈会上的讲话》，人民出版社 2017 年版，第 24 页。

“宣传思想文化工作必须牢牢把握巩固马克思主义在意识形态领域指导地位、巩固全党全国人民团结奋斗共同思想基础的根本任务，推进理念创新、内容创新、手段创新，不断把握工作规律、增强整体功能，为全面建成小康社会提供思想保证、精神力量、道德滋养、文化条件。”①

习近平总书记十分关心和强调马克思主义理论学科体系的创新，他强调，当代的理论发展和知识集成，对马克思主义大众化的要求已经上升到系统化和结构化的高度，不能停留于过去碎片化的观点传播与阐释。这就必然要求在人文学科机制的全面创新上下功夫。“要实施哲学社会科学创新工程，搭建哲学社会科学创新平台，全面推进哲学社会科学各领域创新。”② 习近平总书记特别强调，要从具体的运作机制上进行改革和创新，激活马克思主义大众化进程中的活力与动力，从经费投入、绩效评价等方面的改革，调动马克思主义理论宣传阵地创新的积极性：“要创新科研经费分配、资助、管理体制，更好发挥国家社科基金作用，把财政拨款和专项资助结合起来，把普遍性经费资助和竞争性经费资助结合起来，把政府资助和社会捐赠结合起来，加大科研投入，提高经费使用效率。”③

（二）高度重视网络新媒体运用

在中国特色社会主义新时代，互联网已经成为知识生成、理论

① 中共中央文献研究室编：《习近平关于社会主义文化建设论述摘编》，中央文献出版社 2017 年版，第 52 页。

② 习近平：《在哲学社会科学工作座谈会上的讲话》，人民出版社 2017 年版，第 25 页。

③ 习近平：《在哲学社会科学工作座谈会上的讲话》，人民出版社 2017 年版，第 25 页。

传播、思想交流和精神生活的重要形式和平台，任何一种社会现象特别是思想文化领域内的现象，都与互联网有着密切的关系。任何一种理论的传播和思想观点交流，如果离开了互联网，其效果都会大大降低。马克思主义理论教育、马克思主义大众化需要最广泛的观点传播和思想交流，互联网为此提供了良好的形式与平台，但互联网作为一个开放体系，有着新规律和机制的形式和平台，也为马克思主义理论教育和马克思主义大众化带来了新挑战，信息内容的爆炸式增长，传播内容与人性弱点的对接，一定程度上消解了马克思主义理论的吸引力和传播力，在海量的轻松娱乐的信息和“知识”轰炸下，社会大众对马克思主义理论这些需要思考、相对理性的知识和信息，就没有时间和精力进行接受了。因此，如何在互联网快速发展的新时代，利用网络优势推进马克思主义理论教育和意识形态建设，就成为党和国家面临的一项严肃而紧迫的政治任务，甚至是关系党和国家命运、政权巩固和社会稳定的关键问题。这是一个关口，用好了，马克思主义大众化进程就会柳暗花明，否则就有可能陷入被动状态。习近平总书记是这样论述的：“我多次讲，过不了互联网这一关，就过不了长期执政这一关。”① 正是这一工作的极端重要性，党的十八大以来，党和国家采取了一系列举措，尤其是在运用互联网进行意识形态建设和马克思主义大众化推进方面，做了一些工作，取得了较好成效，但还需要进一步提高思想认识，增强本领能力，真正把互联网这个有着无限发展前景的新生事物利用好。

第一，提高对互联网在马克思主义大众化进程中的作用的

① 中共中央文献研究室编：《习近平关于社会主义文化建设论述摘编》，中央文献出版社 2017 年版，第42 页。

认识。

互联网是一个新事物，但这个新生事物有着一个重要特点，就是它从一开始就始终与广大的社会大众联系在一起，第一步的发展都与社会大众的日常生活息息相关。虽然每个社会成员都无时无刻不在接触和运用互联网，但对互联网的本质和规律，对互联网两面性的认识和思考并不深刻。特别是一些党员干部对互联网的认识还停留在一种自然的状态，没有将互联网与意识形态建设，与思想政治工作，与马克思主义大众化结合起来考虑，因而缺乏运用互联网推动本地区本部门思想政治工作和马克思主义理论宣传教育的实效性、主动性和积极性。鉴于这种情况，习近平总书记对各级党委和政府提出了要树立正确的网络安全观。2016 年 4 月 19 日，习近平总书记主持召开网络安全和信息化工作座谈会议，他在讲话中首先强调了这一重要问题："树立正确的网络安全观。理念决定行动。当今的网络安全，有几个主要特点。"① 习近平总书记在讲话中概括新时代互联网五个方面的特点：网络安全是整体的而不是割裂的；网络安全是动态的而不是静态的；网络安全是开放的而不是封闭的；网络安全是相对的而不是绝对的；网络安全是共同的而不是孤立的。习近平总书记的概括对于引导党员干部和人民群众认识新时代互联网的内在本质和发展规律有着重要的启示作用，为在马克思主义大众化进程中的网络运用打下了思想认识基础。

第二，发挥互联网在马克思主义大众化中的作用。

从习近平总书记关于互联网认识的论述来看，互联网对社会发展的意义主要是正面积极的意义，关键是如何运用的问题。在马克

① 习近平：《在网络安全和信息化工作座谈会上的讲话》，人民出版社 2016 年版，第 16 页。

思主义理论和思想政治工作中，互联网带来的主要还是机遇，关键是如何将这种机遇变成现实效果，确实需要开动脑筋，解放思想，从互联网的规律出发，在马克思主义大众化过程中发挥互联网的积极作用。

要根据互联网的特点和规律，对马克思主义大众化的内容和目标进行分解和重组。互联网与传统的理论宣传阵地相比，有许多全新的特点，要在马克思主义大众化进程中运用好互联网，需要在传播内容上进行转换，在传播的外在形式，推送的力度与接口等问题上进行研究、思考和设计。马克思主义理论是一个理论性强，十分严肃的内容。如何在传播过程中，与互联网传播的轻松性与情感性相结合，与新时代社会大众的心理特征与接受习惯相结合，是马克思主义大众化进程与互联网运用相结合的关键问题之一。这就要求马克思主义大众化的理论工作者，将传统的理论宣传阵地与互联网传播进行融合，形成既发挥传统优势，又体现时代特征的马克思主义大众化新内容与新观点。习近平总书记要求："要适应社会信息化持续推进的新情况，加快传统媒体和新兴媒体融合发展，充分运用新技术新应用创新媒体传播方式，占领信息传播制高点。"① 占领信息传播制高点，必须在信息本身的内容的选择、表达与包装上下功夫，要在传统媒体的协助下，发挥对传播对象的吸纳作用与可控机制，让特定对象进入传播的有效范围，登陆传播平台。中共中央宣传部建立的"学习强国"学习平台就是这方面的成功典范与示范样板。

第三，坚持正确引导网络社会思潮。

---

① 中共中央文献研究室编：《习近平关于社会主义文化建设论述摘编》，中央文献出版社2017年版，第31页。

互联网的开放性与信息发布权的分散性，导致社会思潮不断向网络空间转移，网络空间成为社会思潮最主要的表达场所。因为传统传播空间中的可控性，制约了社会的弥漫和随意，而在互联网，任何人都可以将自身未经思考的观点和言论在网上进行传播。一些政治上带有目的的势力，往往以互联网空间为载体，有意识地传播与党和国家及其人民利益相左的观点，从而形成了网络空间社会思潮的极端复杂性。其中一些非马克思主义甚至反马克思主义思潮在其中传播和扩散，消解了马克思主义大众化的正面努力，阻碍了马克思主义大众化工作的顺利推进。所以，要推进新时代马克思主义大众化，在积极正面推进的前提下，还要以批判的态度和斗争的精神，勇于对网络空间中的错误思潮特别是非马克思主义和反马克思主义的思潮进行识别、引导和批驳。

习近平总书记对此问题高度重视，自党的十八大以来，多次向马克思主义理论工作者和网络空间的管理人员提倡“亮剑”精神。就是对网络空间中的错误亮出马克思主义斗争精神之宝剑。“要增强斗争精神，敢于亮剑、敢于斗争，坚决防止和克服嗅不出敌情、分不清是非、辨不明方向的政治麻痹症。”[①] 在网络空间中，由于监管方式的单一，更主要的还是由于一些党员干部的意识淡漠，甚至政治意识的弱化，在网络空间中经常有一些错误思潮大行其道，而一些党的理论工作者漠然视之，不批评、不斗争，甚至参与围观与转发，更有甚者，一些党的理论宣传工作者，宣传文化部门的公职人员，享受着党和人民提供优厚工作条件、生活待遇和精神荣誉，却不为党和人民代言，不为时代歌唱，不站在党和人民的立场上提问题及其解决方案，而站在对立面，替一些西方势力说话、代言，

① 习近平：《增强推进党的政治建设的自觉性和坚定性》，《求是》2019 年第 14 期。

灭中华民族的志气，长他人的威风。是典型的“吃人民的饭，砸人民的锅”的行为。习近平总书记对这一不正常现象早就提出了警示与批评：“互联网已经成为舆论斗争的主战场。”“西方反华势力一直妄图利用互联网‘扳倒中国’，多年前有西方政要就声称‘有了互联网，对付中国就有了办法’，‘社会主义国家投入西方怀抱，将从互联网开始’。”[①] 习近平总书记分析，当前网络中的意识形态阵地可分为三种“地带”，他形象地用三种颜色进行区分：一是红色地带，也就是党的理论工作者与绝大多数人民群众所主导的网上言论阵地。二是黑色地带，“第二个是黑色地带，主要是网上和社会上一些负面言论构成的，还包括各种敌对势力制造的舆论，这不是主流，但其影响不可低估”[②]。对于这一地带，党的理论宣传工作者和人民群众必须高度警惕，对其中一些非马克思主义和反马克思主义的言论和观点进行澄清和批驳，特别是对一些体制内的公职人员，必须进行严格管理和严肃教育，“绝不允许吃共产党的饭、砸共产党的锅”。[③] 三是灰色地带，对于这一地带，党的理论工作者和管理部门要进行说服与引导，将其转化为红色地带，起码不能让其向黑色地带滑落。

第四，增强网络阵地建设的本领和能力。

互联网是一个全新的事物，对所有的人而言都是同样的新事物，互联网朝着什么方向发展，有一定的逻辑分析方向，但也存在

---

① 中共中央文献研究室编：《习近平关于社会主义文化建设论述摘编》，中央文献出版社 2017 年版，第 28—29 页。

② 中共中央文献研究室编：《习近平关于社会主义文化建设论述摘编》，中央文献出版社 2017 年版，第 30 页。

③ 中共中央文献研究室编：《习近平关于总体国家安全观论述摘编》，中央文献出版社 2018 年版，第 111 页。

着极大的非线性发展方向，这些非线性发展方向与模态，任何一个人都难以把握，唯有对当下的互联网本质特征进行理解，并提升互联网运用的本领和能力，才能赢得主动，才能利用互联网达成自己的预期目的。中国共产党人就是要善于学习和掌握互联网这个新事物，克服本领恐慌。习近平总书记指出："要解决好'本领恐慌'问题，真正成为运用现代传媒新手段新方法的行家里手。要深入开展网上舆论斗争，严密防范和抑制网上攻击渗透行为，组织力量对错误思想观点进行批驳。"①

要增强网络阵地建设的本领和能力，最重要的就是学习和运用互联网和操作技术，互联网是一项技术性很强的多维性的存在样态与发展空间，需要很强的技术操作能力才能很好地利用。党的理论工作者必须在马克思主义大众化的过程中，提高运用互联网载体和平台的技术操作能力，没有技术操作能力，就不可能参与到互联网空间之中去，就不可能将马克思主义的基本原理和观点分解和转化为互联网传播的形式，最多也就是将传统的形式全盘端到互联网上去，例如，在课堂讲授马克思主义理论时，将原来的黑板粉笔变成电子投影，其内容没有切换和重组，这样的操作技术和手段就达不到利用互联网推进马克思主义大众化的预期效果。

（三）高度重视新时代马克思主义大众化的话语表达创新

无论是传统理论宣传阵地，还是互联网空间，马克思主义大众化都是通过话语来表达和传递的。这里所说的话语主要是指语言

① 中共中央文献研究室编：《习近平关于社会主义文化建设论述摘编》，中央文献出版社 2017 年版，第 29—30 页。

（书面和口头），当然也包括其他的表达形式（如图像影视）。话语是理论观点和思想主张的外化。理论观点和思想主张的内在逻辑十分重要，但这种逻辑的外在表达，特别是其传播能力也有着重要的作用，在当今知识和信息传播复杂多元，受众接收的信息丰富多样，在多样化的情形下，任何一种理论和思想都存在着如何抓住受众的问题。抓住受众就必须以符合受众心理特征和接受习惯的话语表达方式，马克思主义大众化的话语创新直接影响甚至决定实际效果。党的十八大以来，党中央和习近平总书记对于马克思主义理论、中国特色社会主义理论特别是习近平新时代中国特色社会主义思想宣传中的话语表达创新进行了深入思考，并进行了卓有成效的实践探索，力推马克思主义大众化进程中话语表达中的中国风格、中国特色和中国气派。

第一，推进马克思主义理论话语体系的建设和创新。

马克思主义有着一套严谨而科学的理论话语体系，中国共产党在推进马克思主义中国化进程中，也进行了马克思主义理论的话语转换与创新，这些都是新时代马克思主义大众化进程中话语创新的重要基础和前提。但今天的经济社会发展新形势，特别是互联网条件下的生产方式、生活方式与交往方式发生了深刻变化，因此，在坚持马克思主义经典作家的理论话语的前提下，要高度重视和大力推进新时代马克思主义理论话语的创新工作。

首先，要创新和建设马克思主义哲学社会科学话语体系。哲学社会科学话语体系是马克思主义理论话语创新的基础条件，因为哲学社会科学是通过学理和逻辑对马克思主义经典理论的时代阐释，是理论宣传话语资源和语料储备。没有丰富而深厚的哲学社会科学的学理和逻辑话语储备，理论宣传话语就缺乏来源，就会失去活力，就没有底蕴，就会变成枯燥的政治口号。所以，习近平总书记对新时代中国哲学社会科学的话语体系建设和创新高度重视，并进行了部署，提出了要求。在2016年举行的哲学社会科学工作座谈会，2019年举行的学校思想政治理论教师座谈会上，习近平总书记多次反复强调这一问题。

在2016年5月17日的哲学社会科学工作座谈会上，习近平总书记用了一大段的篇幅来讨论中国特色的学术话语问题。他强调，宏伟的改革开放伟业和火热的中国特色社会主义实践，为学术话语体系建设和创新提供了鲜活的素材和原料。中国共产党领导中国人民奋斗出来的发展奇迹，中国人特别是中国的哲学社会科学工作者，最有条件也最有资格用最恰当的学术话语把这一伟大过程叙述出来，把其中的本质和规律揭示出来。习近平总书记进一步指出，目前中国哲学社会科学在这方面的工作做得不够，中国共产党的伟业、中国人民的传奇没有通过适当的话语呈现和表达出来，中国故事、中国叙事还没有在国际上得到有效传播和认同，更没有达成共识。“我国哲学社会科学在国际的声音还比较小，还处于有理说不出、说了传不开的境地。”[①] 习近平总书记指出了问题的原因和解决的思路，其中最为关键的问题就是从哲学社会科学的学术概念凝练与概括抓起。要从中国共产党领导中国人民进行中国特色社会主义伟大实践的丰富事实材料中提炼出具有概括性和覆盖面的学术概念，由学术概念扩充成为学术话语。这是当前中国哲学社会科学学术话语体系建设和创新的重要路径。“要善于提炼标识性概念，打造易于为国际社会所理解和接受的新概念、新范畴、新表述，引导

① 习近平：《在哲学社会科学工作座谈会上的讲话》，人民出版社2017年版，第24页。

国际学术界展开研究和讨论。”①

其次，要创新和建设理论宣传话语体系。学术话语具有严格的学理和逻辑性，它是理论宣传话语的基础，也是马克思主义大众化话语前提，马克思主义大众化的主要话语还是理论宣传话语，它要以学术话语为基础。所以，在马克思主义大众化进程中，必须要在学术话语基础上，建设和创新适合新时代特征的话语体系，从而让马克思主义的基本原理在这些话语下顺利推送到受众之中去。党的十八大以来，党中央和习近平总书记对理论话语创新的工作高度重视。习近平总书记对理论宣传话语中存在的一些不适应现象进行了批评，并对新时代理论宣传话语体系建设和创新指明了方向。“要在理论上、笔头上、口才上或其他专长上有‘几把刷子’。一个道理能深入浅出阐释清楚，走到哪里能很快同群众打成一片，讲的话群众喜欢听，写的文章群众喜欢看，这样才主动，才能得心应手。”②

第二，挖掘和利用优秀传统文化的话语资源。

中华优秀传统文化在表达马克思主义基本原理上，特别是表达和传播中国化马克思主义基本观点与实践经验上，有着一定的优势，同时，更为重要的是，中国传统文化话语资源所表达的马克思主义和中国化马克思主义，比较容易为中国人民所接受。这在马克思主义大众化发展史上是有丰富经验的。延安时期，一句“实事求是”就把马克思主义认识论概括和涵盖进来，为党员干部和人民群众所接受和理解；改革开放时期的“小康”概念成为动

① 习近平：《在哲学社会科学工作座谈会上的讲话》，人民出版社2017年版，第24页。

② 中共中央文献研究室编：《习近平关于社会主义文化建设论述摘编》，中央文献出版社2017年版，第32页。

员战略目标的最简洁概括，成为动员全国人民为中国特色社会主义事业和美好生活而奋斗的话语标志。在中国特色社会主义新时代，习近平总书记在运用中华优秀传统文化的资源表达新时代中国特色社会主义的伟大实践方面，进行了全方位探索，在他每一篇重要的讲话、文章、报告、批示中，都会出现中华优秀传统文化中的优质话语资源，很好地表达和阐释新时代的内容。如“初心”与马克思主义理论的原始逻辑和社会主义实践出发紧密结合，包含着中国共产党人最根本目标，让党员干部深深理解自身的使命与责任，让人民群众看到中国共产党人的赤诚热心。“习近平用典”已经成为理解习近平新时代中国特色社会主义思想的密钥。

第三，借鉴和利用外来文化的话语资源。

人类文明原本就是一个朴素联系的系统，在近代民族历史成为世界历史之后，包括话语在内的人类文明交流就成为各民族人民推动自身发展的重要前提和工具，因为话语之中蕴含着理论知识和实践方案，对先进和科学话语的吸收和运用，就是吸收、运用其他民族和文明的智慧与方案，就会推动本国理论的进一步丰富和发展，就会更具有阐释力和传播力。党的十八大以来，习近平总书记站在发展 21 世纪马克思主义的高度，在百年未有之大变局的国际形势下，坚决主张世界各种理论、各种文明朴素借鉴，共同发展。马克思主义作为在一个时间序列上前进，在空间维度开放的理论体系，从来没有停滞过吸收人类文明发展过程中的一切有益成果，包括话语资源。21 世纪马克思主义必然是世界的马克思主义，所以，它必须以世界先进话语来表达。习近平总书记在纪念马克思诞辰 200 周年大会的讲话中指出：“用宽广视野吸收人类创造的一切优秀文明成果，坚持在改革中守正出新、不断超越自己，在开放中博采众长、不断完善自己，不断深化对共产党执政规律、社会主义建设规律、人类社会发展规律的认识，不断开辟当代中国马克思主义、21世纪马克思主义新境界！”①

① 习近平：《在纪念马克思诞辰200周年大会上的讲话》人民出版社2018年版，第27页。

第七章

马克思主义大众化的历史经验与当代使命

列宁在谈到工人阶级理论教育的重要性时写道：“工人本来也不可能有社会民主主义的意识。这种意识只能从外面灌输进去。各国的历史都证明：工人阶级单靠自己本身的力量，只能形成工联主义的意识，即必须结成工会、必须同厂主斗争、必须向政府争取颁布工人所必要的某些法律等等的信念。”[①] 列宁的这一重要论述为马克思主义大众化提供了思想基础和逻辑前提。马克思主义大众化的根本目的就是要用马克思主义理论说服人民群众，要说服人民群众就必须彻底，也就要对马克思主义的原理进

① 《列宁选集》第1卷，人民出版社2012年版，第317页。

行群众性转换。马克思主义大众化的过程包括两个环节：把马克思主义基本原理转化成为能够说服群众的理论；用能够说服群众的理论去说服群众。用马克思主义基本理论和中国化马克思主义思想武装党员干部和人民群众，是马克思主义大众化的关键环节。在马克思主义大众化的两个环节中，中国共产党精心设计，精准实施，克服各种困难，坚持不懈地推进马克思主义大众化，积累了马克思主义大众化的丰富经验。在中国特色社会主义新时代的今天，马克思主义大众化面临着新的更为光荣和更加艰巨的历史使命与现实任务。正如习近平总书记在党的十九大报告中指出："必须推进马克思主义中国化时代化大众化，建设具有强大凝聚力和引领力的社会主义意识形态，使全体人民在理想信念、价值理念、道德观念上紧紧团结在一起。要加强理论武装，推动新时代中国特色社会主义思想深入人心。"①

① 习近平：《决胜全面建成小康社会　夺取新时代中国特色社会主义伟大胜利——在中国共产党第十九次全国代表大会上的报告》，人民出版社2017年版，第41页。

一、马克思主义大众化的历史作用

毛泽东对马克思主义大众化的重大理论意义与实践作用多次给予高度评价，其中最为深刻的论述就是："马克思列宁主义来到中国之所以发生这样大的作用，是因为中国的社会条件有了这种需要，是因为同中国人民革命的实践发生了联系，是因为被中国人民所掌握了。任何思想，如果不和客观的实际的事物相联系，如果没有客观存在的需要，如果不为人民群众所掌握，即使是最好的东西，即使是马克思列宁主义，也是不起作用的。"[①] 毛泽东揭示了马克思主义大众化最深刻的意义，同时也论述了马克思主义大众化在中国革命中的最为关键环节。马克思主义理论具有先进性与科学性，但这种先进性与科学性，本身并不能发挥作用，只有被人民群众掌握运用，才会在革命实践中发挥巨大作用，马克思主义理论最早在19世纪末就已经传入中国，直到1917年俄国十月革命之前，都没有产生太大的影响，更没有在中国革命中发挥应有的作用。其根本原因就是人民群众没有理解、掌握和运用马克思主义，也就是没有推进马克思主义大众化这一重要工作。所以，马克思主义的科学性和先进性，对中国革命来说，几乎是没有意义的。毛泽东在中国新民主主义革命取得胜利，中华人民共和国即将成立的时候，总结中国革命胜利的基本经验，将马克思主义大众化放在一个极其重要的地位来论述。

① 《毛泽东选集》第4卷，人民出版社1991年版，第1515页。

（一）中国革命、建设和改革开放的思想保证

列宁在其著名的《怎么办》一文中指出："没有革命的理论，就不会有革命的运动。"[①] 从马克思主义大众化的维度上，还可以进一步说，没有人民群众掌握和运用的理论，就不会有革命的运动，因为革命运动绝对不是少数精英分子的密谋和策划，也不是少数武装分子的暴动和造反，真正的革命特别是无产阶级革命是最广大的劳动群众为推翻旧的政权，建立新的社会制度而进行的有组织、有纲领的集体行动。这纲领和组织必须以深厚的理论为基础，深厚的理论基础，必须建立在理论宣传教育之上。在中国革命、建设和改革开放进程中，如果将其统称为革命运动的话。那么，对人民群众的马克思主义理论宣传教育，就是这些运动启动、演进并最终取得胜利的必要前提。因为这一前提，为人民群众的实践提供了思想基础。

中国共产党第一次全国代表大会的第一份决议案，十分重视对马克思主义理论宣传特别是向工人群众的宣传，用"工人学校"为名的章节专门进行了规定："工人学校应逐渐变成工人政党的中心机构，否则，这种学校就无需存在，可予以解散或改组。学校的基本方针是提高工人的觉悟，使他们认识到成立工会的必要。"[②] 这就说明中国共产党从成立伊始，就将在劳动群众进行理论宣传教育提到了重要的地位来看待，正是这种奠基性的重视，开启了中国共产党百年发展历程中的优良传统——坚持对人民群众进行马克思主义

① 列宁：《怎么办》，人民出版社 2018 年版，第 24 页。

② 中共中央文献研究室编：《建党以来重要文献选编（1921—1949）》第 1 册，中央文献出版社 2011 年版，第 5 页。

大众化教育。因为有了这一优良的传统，中国革命、建设和改革开放才始终有着深厚的群众基础，中国共产党的方针政策才会得到人民群众的理解和执行，正是掌握了马克思主义立场、观点，人民群众才会在实践中创造出一些宝贵的经验，才会帮助中国共产党克服困难坚持真理，修正错误。

马克思主义大众化为中国革命、建设和改革提供了根本动力。建立一个人民富裕、民主文明的社会，这是马克思主义理论、俄国革命经验所指明的方向。这一方向通过马克思主义大众化，为中国人民所接受、理解和运用，从而为中国人民解放、建设和发展的伟大实践，为中国民主革命和社会主义建设伟大事业提供了明确方向。亿万中国人在这一方向的激励下，焕发出无穷的热情和动力。

1840 年以来，中华民族进入了发展的低潮时期，国家积贫积弱，人民生活痛苦，民族危亡衰落。一批志士仁人曾经奋起斗争，希望动员广大人民改变这种状况，然而，由于没有正确的理论，不能真正将人民群众发动和组织起来，不能让人民群众理解和运用他们的理论，改变近代中国社会的设想和计划，成为少数精英分子的密谋与策划，最终与最广大人民群众没有联系。这是由理论背后的阶级立场与利益框架所决定的。他们的理论并不是彻底为人民群众服务，而只是在实现他们的阶级利益的前提下，顺便实现人民群众的利益，如洪秀全农民起义，最后成为少数利益集团，将人民群众的利益置于事外，甚至走向人民群众的对立面，所以人民群众在跟着他们实践了一段时间之后，发现他们并不是真正代表人民群众利益，最后都一哄而散。马克思在《共产党宣言》中说：“为了拉拢人民，贵族们把无产阶级的乞食袋当作旗帜来挥舞。但是，每当人民跟着他们走的时候，都发现他们的臀部带有旧的封建纹章，于是就哈哈大笑，一哄而散。”[①] 无论是康有为、梁启超还是孙中山，他们的改良思想或革命理论，都是从资产阶级的利益出发，这种狭隘的阶级利益扩展成整体利益，这种扩充实际上是一种虚假的宣传，实际上并不完全代表人民的利益，当他们改良或革命接近取得胜利的时候，他们为了与反动统治阶级做交易，就毫不犹豫地将人民群众的利益出卖了。人民群众的眼睛是雪亮的，一种政治势力不根本和彻底代表人民群众利益，人民群众也就不会真正地跟随他们的理论和实践。

中国共产党之前的任何政治势力，他们的理论不仅不根本代表人民利益，更重要的是他们不将这一理论交给人民群众。也就不愿意或者没有能力将他们的理论宣传推送到人民群众中去，人民群众就不了解，也就不会真正支持和实践这种理论。孙中山的民主革命理论本来还是一个在一定程度上（不是根本上）代表人民利益的理论，但孙中山没有将这种理论宣传到最广大的人民群众之中去，总是在一些所谓的上层精英和海外华人中进行传播，人民群众不知道或没有全部理解孙中山的理论。因此，人民群众就不会真正参与孙中山领导的革命行动中去，特别是底层的劳动人民，像鲁迅笔下的阿Q，只知道城里有人造反，并不知道是孙中山的辛亥革命。孙中山领导的国民党没能将其三民主义大众化，人民群众就不可能成为辛亥革命的力量。孙中山晚年在中国共产党和苏联人的帮助下，明白了其革命失败的原因，就是没有唤起民众，联合农工，所以，在最后的革命生涯中，他明确并执行了其“唤起民众”“扶助农工”的理念，可是为时已晚，当时的情形已经不允许他彻底推进三民主义大众化了。正因为如此，孙中山只能在“革命尚未成功，同志仍

① 《马克思恩格斯选集》第1卷，人民出版社2012年版，第424页。

须努力”的遗憾中去世。因为他找到革命动力的时间太晚了。

中国共产党从一开始并且一直坚持将自己的理论宣传推送到人民群众中去，中国共产党还没有成立的时候，各地党组织就在办工人夜校，推动马克思主义大众化，自此之后，无论是在革命时期，还是在建设时期和改革开放时期，始终坚持在人民群众中推进马克思主义理论、中国化马克思主义理论的大众化。这样，人民群众就了解中国共产党领导的事业的根本方向与目的，也明白这一理论和共产党的实践就是与人民群众利益紧紧联系在一起的，人民群众掌握了马克思主义，就会紧跟共产党进行革命、建设和改革开放的伟大实践，中国共产党领导的伟大事业就充满着无穷的力量。这种力量就是最广大的人民群众，人民群众成为前进的力量，就因为他们掌握了前进的理论。

（二）中国社会进步的思想基础

中国传统社会有着丰富的思想文化基础，中华民族有着丰富的治国安邦、安身立命的理论和智慧。正是这些文化思想和理论智慧，造就了连绵不断的中华文明。然而，中国传统文化和思想理论是建立在自然经济和封建宗法社会之上的。当西方从自然经济进入商品市场经济之后，一种全新的生产方式就产生了，因而在这一基础上衍生出了高于宗法社会的政治制度和治理方式，这就给还处于自然经济和封建宗法社会的中国传统文化思想带来了巨大冲击。李鸿章称之为“此三千余年一大变局也”[①]。曾经得心应手的中国传统文化思想在西方文化思想面前，被动局促，左右为难。中国人陷入巨大的文化思想供应不足的境地。实际上，近代一切危机都是以文

---

① 《李鸿章全集》第 2 册，海南出版社 1997 年版，第 676 页。

化思想危机为基础的。中国传统文化再不能为中国社会进步提供思想基础。因为这套文化思想不能应对复杂的近代社会问题，它只能处理自然经济条件下人际道德关系的治理和个体精神世界的反思，它将人际社会关系简化到最低限度，将个人（家庭）的功能放大到极致，社会关系主要表现为宗族血缘关系。这种关系不需要复杂的社会理论来应对处理，但在以商品生产和市场交易为基础的复杂社会关系之下，中国传统简化的人际关系理论，无法适应和处理复杂关系，所以，在西方社会将中国强行拖入近代商品社会之后，中国的社会就开始混乱了，因为中国传统文化思想处理不了这种复杂关系。而此时传入中国的一些思想理论，由于其本身的缺陷而未能为群众所接受和运用，所以并没有很好地对中国传统文化思想形成替代。在某种程度上来说，从 1840 年开始到 1917 年马克思主义在中国民众中传播之前，中国民众的思想理论处于混沌状态，旧的传统思想理论已经失效，新的思想理论又还没有建构起来。所以，这一段时间，中国社会就处于长期的停滞阶段。因为没有推动社会进步的思想基础和行动方案，1840 年后的中国社会的进步没有什么突出表现。

1917 年后，马克思主义在中国开始形成规模传播，特别是中国共产党成立后，致力于推动马克思主义大众化，在不同的时代，用不同的手段和方法，提升马克思主义大众化的实际效果，人民群众对马克思主义世界观和方法论、中国化马克思主义的认知、理解和运用越来越自觉，正是随着这种理论自觉性的不断提升，中国社会进步与发展的思想基础越来越坚实。

第一，对社会发展规律的认识越来越清晰。

中国共产党在进行马克思主义历史唯物主义的宣传教育中，使人民群众形成了较为清晰的社会发展史观。社会发展史观的不断教育，使人民群众了解和认识了社会发展规律，知道社会进步与发展的最根本原因还是在于人民群众的自我努力。这就为社会的发展进步提供了最基本的思想基础。

首先，马克思主义唯物史观让中国人民相信了人在社会发展中的作用，这是中国人民对社会发展认知的一个重大改变。这种改变与中国共产党坚持推进马克思主义大众化特别是马克思主义社会发展史教育是密不可分的。在中华人民共和国成立初期的马克思主义大众化进程中，中国共产党将唯物史观中的社会发展史，作为各阶层学习教育的重要内容。以不同的方式推进不同群体的人民群众的社会发展史教育之中，在知识分子中，主要从唯物辩证法一元论的高度，破除长期统治中国知识分子的资产阶级和传统封建哲学的唯心史观。将社会发展的真正力量从唯心的神秘力量、精英力量转向为人民群众力量。毛泽东在中华人民共和国成立前夕写了一篇重要的文章，就是分析和批判中国知识分子中普遍存在的美国式唯心史观的倾向，引导中国人民特别是中国知识分子要破除唯心史观，用唯物史观来分析中国的问题，将人民群众作为社会进步的主体。这对于纠正知识分子轻视人民群众力量、迷信西方和外部力量的思潮与倾向有着重要的作用。

其次，在劳动人民中大力推进社会发展史的宣传教育，使人民群众改变将自身的命运寄托在别人头上的倾向。在唯心史观的影响下，劳苦大众总是幻想有一种外部力量来解救和改变自身悲惨命运，这种外部力量表现形式多种多样，如神仙、侠道、祖先、菩萨等，就是没有看到自身的力量，总是没有想到依靠自己的奋斗而改变现状。中国共产党成立后，马克思主义大众化在劳动群众中宣传教育的最为核心内容就是靠自己。这也是马克思主义理论教导群众自己解放自己，自己推动社会进步，从而获得自身解放和利益的最根本观点。《国际歌》的歌词含义在马克思主义大众化的社会发展史教育中，发挥了重要作用。如“从来就没有救世主，也不靠神仙皇帝”，正是唱着这样的歌曲，在马克思主义大众化进程中的社会发展史教育中，中国人逐渐改变了幻想和信赖外部力量的思想，每个人都成为社会进步的主要力量。正是这种主体和力量，在民族解放战争中冲锋陷阵，一往无前，在日本帝国主义侵略者面前筑起了英勇抗战的铜墙铁壁；正是这种主体和力量，在社会主义建设的困难时期，坚定不移，奋力探索，创造了无数社会主义社会进步的奇迹；正是这种主体和力量，在改革开放时期，激发了经济发展的强大动力，推动着中国社会快速进步和发展。在当今的中国特色社会主义新时代，人民群众正依靠自己的力量昂首阔步走在中华民族伟大复兴的康庄大道上，正在用自己的双手创造美好生活。

第二，对集体主义观念的理解与运用越来越自觉。

将依靠自己、个人奋斗的意识激活和发挥出来，只是马克思主义大众化进程中社会发展史理论教育的一个初步功能，更为重要的是，马克思主义唯物史观理论中的核心内容，就是人民群众必须团结和组织起来，形成强大的集体力量，才能在推进社会发展进步中发挥作用。个人力量的作用并不是马克思主义唯物史观的重点旨趣，而将无数普通劳动群众看起来微不足道的力量汇集，成为不可阻挡的集体力量、社会力量，才是马克思主义唯物史观的核心要义。马克思主义唯物史观要将所有的民众都动员和组织起来，这样才能与一切阻碍社会进步的力量进行坚决斗争。这也是马克思主义唯物史观必然主张社会主义实践的根本原因，马克思主义唯物史观不是以个人身份来介入社会的发展与进步，而是以“社会集体”的力量来推动历史的进步，所以才称为社会主义。马克思主义唯物史观中的团结奋斗的集体理念，与中国近代社会的契合性与适应性十分匹配，因为中国近代落后的一个重要原因，就是中国传统思想文化所形成的分散倾向，没有形成整体的力量，从而无法与封建专制与侵略势力抗衡和斗争。中国共产党成立之后，在马克思主义大众化进程中，主要对人民群众进行团结和联合教育，把思想分散、行动分散的人民群众凝聚起来，形成统一而强大的力量，来打破封建专制与侵略势力对中国社会进步与发展的阻挠。

毛泽东对马克思主义唯物史观中的集体力量和人民团结有着深刻的认识，1919 年 8 月，毛泽东就撰写了《民众的大联合》长文，在《湘江评论》上分三期发表，年轻的毛泽东以其对马克思主义唯物史观的初步理解，向广大的人民群众宣传联合起来的道理。

> “郡〔群〕”和“社会”就是我所说的“联合”。有大群，有小群，有大社会，有小社会，有大联合，有小联合，是一样的东西换却名称。所以要有群，要有社会，要有联合，是因为想要求到我们的共同利益，共同利益因为我们的境遇和职业不同，其范围也就有大小的不同。共同利益有大小的不同，于是求到共同利益的方法（联合）也就有大小的不同。[①]

自此之后，以毛泽东为代表的中国共产党人在马克思主义大众化的进程中，始终把这一基本原理反复向人民群众传送，分散的中国人民终于在马克思主义大众化的理论宣传之下，团结和组织起来，成为强大的推动社会进步与发展的力量。正如《义勇军进行曲》中所唱的“我们万众一心，冒着敌人的炮火，前进”。这是马克思主义唯物史观教育下的思想结论，这里有着深刻的思想逻辑，这种思想逻辑与社会进步的规律十分吻合：只有万众一心，才能冒

---

① 中国社会科学院现代史研究室、中国革命博物馆党史研究室选编：《“一大”前后》（一），人民出版社 1985 年版，第 86 页。

着敌人的炮火，没有万众一心，就不可能冒着敌人的炮火，就会被敌人的炮火所吓跑，就会被敌人的炮火所击溃，只有万众一心，才能在敌人的炮火下勇敢战斗，从而以前进的姿态，争取自身的解放和社会的进步。抗日战争时期，全民族抗战的状态形成是以马克思主义大众化为思想基础的，没有马克思主义大众化，就没有全党对最广泛的抗日民族统一战线必要性的深刻认识，也没有人民群众对抗日民族统一战线的全面认同和热烈响应，也就不可能有全民族浴血奋战的局面。

（三）中国人民文化素质提升的思想条件

文化素质是思想理论素质的基础，只有文化素质的提升才能促成思想理论水平的提升。马克思主义大众化最深层的功效就在于从最深层次的文化素质对人民群众进行了洗礼和重塑。马克思主义大众化锻造了中国近现代的文化形态，从而为正确思想理论的形成提供了文化观念的支撑。新文化运动的结论是必然要走向马克思主义大众化，因为只有马克思主义世界观与方法论才是最先进的文化观念。要在中国传播新文化，就必须传播以马克思主义世界观和方法论为基础的，融合其他文化资源的文化。中华人民共和国成立以后，从深层次的文化观念角度推进马克思主义大众化，而马克思主义的基本文化观念与中国传统优秀文化又有着一定的契合度。例如，中国传统的集体本位意识，与马克思主义的社会集体观念是比较一致的，中国传统文化的平均理念与马克思主义的公平正义理念比较接近。正因为这种契合度和接近性，中国人民群众在理解和运用马克思主义基本理论的时候，有着一定的先行文化基础。这也是马克思主义理论和社会主义实践能在中国发展起来的深层原因，而中国共产党努力推进的马克思主义大众化，将这种深层原因表层化和外显化，成为一种行动力量的文化驱动。

第一，提升了人民群众文化素养的科学性。

中国传统文化总体上说是唯心主义的，人民群众的文化观念体系中，非科学、非理性的内容和特征应该是主要的。而正是这种非科学性，妨碍了中国现代文化体系的建构与形成，所以，经历了多次革命和社会变革失败后的中国知识分子，意识到要在中国人民群众中宣传科学的文化，所以，新文化运动的主要内容就是提倡科学，反对迷信。然而，迷信的基础是唯心主义，没有唯心主义的哲学意义上的破除，要让科学文化在中国人民群众中确立是不可能的，所以，新文化运动的宣传最终走向马克思主义的宣传，其原因也就在于此。因为只有在宣传唯物主义和无神论观念之后，科学文化才能在观念和头脑中产生和巩固。所以，新文化运动的得力干将最后大多都变成了马克思主义者。中国共产党成立后，一直致力于推动马克思主义哲学特别是无神论教育，这就为提升人民群众文化素养的科学性奠定了哲学基础。毛泽东在1940年发表的《新民主主义论》中指出：

这种新民主主义的文化是科学的。它是反对一切封建思想和迷信思想，主张实事求是，主张客观真理，主张理论和实践一致的。在这点上，中国无产阶级的科学思想能够和中国还有进步性的资产阶级的唯物论者和自然科学家，建立反帝反封建反迷信的统一战线；但是决不能和任何反动的唯心论建立统一战线。[①]

毛泽东在这里提出了中国现代社会文化建设的目标和纲领，那就是要以科学文化为基本的纲领，以提升人民群众的科学素养为基本目标。正是在这一基本纲领和目标下，中国共产党在马克思主义

① 《毛泽东选集》第2卷，人民出版社1991年版，第707页。

大众化进程中，坚持科学理性教育。中华人民共和国成立后，中国共产党对乡村社会进行了较为彻底的改造，其中一项重要的内容就是文化改造，而文化改造的核心内容之一就是破除迷信教育。中华人民共和国成立初期大规模反对迷信宣传教育之后，乡村文化氛围得到了较大改观，虽然还存在一些个别的迷信残余思想和行为，但整体上看，过去那种神秘、恐惧和残忍的文化理念作为一种观念体系和意识形态在乡村已不复存在，任何一种在农村和农民群众中恢复迷信的企图都无法在中华人民共和国的乡村得到实施，迷信作为一种整体性的文化理念状态在乡村一去不复返。这是马克思主义大众化在乡村社会发展中的伟大成果和重要意义。

第二，提升了人民群众文化思想的民主性。

民主是马克思主义理论中的重要概念，在继承近代启蒙运动基本内涵的同时，赋予了民主概念更多的平等性和社会性的内容。马克思主义关于民主概念的内涵论述，对中国人民的文化理念有着双重启蒙的重大意义。这一意义的实现是通过长期的马克思主义大众化来完成的。

中国共产党继承了新文化运动的民主传统，在理论和宣传教育中，将民主概念经典意义进行了充分表达和呈现，实现人民群众从封建专制理念向民主平等的一般意义上的转化，完成了旧民主主义革命进程中没有完成的民主启蒙任务。这是马克思主义大众化在领导新民主主义革命进程中，对文化进行创新和重构的核心内容和任务。中国共产党一直为此进行不懈的努力。这一努力是通过两个方面的行动来实现。

首先，高举反封建的旗帜。民主与专制是对立的，专制是封建社会的最主要表现形式，要反对专制就必须反对封建。这是中国共产党用马克思主义理论教育人民群众的前提性行动，也是中国共产党与之前其他民主力量在推进民主教育时的根本区别。之前的一些政党或者政治势力在宣传民主文化理念时，并没有彻底以反封建为前提。因为没有在清除封建文化基础上进行的民主教育和宣传，都不能取得预期效果，甚至还会形成民主外衣之下封建买办文化的扭曲。中华人民共和国成立之前的城市文化带有明显的封建买办文化特征。这也是民国文化的重要特征，在提倡民主概念上貌似坚决，但对封建文化却又不敢或不愿彻底清除，最后形成了长袍马褂和西装革履集于一身的荒诞的半殖民地半封建文化形态。中国共产党在宣传民主文化理念之前，必须对封建文化进行彻底批判。中国共产党认为只有在彻底清除封建文化的基础上，民主文化才会有生存与发展的土壤和空间。

其次，以争取民族和人民生存与发展权作为民主文化理念宣传教育的核心。在马克思主义看来，民主必须是一种集体生存的民主，而不是西方古典意义上的个体民主，最为核心的是民族权利的公正和民族尊严的平等。这对于沦为半殖民地半封建社会的中国来说，是民主最主要的问题，也是实现民主的最基本任务。任何个体民主必须依赖于这一民主前提的实现。毛泽东在《新民主主义论》中写道："帝国主义文化和半封建文化是非常亲热的两兄弟，它们结成文化上的反动同盟，反对中国的新文化。这类反动文化是替帝国主义和封建阶级服务的，是应该被打倒的东西。不把这种东西打倒，什么新文化都是建立不起来的。不破不立，不塞不流，不止不行，它们之间的斗争是生死斗争。"① 一切封建军阀及其主子帝国主义都必须予以坚决反对，只有在反对这些反动专制势力的基础上，才能清理存在于社会并且占主导地位的封建思想，民主文化理念才

① 《毛泽东选集》第2卷，人民出版社1991年版，第695页。

得以形成。

再次，通过新民主主义文化宣传和建设的过程来实现。马克思主义文化理论引导近代中国的文化改造，最后必然形成新民主主义文化。新民主主义文化是传统的民主文化向社会主义文化过渡的文化形态。既保留着传统的近代资产阶级民主文化的基本内容，又蕴含了社会主义文化的要素。毛泽东在《新民主主义论》中系统论述了新民主主义文化的民主内涵和表征："这种新民主主义的文化是大众的，因而即是民主的。它应为全民族中百分之九十以上的工农劳苦民众服务，并逐渐成为他们的文化。"[①] 马克思主义大众化的宣传教育最终让人民群众认识和理解到所谓民主文化就是为大多数人民群众服务的文化。这种宣传教育就给人民群众积极学习新民主主义文化提供了强大的动力。因为这种文化就是为自身服务的，就是自身利益的观念反映。正因为有了这样的逻辑，中国共产党的马克思主义大众化宣传教育，最终完成了近现代中国人民的民主启蒙，提升了中国人民文化理念中的民主素养。

第三，提升了人民群众文化素养的革命性。

马克思主义理论是革命的理论。所谓革命的理论就是发展而进步的理论，主张以推动历史发展而让绝大多数劳动人民获得物质和精神利益，实现人的全面自由解放。革命是马克思主义理论的内在价值取向，也是马克思主义理论的外在行为主张。一切理解和信仰马克思主义理论的人，必然是主张通过相应的行动推动历史发展而取得社会进步的。所以，中国人民在认识和理解马克思主义理论的过程中，必然也会形成以发展变革为主要价值取向和行为主张的文化理念。这一理念的形成，在近代中国历史上有着极其重要的作

① 《毛泽东选集》第 2 卷，人民出版社 1991 年版，第 708 页。

用。因为自汉唐以后，中国文化的革命性不断衰减，到了宋明之后，出现了严重的保守文化，以“天不变，道亦不变”的理念为基本准则，在指导人们思维和行动的过程中，呈现出越来越严重的保守性和反动性。而到了清朝之后，中国传统文化的保守性向反动性或者反革命性蜕变，形成了腐朽没落的文化形态，阻碍了中国社会的变革与进步。

以马克思主义为指导思想的中国共产党，其革命性特征是十分突出的。为了将广大人民群众从传统的保守甚至反动文化中解放出来，积极参与中国共产党领导的革命行动，中国共产党在马克思主义大众化的进程中，十分注重对文化理念中革命价值取向的培育与涵养，始终注重去除中国人民内心的保守文化观念。毛泽东对于中国人民革命性的培养有着深刻的认识，他在《湖南农民运动考察报告》中写道：

很短的时间内，将有几万万农民从中国中部、南部和北部各省起来，其势如暴风骤雨，迅猛异常，无论什么大的力量都将压抑不住。他们将冲决一切束缚他们的罗网，朝着解放的路上迅跑。一切帝国主义、军阀、贪官污吏、土豪劣绅，都将被他们葬入坟墓。[①]

正是中国共产党在理论上关于革命的赞颂与宣传，在实践上的革命动员和组织，让中国人民从静止保守理念的束缚中解放出来，为了自身利益敢于冲破一切反动制度压迫和阻挠，采取坚决的反抗行动。这就是文化理念中的革命性。

在中华人民共和国成立后，中国共产党在马克思主义大众化进程中，依然强调对党员干部和人民群众的革命理想、革命信念和革命立场教育，中国人民将中国的自强进取精神和马克思主义的现代

① 《毛泽东选集》第1卷，人民出版社1991年版，第13页。

革命精神结合起来，形成了中国社会主义制度下特有的奋斗创新文化理念，无论是在探索社会主义建设的道路上，还是在改革开放的征途中，中国人民的革命文化理念一直促使中国人民奋斗创新，成为其永远前进的精神动力和精神支柱。

二、马克思主义大众化的历史经验

中国共产党推进马克思主义大众化的百年历程，时间序列长，空间范围广，内容十分丰富，过程十分辉煌，成就十分显著。有着系统而厚重的丰富经验，当然也存在一些深刻的教训。无论是厚重的经验还是深刻的教训，都是中国共产党在新的百年历程开启之后，继续更好地推进马克思主义大众化伟大工程的宝贵借鉴与参照，是未来马克思主义大众化道路的历史依据与现实起点。

（一）坚持理论宣传与群众利益相结合

马克思主义大众化的最根本特征，就是激活群众的理论兴趣和接受动力。因为没有群众的认识兴趣和接受动力，马克思主义大众化就会成为单向的理论散布，没有受众的响应。马克思主义大众化要真正成为一种宣传教育，就必须将最广大的人民群众纳入传播的结构与空间中，如果人民群众没有进入宣传教育的结构体系之中，马克思主义就没有对象。而要将最广大的人民群众纳入宣传教育的结构体系与空间场域中来，并不是一个简单的行为。中国共产党人在马克思主义大众化进程中，之所以能够将人民群众吸引到宣传教育的结构体系中来，一个重要的经验就是从人民群众的利益出发，将马克思主义理论与人民群众的利益诉求相结合，而不是单纯地宣传理论观点。

第一，理论宣传与人民群众的心理期盼相结合。

中华人民共和国成立前，中国人民长期处于贫困和苦难之中，在近代深受帝国主义、封建主义、官僚资本主义“三座大山”的压迫，他们最渴望的就是摆脱中外反动统治阶级的压迫和剥削，过上物质丰富、社会稳定、有精神尊严的生活。在近代半殖民地半封建社会，这一未来期盼和向往对于长期处于压迫和剥削之中的中国人民来说，几乎是不可能实现的奢望。虽然有不同的政治势力和人物曾经宣传与承诺，帮助他们实现这一愿望与期盼。但是，这种宣传只是一种口头的甚至是空头支票，缺乏理论逻辑上的说明。中国共产党运用马克思主义基本理论，将革命的道理向人民群众讲清楚，向人民群众展示通过努力奋斗，能够实现这些美好愿望的必然过程和道路，人民群众看到了这些革命道理有着很大的合理性，能够从中国共产党的理论宣传中看到希望。在中国共产党第一次全国代表大会上，北京的共产党早期组织向大会报告北京的马克思主义在工人之中的宣传教育情况：“我们教工人什么呢？我们经常不断地向他们说，他们遭受他们的厂主资本家的掠夺，不得不过着牛马般的生活；其次，向他们介绍外国工人运动史。”[①] 这段叙述充分说明，中国共产党在正式建立之前就已经处在马克思主义大众化进程中，向人民群众解释马克思主义理论是解决他们长远问题，实现他们长远目标和期盼的根本途径，是推翻统治阶级最终实现人民群众幸福美好生活愿望的根本路径，而且这种路径和实现过程，马克思主义理论已经设计好了，外国工人运动的历史已经证明了这一路径设计

① 中共中央文献研究室编：《建党以来重要文献选编（1921—1949）》第1册，中央文献出版社2011年版，第12页。

的正确性。例如，在俄国十月革命中，工人阶级就在共产党领导下，推翻了资产阶级统治，建立了工人阶级自己的政权，实现了当家做主的美好愿望，既然外国工人在马克思主义理论指导下已经实现了他们的远大目标和美好愿望，中国的工人阶级，在马克思主义理论指导下，也一定能够实现自己的远大目标和未来期盼。

第二，理论宣传与人民群众的现实利益相结合。

人民群众的利益问题是具体的，特别体现在当下的现实利益。人民群众对利益的关心，最主要是对当下利益的关注。一种理论宣传如果能够与人民群众的当下利益结合起来，就一定能够得到人民群众的理解，从而让其认同和接受这种理论。马克思主义大众化在中国的一百年发展历程，充分证明了这一规律：与人民的当下利益结合，在实现当下利益的过程中，就能够实现马克思主义与人民大众的结合。

中国革命、建设和改革开放的任何一个行动都是为了人民群众，特别是一些具体的行动，可以直接与人民群众联系起来。如中国共产党领导的工人运动，就是用马克思主义理论组织工人群众，从改善劳动条件、增加工资、缩短工时开始，进而上升为政治目标和要求的。在当下利益的实现过程中，也要以理论武装和宣传为基本前提，就是实现当下短期利益，也必须在理论上有正确方向。如果仅仅是为一些具体的经济目标，不把当下的经济利益与长远的政治目标结合起来，人民群众利益的实现就会失去前进方向，当下利益的争取也不能达到预期目标。领导和组织工人争取自身的利益，是阶级斗争的一种方式，是马克思主义理论在实践应用中的必然要求，是劳工神圣的具体体现。在中国共产党第一次全国代表大会之前，北京、上海、湖南的一些共产党早期组织，在组织工人运动的时候就已经意识到，要在工人中宣传马克思主义，必须与工人当下的利益诉求结合起来。北京的共产党早期组织在向党的一大的报告中，提到在工人中宣传马克思主义经验时指出，“我们不止一次地向工人提出鼓舞他们的重要建议，结果，我们看到，认为必须提出各种阶级要求，像增加工资、缩短工时、成立工会等思想，在工人中间不断增长起来”[①]。

结合人民群众的当下利益，解释马克思主义的基本原理。向人民群众宣传马克思主义时，不能仅仅从理论到理论，从概念到概念，应该结合与人民群众当下利益相关的一些案例，来说明马克思主义的有效性。这也是中国共产党推进马克思主义大众化百年历程的重要经验。解放战争时期，为了向广大战士宣传马克思主义，宣传中国共产党的革命方针，不是简单地讲述马克思主义理论，而是采用“诉苦”的方式，让农民群众自己来讲述悲惨的生活，在“诉苦”之后，党员干部或者工作队员就进行理论提升，为什么有如此痛苦的生活，那就是因为地主阶级的剥削，他们掌握了土地，利用土地作为生产资料，从而也就掌握了生产关系。所以，必须剥夺地主的生产资料，让它们回到农民的手中，这样才能确立新的生产关系，才能改变农民的悲惨生活。“诉苦”及引导后，农民群众的思想认识有了很大提高，政治觉悟有所增强，对马克思主义的一些原理的认识和理解也会加深。一位参加过“诉苦”的干部总结道：“为了解决‘谁靠谁养活’的这个问题，一般的做法是引导农民，结合自己的亲身经历进行反省，‘穷人是怎样穷了的？地主是怎样富了的？’‘地主是怎样压迫咱们的？’围绕着这些问题，群众便会

① 中共中央文献研究室编：《建党以来重要文献选编（1921—1949）》第1册，中央文献出版社2011年版，第12页。

从自己的生动的历史事实中，找到了‘穷根子’。”①

（二）坚持宣传话语的通俗化转换

叙事方式与话语体系在理论传播中具有重要的作用，与受众的思维方式和生活习惯相符合的话语体系，能够大大提升理论传播的吸引力和有效性。法国著名哲学家福柯对话语体系在意识形态传播中的重要意义予以高度评价：“不再把话语当作符号的总体来研究，而是把话语作为系统地形成这些话语所言及的对象的实践来研究。”② 在马克思主义大众化的百年历程中，中国共产党十分注重将马克思主义的深刻理论观点与人民群众的日常生活语言进行转换，让群众能够听得懂、看得明、想得通。

第一，口头宣传听得懂。

听得懂，主要是指口头传播中的话语选择与运用。口头传播主要以报告、演讲、口号等方式来进行。口头传播的空间感和现场感很强，富有吸引力和感染力，但一个重要的前提就是语言要生动，特别是将话语与受众的日常思维调动起来，激活其内心的精神活动，在思维中发现马克思主义理论的正确性，从而认同和接受马克思主义。在民主革命时期，由于人民群众的文化教育水平不高，大部分群众都不能阅读，所以，口头传播在马克思主义大众化的进程中占有重要的地位和作用，通过口头形式向人民群众传播马克思主义，是党的理论工作者和宣传干部的一项重要任务。而在这一过程中，话语的转换则是一个必要的前提。没有话语的转换，人民群众

---

① 若愚：《一九四四年冬季以来减租运动总结》，载《太行党史资料》第 7 卷，山西人民出版社 2000 年版，第 478 页。

② ［法］米歇尔·福柯：《知识考古学》，谢强等译，三联书店 2004 年版，第 53 页。

听不懂，就达不到传播效果。毛泽东对这一问题十分关注，特别强调在群众宣传工作中的话语转换。他将这一问题放在中国共产党的作风高度来重视，在其著名的《反对党八股》一文中，毛泽东对演说中存在的话语单一枯燥特别是脱离群众语言实际问题进行了尖锐批评：“一个演说，颠来倒去，总是那几个名词，一套‘学生腔’，没有一点生动活泼的语言，这岂不是语言无味，面目可憎，像个瘪三吗?”所以，他对党的理论宣传工作中的报告、演说提出了要求：“要向人民群众学习语言。人民的语汇是很丰富的，生动活泼的，表现实际生活的。”①

毛泽东、邓小平、习近平等中国共产党领导人，在马克思主义大众化的口头传播工作上，话语转换准确而生动，人民群众一听就懂。毛泽东在 1926 年主办广州农民运动讲习所时，就要求教员们用最通俗简单的语言宣传马克思主义农民运动的理论。在延安时期，他用了大量时间准备，其中在话语转换方面，花的时间和精力最多，特别是在讲哲学问题时，毛泽东力求用中国人民群众的语言来表达。他的演说和授课非常容易理解。他经常用石子的形状来说明工人农民团结、壮大力量的道理。1927 年秋收起义攻打长沙失败后，队伍退向井冈山，有些战士感到失望，毛泽东给他们讲道理：“我们现在力量很小，好比是一块小石头，蒋介石好比是一口大水缸，总有一天，我们这块小石头，要打破蒋介石那口大水缸。”② 邓小平的话语朴实而生动，内容又十分深刻而丰富，具有很强的感染力和指导性。如他在 1992 年的南方谈话中，用生动而简洁的语言，

---

① 《毛泽东选集》第 3 卷，人民出版社 1991 年版，第 837 页。

② 中共中央文献研究室编：《毛泽东年谱（1893—1949）》上册，中央文献出版社 1993 年版，第 220 页。

深刻地表达了中国特色社会主义，中国化马克思主义的重要理论观点，在中国化马克思主义的宣传上和指导人民群众的实践上产生了巨大的影响。在中国特色社会主义新时代，习近平总书记在马克思主义理论、新时代中国化马克思主义理论的民族化表达方面作出了重大贡献，将中国经典话语和群众语言引入到新时代中国化马克思主义的理论表达和宣传过程中，既富有时代气息，又蕴含着深厚的历史底蕴。习近平总书记特别强调，要用通俗、平实的语言，促使马克思主义理论、新时代中国特色社会主义思想“飞入寻常百姓家”。这句话本身就是话语转换的典范，既是对中国传统诗词的运用，又是吸收了人民群众日常生活的话语方式，具有很强的场面感和过程感，很容易被理解和感染。习近平总书记用“撸起袖子加油干”“绿水青山就是金山银山”等通俗易懂之话语，向人民群众宣传包含着深刻马克思主义基本原理的观点，产生了十分积极的成效。

第二，书面宣传看得明。

口头宣传是即时的，现场效果很好，但这种效果主要适用于一些简单的观点和浅显的道理，要进行深刻的理论分析和陈述，口头宣传显然是不够的，这就需要通过书面文字来进行表达和宣传。所以，书面宣传是中国共产党推进马克思主义大众化的重要方式。但书面表达方式很容易产生偏向，就是文字的深奥和枯燥，不像口头语言那样有现场感和传播感。这就给马克思主义大众化的书面传播提出了一个要求，那就是文字语言表达方式的通俗化和平民化。在马克思主义大众化的百年历史进程中，中国共产党之所以能够取得巨大的成就，在于书面文字宣传上的语言转换，把深刻的马克思主义基本原理、中国化马克思主义实践方针，用通俗易懂的文字表达出来、传播出去，让受众看得明白。这是马克思主义大众化百年历程的最为成功的经验之一。

马克思主义在中国广泛传播是在1917年之后，主要原因当然是俄国十月革命成功证明了马克思主义的正确性与有效性，还有一个原因就是新文化运动对中国理论知识界的表达方式的改造，在此之前的西方理论在中国的翻译传播，都是文言文，晦涩而曲折，人民群众很难理解。新文化运动提倡白话文，白话文就是人民群众的口头语言，就是大众化的语言，马克思主义理论内容要大众化，首先必须在文字表达方式上要大众化。所以，没有文字表达方式上的大众化，就不可能有理论内容上的大众化。毛泽东曾经对新文化运动在马克思主义大众化的传播中的重要作用有过精准的评价："五四运动时期，一班新人物反对文言文，提倡白话文，反对旧教条，提倡科学和民主，这些都是很对的。在那时，这个运动是生动活泼的，前进的，革命的。那时的统治阶级都拿孔夫子的道理教学生，把孔夫子的一套当作宗教教条一样强迫人民信奉，做文章的人都用文言文。"[①] 五四新文化运动开创的语言大众化的潮流，为马克思主义的内容提供了传播载体，早期马克思主义大众化的主要推动者，都是新文化运动的旗手，如李大钊、陈独秀，在新文化运动之后的文章都是采用人民群众能够理解的白话文来表达。因此，得到了需要马克思主义理论的人民群众的接受与理解。

在后来的马克思主义大众化进程中，中国共产党人对文字表达方式的通俗化和平民化十分重视，坚持密切联系群众的文风，坚持走与工农群众相结合的道路。这些原则成为马克思主义大众化能够取得重大成就的最成功经验。

毛泽东曾经对一些理论宣传工作中的文章冗长、内容空洞的现

---

① 《毛泽东选集》第3卷，人民出版社1991年版，第831页。

象提出了尖锐批评，指出了其严重的危害性，好像就是存心让人民群众看不懂："为什么一定要写得那么长，又那么空空洞洞的呢？只有一种解释，就是下决心不要群众看。因为长而且空，群众见了就摇头，哪里还肯看下去呢？只好去欺负幼稚的人，在他们中间散布坏影响，造成坏习惯。"① 一些文风不对、表达方式不对的文章不仅对马克思主义大众化没有正面意义，反而还会有负面作用和消极影响。

邓小平要求纠正理论宣传工作中的形式主义和教条主义现象，提倡用简单朴素的文风来宣传马克思主义、宣传党的方针政策。他在南方谈话中说："要腾出时间来多办实事，多做少说。毛主席不开长会，文章短而精，讲话也很精练。周总理四届人大的报告，毛主席指定我负责起草，要求不得超过五千字，我完成了任务。五千字，不是也很管用吗？我建议抓一下这个问题。"② 在改革开放的伟大历史进程中，正是邓小平所提倡的优良文风，才会创新马克思主义大众化的形式和手段，将形成了一段时间的僵化的马克思主义表达方式扭转过来，开创了马克思主义大众化的新局面。

党的十八大之后，中国特色社会主义进入了新时代，在国际风云变幻，多种思潮相互激荡的大变局之下，马克思主义大众化面临着新的条件和环境，话语表达方式的创新具有十分重要的意义。习近平总书记反复强调这一问题的重要性，并在马克思主义理论的宣传中率先垂范，运用通俗的书面语言，表达新时代中国特色社会主义思想、21 世纪马克思主义的时代内容。习近平总书记特别强调马克思主义大众化进程中话语时代性问题："面对受众阅读习惯和信

---

① 《毛泽东选集》第 3 卷，人民出版社 1991 年版，第 834 页。

② 《邓小平文选》第 3 卷，人民出版社 1993 年版，第 382 页。

息需求的深刻变化，一些媒体还是按老办法、老调调、老习惯写报道、讲故事，表达方式单一、传播对象过窄、回应能力不足，存在受众不爱看、不爱听的问题，时效性、针对性、可读性有待增强。”①

历代党的领袖，对马克思主义大众化进程中的话语转换与创新，特别是书面话语的时代化问题的要求，为不同历史时代马克思主义大众化的推进提供了最基本的遵循，也为马克思主义大众化的百年历史进程不断校正着方向。正是这种原则的要求和方向的校正，保证了马克思主义大众化实践成效的取得。这是马克思主义大众化百年历史进程中的重要经验之一。

（三）坚持引导和推动人民群众实践

马克思主义大众化不仅是一个理论行动或者思想过程，而且还是一个实践运用和创造过程。马克思主义大众化如果仅仅停留在理论宣传层面是远远不够的，还没有完成大众化的任务。马克思主义大众化所说的“化”有两个层面的含义：一是将外部的马克思主义基本原理和观点“内化”，形成自己的思想认识和理论自觉；二是实践行动上的“外化”。在某种程度上来说，“内化”最终为了“外化”，只有“外化”了，才能真正达到马克思主义大众化的目的。所以，马克思主义大众化除了要在理论宣传上加大力度，提升效果之外，更为重要的是，要加强对人民群众运用和实践马克思主义的引导和推动。

中华优秀传统文化特别提倡“经世致用”原则。正是这种优良的文化传统，推动了马克思主义大众化进程中的实践运用。中国共

① 中共中央文献研究室编：《习近平关于社会主义文化建设论述摘编》，中央文献出版社 2017 年版，第 39 页。

产党领导中国人民学习马克思主义，就是为了运用马克思主义解决中国的实际问题，不是仅仅为了理论研究和思想启蒙，最紧迫的是要解决中国近代社会的危机和消除人民的苦难。所以，马克思主义大众化从一开始就不仅仅是简单的思想启蒙运动，而是学以致用、知行合一的实践运动。

1921 年，中国共产党成立时的第一个纲领就明确了这一原则。在谈到成立工人宣传机构的问题和工人宣传问题时写道："成立这种机构的主要目的，是教育工人，使他们在实践中去实现共产党的思想。"① 这一重要原则在党的第一次全国代表大会的决议中出现，奠定了马克思主义大众化双重任务和目标的最原始基因。这双重任务与目标就是马克思主义的理论宣传和马克思主义的群众实践。而群众的实践不是盲目自发性的，是要在实践前有引导、实践后有总结的，并在总结之后进一步推广的。早在革命战争年代，马克思主义大众化的双重原则和标准，就得到了广泛的推行和坚持。正如党的一大决议所强调的要在实践中去实践共产党的思想。

在延安时期，毛泽东对马克思主义大众化进程中群众运用与实践的认识与论述达到新的战略向度。从这一时期开始，马克思主义大众化的运用与实践进入了一个新的历史阶段。毛泽东强调，马克思主义理论是一个好的理论体系，能够解决中国革命中的实际问题，但解决问题的过程是需要人民群众在实践中奋斗的，如果马克思主义不在实践中运用，它不会自动发挥作用。毛泽东形象地比喻，马克思主义理论就像一支利箭，但这支利箭，必须有人用良弓把它射出去，如果不射出去，仅仅拿在手上把玩，说它是好箭，没

① 中共中央文献研究室编：《建党以来重要文献选编（1921—1949）》第 1 册，中央文献出版社 2011 年版，第 5 页。

有任何意义。“有些同志则仅仅把箭拿在手里搓来搓去，连声赞曰：‘好箭！好箭！’却老是不愿意放出去。这样的人就是古董鉴赏家，几乎和革命不发生关系。”① 毛泽东在这里所说的，不愿意把箭放出去，就是指不愿意引导群众去运用和实践马克思主义。在毛泽东的要求和强调下，延安时期的马克思主义理论运用、中国共产党的方针政策得到了较好的贯彻执行，特别是马克思主义统一战线理论、马克思主义人民战争理论都得到了广泛运用，群众在抗日民族统一战线的旗帜下，发动了各种形式的游击战争，创造出了“地雷战”“地道战”等具有理论指导又有群众智慧的战略战术，体现了马克思主义理论被群众运用实践之后的强大威力。

中华人民共和国成立后，在探索复杂的社会主义建设道路和规律过程中，中国共产党十分强调引导人民群众运用马克思主义理论和中国化马克思主义理论，创造性地发现和运用新方法和新模式，为加快社会主义建设步伐而凝聚群众的智慧和力量。在极其困难的条件下，人民群众通过对马克思主义、中国化马克思主义理论的运用，取得社会主义建设的巨大成就，创造出了大量的社会主义建设经验。中国共产党和毛泽东十分注重群众运用马克思主义理论在实践中的创造，热情鼓励群众的马克思主义实践，不断总结群众马克思主义理论运用和实践的成果和经验。1955年，毛泽东从大量的农村社会主义改造和建设经验中，专门提炼和概括出了一批具有典型意义的经验，最后编辑出版了《中国农村的社会主义高潮》，毛泽东为大部分经验题写了按语、序言或跋，对群众的创造和经验给予了高度评价。“毛泽东主持编辑《中国农村的社会主义高潮》时，为该书收入的一百七十六份材料中

① 《毛泽东选集》第3卷，人民出版社1991年版，第819—820页。

的一百零四份写了按语。这里选了三十二篇按语，其中有三篇（即第二十六、三十、三十一）是九月写成的，其他都是十二月写的或在九月拟就、十二月修改而成的。毛泽东还改拟或加拟了其中大多数文章的标题。”①

中国石油产业发展的起步，是人民群众运用和实践中国化马克思主义理论并取得巨大成就的典型案例。当时的石油工人在一穷二白，外国封锁的条件下，依靠“两论”的基本方法，创造出了中国石油发展的奇迹。大庆会战指挥部认为：“毛泽东思想是中国革命和建设的指导思想，只有靠毛泽东思想，才能统一人们的认识和行动；只有运用辩证唯物主义这个有力的思想武器，才能正确地认识和解决矛盾。面对错综复杂的各种矛盾和困难，从领导思想上不能就事论事，头痛医头，脚痛医脚。必须透过现象看清本质，抓住主要矛盾和矛盾的主要方面。”②“两论起家”是马克思主义大众化的最为光辉的典范，是精神变物质的具体体现，是马克思主义大众化丰富经验的直接体现。

在改革开放时期，邓小平十分注重发挥人民群众运用马克思主义基本原则、执行党的方针政策中的创造性实践，并及时总结和推广。家庭联产承包责任制，是中国人民在马克思主义集体经济理论和中国共产党社会主义发展方针下，创造性探索和总结出来的结论。邓小平对此十分赞赏，大力推广，在推动中国农村经济发展和中国改革开放的历史进程中，发挥了重要的作用，这是马克思主义大众化进程中，中国共产党的理论引导和人民群众创造智慧的完美结合，是马克思主义大众化的成功范例，是马克思主义大众化的宝

① 《毛泽东文集》第6卷，人民出版社1999年版，第469页。

② 黄宏：《大庆精神》，人民出版社2012年版，第56页。

贵经验。“农村搞家庭联产承包，这个发明权是农民的。农村改革中的好多东西，都是基层创造出来，我们把它拿来加工提高作为全国的指导。实践是检验真理的唯一标准。”①

党的十八大以后，中国共产党对马克思主义基本理论的群众运用和实践引导更为重视，力求将马克思主义的基本原理、习近平新时代中国特色社会主义思想、21 世纪马克思主义用于指导新时代的各项工作。习近平总书记强调，马克思主义基本理论必须以世界观与方法论的原则和要求进入党员干部和人民群众的日常工作和生活。“加强党的理论教育，要坚持实事求是，坚持理论联系实际的马克思主义学风，坚持问题导向，注重回答普遍关注的问题，注重解答学员思想上的疙瘩，反对主观主义、教条主义、形式主义，防止空对空、两张皮。”②

在中国特色社会主义新时代，马克思主义大众化出现了很多新特点和新情况，特别是在复杂的社会思潮之下，如何引导人民群众的价值观的问题显得特别重要和突出。所以，培育和践行社会主义核心价值观就包含了马克思主义大众化的理论宣传和实践引导的双重含义。党的十八大之后，中国共产党在社会主义核心价值观的培育与践行引导上，做了大量工作，取得了明显成效，全社会特别是党员干部的政治思想觉悟，特别是马克思主义理论水平有了很大提高，在实践工作中，运用社会主义核心价值观的自觉性有了很大提高。习近平总书记在党的十九大报告中要求：“社会主义核心价值观是当代中国精神的集中体现，凝结着全体人民共同的价值追求。要以培养担当民族复兴大任的时代新人为着眼点，强化教育引导、

① 《邓小平文选》第 3 卷，人民出版社 1993 年版，第 382 页。

② 习近平：《在全国党校工作会议上的讲话》，人民出版社 2016 年版，第 16 页。

实践养成、制度保障，发挥社会主义核心价值观对国民教育、精神文明创建、精神文化产品创作生产传播的引领作用，把社会主义核心价值观融入社会发展各方面，转化为人们的情感认同和行为习惯。”① 习近平总书记的这一要求是在马克思主义大众化双重任务和双重目标的新时代体现。

三、马克思主义大众化的当代使命

一百年前，中国共产党第一次全国代表大会的第一个纲领，确认了中国共产党的最根本任务：“把工农劳动者和士兵组织起来，并承认党的根本政治目的是实行社会革命。”② 这一任务是中国共产党历史使命的最初表达和原始基因。一百年来，中国共产党一直在努力奋斗，不断推进这一任务的完成。在中国特色社会主义进入新时代的今天，这个任务仍然是中国共产党理论和实践的核心主题，党的十九大提出的“不忘初心、牢记使命”要求中的使命担当就是这一任务的时代表现。习近平总书记在党的十九大报告中指出：“不忘初心，方得始终。中国共产党人的初心和使命，就是为中国人民谋幸福，为中华民族谋复兴。这个初心和使命是激励中国共产党人不断前进的根本动力。”③

---

① 习近平：《决胜全面建成小康社会 夺取新时代中国特色社会主义伟大胜利——在中国共产党第十九次全国代表大会上的报告》，人民出版社 2017 年版，第 42 页。

② 中共中央文献研究室编：《建党以来重要文献选编（1921—1949）》第 1 册，中央文献出版社 2011 年版，第 1 页。

③ 习近平：《决胜全面建成小康社会 夺取新时代中国特色社会主义伟大胜利——在中国共产党第十九次全国代表大会上的报告》，人民出版社 2017 年版，第 1 页。

中国共产党人的初心就是为中国人民谋幸福，为中华民族谋复兴。要实现这一初心，就必须将广大人民群众组织起来，推进社会革命，推进社会革命必须在正确的理论指导下进行。因此，马克思主义基本理论、中国化马克思主义理论、习近平新时代中国特色社会主义思想，就是社会革命的理论基础和思想前提。只有把这些理论传播到人民群众之中去，并引导和推动他们运用，社会革命才能不断推进。因此，无论过去、现在还是未来，中国共产党的初心未改，使命未变，那么马克思主义大众化的任务也必然要求坚持和深化。正因为如此，党的十九大报告才向全党提出了持续推进马克思主义中国化、大众化、时代化的要求。在当下和未来一个很长的时期内，马克思主义大众化仍然是中国共产党理论建设与意识形态工作的核心内容，所不同的是，在中国特色社会主义新时代，马克思主义大众化的内容在不断丰富，马克思主义大众化的形式和手段在不断创新，马克思主义大众化的实际效果也必然不断增强。

（一）为中华民族伟大复兴凝聚思想力量

进入中国特色社会主义新时代，中国共产党领导中国人民的最伟大战略目标就是实现中华民族伟大复兴，这是近代、现代、当代中国人民的梦想与期盼。习近平总书记对中国梦的概括和表述，体现了中国共产党在当代历史条件下，中华民族战略目标的最明确和最具体的昭示。习近平总书记强调：“每个人都有理想和追求，都有自己的梦想。现在，大家都在讨论中国梦，我以为，实现中华民族伟大复兴，就是中华民族近代以来最伟大的梦想。这个梦想，凝聚了几代中国人的夙愿，体现了中华民族和中国人民的整体利益，是每一个中华儿女的共同期盼。”① 中国梦的实现是一场复杂的系统工程，也是一场深刻的社会革命。而这场社会革命在党的一大纲领中就已经提出来，需要动员和组织人民群众进行社会革命，没有人民群众的参与，就不可能有社会革命。而社会革命需要强大的推进动力，特别是在当今利益多元化和社会思潮复杂的时代背景下，要把14亿中国人民的思想引导到中华民族伟大复兴的社会革命之中来，从而达成共识，凝聚力量，是理论宣传和思想建设的首要任务。而要在利益多元化的前提下，促成人民思想共识的形成，必须而且只能加强马克思主义大众化。因为，在当代，没有任何一个其他的思想能够成为人民群众的理论基础和思想共识，只有马克思主义才能充当这一角色。然而，马克思主义并不天然地就成为人民群众的理论基础和思想共识，必须通过传播和引导，通过一代又一代人民群众推进马克思主义大众化。

第一，以马克思主义大众化增强社会主义信念。

思想信仰是一个民族最大的凝聚力和发展动力。因为人类最深沉的动力不是来自物质，而是来自理论自觉和思想信仰。正因为如此，习近平总书记特别强调：“人民有信仰，民族有希望，国家有力量。实现中华民族伟大复兴的中国梦，物质财富要极大丰富，精神财富也要极大丰富。我们要继续锲而不舍、一以贯之抓好社会主义精神文明建设，为全国各族人民不断前进提供坚强的思想保证、强大的精神力量、丰润的道德滋养。”② 习近平总书记在这里强调的信仰最根本的就是马克思主义理论信仰。因为马克思主义理论

---

① 《参观〈复兴之路〉展览习近平论“中国梦”》，《人民日报（海外版）》2012年11月30日。

② 《习近平谈治国理政》第2卷，外文出版社2017年版，第323页。

信仰提供了观察社会现象、解决现实问题的世界观与方法论。在中国特色社会主义新时代，中华民族伟大复兴进程中的一系列复杂问题必须在马克思主义世界观和方法论的基础上，才会得到解决。因此，马克思主义大众化在当代的最重要使命，仍然是宣传和阐释马克思主义的基本理论，推动马克思主义世界观与方法论在人民群众实践中的运用。习近平总书记在纪念马克思诞辰200周年大会上的讲话，对马克思主义理论的重要意义与当代价值给予了高度评价：

从《共产党宣言》发表到今天，170年过去了，人类社会发生了翻天覆地的变化，但马克思主义所阐述的一般原理整个来说仍然是完全正确的。我们要坚持和运用辩证唯物主义和历史唯物主义的世界观和方法论，坚持和运用马克思主义立场、观点、方法，坚持和运用马克思主义关于世界的物质性及其发展规律。[①]

马克思主义基本理论特别是唯物史观和辩证法，仍然是观察和分析复杂社会现象、解决实际问题的思想方法和理论武器。在党员干部和人民群众中大力宣传和指导运用这一思想方法和理论武器，是马克思主义大众化的最重要任务。要完成这一使命，也面临着新情况与新阻力。马克思主义基本理论的大众化，必须在内容表达和形式运用上，进行符合时代特征的创新，以适应新时代社会环境和受众特征的深刻变化。

要对马克思主义基本理论的内容进行时代的表达和呈现。现代科学技术运用给人类社会生产方式、生活方式和交往方式带来了革命性变化，马克思主义基本理论揭示社会本质规律虽然没有变化，

① 习近平：《在纪念马克思诞辰200周年大会上的讲话》，人民出版社2018年版，第25页。

但这些规律的表现方式、作用路径呈现出新的时代特征。正是这些新的时代特征，对马克思主义基本理论的大众化，特别是唯物史观与辩证法的宣传，提出了新要求。主要体现在两个方面：一是唯物史观的核心内容表达上，要结合现代科学技术和社会认识，透过一些复杂的社会现象，将马克思主义基本理论的时代性呈现出来。时代在一些具体方面呈现出来的新特征，表面上看，似乎对马克思主义的一些基本理论提出了挑战和质疑。如量子力学理论、人工智能技术，对物质与精神关系的传统表达提出了一些质疑，但从根本上看，这些新现象只要经过逻辑阐释，仍然符合马克思主义基本理论。所以，在马克思主义大众化进程中，就需要透过一些表面现象，对马克思主义基本理论进行时代的阐释，而不能仅仅停留在过去的教科书上。习近平总书记在谈到这一问题时，举了一个例子，社会发展的一些现象，好像与马克思《资本论》揭示的规律有所差异，但深入研究，这些差异并没有证明《资本论》的过时，这些差异只不过从另一个维度上证明了《资本论》的正确性。“资本主义固有的生产社会化和生产资料私人占有之间的矛盾依然存在，但表现形式、存在特点有所不同。国际金融危机发生后，不少西方学者也在重新研究马克思主义政治经济学、研究《资本论》，借以反思资本主义的弊端。法国学者托马斯·皮凯蒂撰写的《21 世纪资本论》就在国际学术界引发了广泛讨论。该书用翔实的数据证明，美国等西方国家的不平等程度已经达到或超过了历史最高水平，认为不加制约的资本主义加剧了财富不平等现象，而且将继续恶化下去。”①

习近平总书记所举的这一例证，说明了马克思主义大众化的当代

① 习近平：《在哲学社会科学工作座谈会上的讲话》，人民出版社 2017 年版，第 15 页。

使命有两个重要的任务，必须坚持两种态度。那就是马克思主义基本原则上的根本坚守和理论观点的时代表达。首先要在基本原则上坚持马克思主义科学性与正确性的基本态度，同时，又要对这些基本原则的时代表现，进行言之有据地表达。不仅是对待资本主义的经济发展方面，在对待资本主义政治方面也是如此。国际政治无论如何风云变幻，马克思主义所揭示和批判的资本主义社会发展的规律和本质没有变，为了维护本国垄断资本集团利益，压制和损害其他国家利益，输出本国矛盾，制造国际矛盾，甚至挑起冲突的本质，在新的时代条件下，表现方式可能由军事冲突改变为贸易、金融冲突。这些都是马克思主义基本理论所揭示过的，但今天的一些新现象，容易对社会大众形成遮蔽和误导。马克思主义大众化就是通过分析和表达，把遮蔽和误导之下的真相和本质表现出来。

第二，以马克思主义大众化增强中国特色社会主义信心。

在一定程度上可以说，马克思主义大众化的前提是马克思主义中国化，只有将马克思主义中国化之后，才能有效传播到人民群众中去。因此，在马克思主义大众化进程中，对人民群众进行中国化的马克思主义宣传教育，是最重要的任务。在当下的中国特色社会主义新时代，这种特征更为明显。马克思主义大众化的当代使命的重要表现就是宣传中国特色社会主义理论特别是习近平新时代中国特色社会主义思想，从而增强党员干部和人民群众的社会主义信心。习近平总书记强调："我们要在全党全社会持续深入开展建设中国特色社会主义宣传教育，高扬主旋律，唱响正气歌，不断增强道路自信、理论自信、制度自信，让理想信念的明灯永远在全国各族人民心中闪亮。"[①] 中国特色社会主义是马克思主义理论和社会主

① 《习近平谈治国理政》第2卷，外文出版社2017年版，第323—324页。

义实践在当代中国的具体体现，是当代中国的马克思主义，是21世纪马克思主义的具体体现。

经过改革开放40多年的发展，中国特色社会主义无论在物质基础、制度体系还是思想理论上，都有了极大地丰富和增强。近代以来，中华民族从来没有像今天这样接近伟大复兴的目标。然而，前进道路上的困难和风险也是空前的，只有民族凝聚力的空前增强、国家认同感的空前提升，才能形成应对风险和困难、把中华民族伟大复兴事业不断推向前进的力量。而这个力量首先是思想的精神力量。只有在正确的思想理论指导下，才会形成正确的理论信仰。对习近平新时代中国特色社会主义思想的学习、宣传，就成为当下增强党员干部和人民群众理论信仰的最重要途径，也是马克思主义大众化在当代的最核心内容，深入宣传和阐释习近平新时代中国特色社会主义思想是马克思主义大众化最重要的当代使命。

（二）为中国人民美好生活构建精神家园

物质生活水平越提升，精神生活要求就越丰富。只有丰富而健康的精神生活，才能为高水平的物质生活提供精神支撑。没有精神支撑的物质生活水平越高，就越会出现思想和精神上的单一和苍白，从整体上来说就有可能产生意识形态危机，从个体上来说，就会出现焦虑、抑郁等精神或心理疾病。所以，在当代中国，在物质资料快速增长，物质生活水平快速提升的前提下，如果在价值系统和精神世界不加强建设和配套的话，社会的健康稳定发展就会受到影响。而要加强价值系统和精神世界的建设，共同的理论基础和思想共识是必要的前提。没有共同的理论基础和思想共识，集体和社会的认同就不可能确立，就连个体的自我认同都不可能实现。共同的理论基础和思想共识只能在马克思主义和中国化马克思主义大众化的基础上才能实现。习近平总书记认为：“中国特色社会主义是物质文明和精神文明全面发展的社会主义。一个没有精神力量的民族难以自立自强，一项没有文化支撑的事业难以持续长久。”[①] 习近平总书记十分强调物质利益的同时，也非常强调精神文化生活和利益的重要性：“物质需求是第一位的，吃上饭是最主要的，所以说‘民以食为天’。但是，这并不是说人民对精神文化生活的需求就是可有可无的，人类社会与动物界的最大区别就是人是有精神需求的，人民对精神文化生活的需求时时刻刻都存在。”[②]

马克思主义大众化在当代的重要使命之一，就是将马克思主义基本原理、中国特色社会主义理论，传播和灌输到党员干部和人民群众之中去，为党员干部和人民群众构建强劲的精神支柱和健康的精神家园提供最基础的理论支撑和价值依托。由于多种原因的影响，在当今社会，绝大多数党员干部和人民群众精神支柱稳固、精神家园健康，但仍有少数党员干部和人民群众的精神支柱和精神家园出现了一些不稳固和不健康的现象，甚至出现信仰、信念和信心危机。极少数党员干部“不信马列信鬼神”“不问苍生问上帝”。这些现象产生的根本原因，就在于马克思主义大众化的传播力度和效果不强。习近平总书记非常尖锐地指出了当前思想文化领域和精神世界存在的突出问题以及产生这些问题的根本原因。因此，在思想文化宣传工作中，以推进马克思主义大众化为核心任务，用马克思主义基本原理和中国特色社会主义理论为党员干部和人民群众提供构建精神支柱和精神家园的强大基础。“宣传思想文化工作必须牢

---

① 中共中央文献研究室编：《习近平关于社会主义文化建设论述摘编》，中央文献出版社 2017 年版，第 3 页。

② 中共中央文献研究室编：《习近平关于社会主义文化建设论述摘编》，中央文献出版社 2017 年版，第 8 页。

牢把握巩固马克思主义在意识形态领域指导地位、巩固全党全国人民团结奋斗共同思想基础的根本任务。”①

要完成马克思主义大众化当代使命中为人民群众美好生活提供精神家园的重要任务，必须在新时代的马克思主义大众化进程中，把握好 3 个方面的重点工作：

第一，对马克思主义的基本内容进行时代化的再建构。

马克思主义已经创立 170 多年，在中国广泛传播也已经 104 年（从 1917 年十月革命算起），一些基本原理仍然在闪烁着科学真理的光芒，但有些具体观点需要结合时代的发展予以创新。在当下的中国特色社会主义新时代，需要从马克思主义理论体系中精选出符合时代的内容和观点进行传播。习近平总书记在纪念马克思诞辰 200 周年大会上的讲话中，对中国特色社会主义新时代主要应该学习宣传哪些基本和重要的内容进行了精辟论述和准确界定。习近平总书记共列举了 9 个方面的重要思想观点，强调这 9 个方面的理论观点，是当今马克思主义大众化的时代化内容。这 9 个方面的内容分别是关于人类社会发展规律的思想、坚守人民立场的思想、生产力和生产关系的思想、人民民主的思想、文化建设的思想、社会建设的思想、人与自然关系的思想、世界历史的思想、马克思主义政党建设的思想。这些思想是对马克思主义基本原理的时代概括和阐释，在构建党员干部和人民群众美好生活的精神家园方面，有着基础材料的作用。

第二，对习近平新时代中国特色社会主义思想进行通俗化阐释。

① 中共中央文献研究室编：《习近平关于社会主义文化建设论述摘编》，中央文献出版社 2017 年版，第 52 页。

马克思主义基本原理主要在世界观和方法论上提供支撑，而能够为党员干部和人民群众构建美好生活的精神家园提供直接材料和丰富内容的，应该是中国特色社会主义理论特别是习近平新时代中国特色社会主义思想。而要让党员干部和人民群众理解习近平新时代中国特色社会主义思想，还必须通过马克思主义大众化的机制和途径，对这一博大精深的思想进行阐释。习近平新时代中国特色社会主义思想有着强烈的问题意识和目标导向，如何将这些问题意识与党员干部和人民群众工作生活中面临的实际问题相结合，阐明习近平新时代中国特色社会主义思想的巨大理论意义和现实指导价值，是马克思主义大众化当代使命的具体体现之一。

第三，要引导党员干部和人民群众再运用和新实践。

习近平新时代中国特色社会主义思想是面向实践的，是从新时代党领导人民进行改革开放和社会主义现代化建设的行动过程中总结与概括出来的，对党领导人民继续探索社会主义发展道路，夺取社会主义建设新胜利有着重要的指导作用。而这种重要的指导作用的实现，既是新时代马克思主义大众化的内容，也是新时代马克思主义大众化的目标。党的十九大报告对习近平新时代中国特色社会主义思想的伟大实践意义进行了深刻而准确的论述，并向全党提出要求，必须坚决贯彻落实。坚决贯彻落实的重点内容，就是引导人民群众在实践新时代中特色社会主义过程中观察和分析问题，提出和实施解决方案，采取和推进有效行动。根据时代的需要和中央的要求，各级党组织积极行动起来，在引导党员干部和人民群众运用习近平新时代中国特色社会主义思想过程中，做了大量工作，取得了突出成效。例如，“贵州省委常委会切实提高政治站位，深刻理解到这与落实习近平总书记‘守好发展和生态两条底线’‘共抓大保护、不搞大开发’重要指示相悖，全面取缔乌江流域网箱养鱼，并在全省推进‘零网箱·生态鱼’渔业发展，拆除网箱33752.5亩，实现全域‘零网箱’”①。

“房子是用来住的”是习近平新时代中国特色社会主义经济思想的重要观点，原住房和城乡建设部用这一重要观点引导市场和企业，对新时代房地产市场进行结构性调整。“住建部党组组织专题学习习近平总书记关于住房和房地产工作系列重要讲话精神，加快建立和完善房地产市场平稳健康发展长效机制，推进形成租购并举的住房制度，保持调控政策连续性稳定性。坚持因城施策，促进供求平衡，合理引导预期，整治市场秩序，坚决遏制投机炒房，促进房地产市场平稳运行。”② 这些实践行动，是通过党员干部的本职工作和人民群众的日常生活完成的，就在这些过程中，党员干部和人民群众加深了对习近平新时代中国特色社会主义思想的认识和理解，增强了接受和运用习近平新时代中国特色社会主义思想的积极性。这就是新时代马克思主义大众化使命担当的具体体现。

（三）为中国特色社会主义发展夯实理论基础

在中国特色社会主义进入新时代的历史背景下，思想文化在经济建设与社会发展新阶段，在人民美好生活的实现过程中，地位和作用越来越凸现出来，文化缺失的消极影响也越来越突出，加强新时代文化建设已经成为中国特色社会主义事业推进过程中的重要内容和基本任务。习近平总书记强调：“一个国家、一个民族的强盛，

---

① 《在学懂弄通做实习近平新时代中国特色社会主义思想上下功夫》，《中国纪检监察报》，2018年10月30日。

② 《在学懂弄通做实习近平新时代中国特色社会主义思想上下功夫》，《中国纪检监察报》，2018年10月30日。

总是以文化兴盛为支撑的，中华民族伟大复兴需要以中华文化发展繁荣为条件。”① 文化的繁荣必须要有科学的理论基础，文化的主体是党员干部和人民群众，党员干部和人民群众必须先拥有科学的理论，才能创造出富有时代气息、反映时代需要的先进文化，没有科学的理论指导和思想基础，不可能创造出和发展好时代文化。在中国特色社会主义新时代，指导文化建设和发展的理论基础只能是马克思主义和中国化马克思主义，所以，要让党员干部和人民群众运用马克思主义、中国化马克思主义理论创造和发展时代文化，当然就必须加强对党员干部和人民群众的马克思主义理论教育，推进马克思主义大众化的实现。因此，马克思主义大众化在中国特色社会主义新时代的重要使命与任务之一，就是为建设和发展中国特色社会主义文化夯实理论基础。

第一，为中国特色社会主义发展提供世界观引领。

中国特色社会主义文化必然要以马克思主义世界观为理论基础，所以，在当代马克思主义大众化的内容体系中，马克思主义世界观必然要成为重要内容。因为只有在马克思主义世界观的基础上，才能产生出科学、民主和人民的文化。中国和世界文化发展史都已经证明，马克思主义世界观基础上的文化才符合现代社会和人民的需要，才是科学、理性和人民大众的文化，一切其他的世界观，都会产生和发展出非科学和非理性的文化，一切非马克思主义的世界观，都会产生和发展出贵族和精英文化，而不是人民大众文化。在当代中国，一些地方的迷信甚至宗教文化的影响的扩大，一些群体非科学思潮的增长，其根本原因就在于马克思主义世界观的缺失。唯物史观虚位，唯心史观抬头。特别是在一些基层、边缘地

① 习近平：《在山东考察时的讲话》，《人民日报》2013 年 11 月 29 日。

区，马克思主义大众化推进不力，效果不佳，新中国成立以来坚持的无神论教育和宗教观教育弱化，文化发展的基础出现了一些问题。

正是在正面极大需要和反面不适应性存在的双重背景下，马克思主义大众化进程中的世界观教育就显得特别重要了。新时代马克思主义大众化进程中，马克思主义世界观的宣传和教育，又存在着一定的客观和主观障碍，急需在马克思主义大众化的内容上进行重构，在宣传教育实践路径上进行再造。马克思主义世界观这个哲学问题，如何在大众化过程中，与人民群众的日常思维与实践结合起来，确实需要进行深入思考。在中国特色社会主义新时代，新的“大众哲学”内容和新的“大众哲学”形式，依然十分重要。习近平总书记在纪念马克思诞辰200周年纪念大会上的讲话中，在谈到马克思主义世界观的重大意义及学习方法时强调：“巩固马克思主义在意识形态领域的指导地位，发展社会主义先进文化，加强社会主义精神文明建设，把社会主义核心价值观融入社会发展各方面，推动中华优秀传统文化创造性转化、创新性发展，不断提高人民思想觉悟、道德水平、文明素养，不断铸就中华文化新辉煌。”①

文化是一种观念系统，是有结构层次性的，最深层次就是世界观，有什么样的世界观，就会有什么样的文化立场和文化结论。马克思主义世界观就是在对待自然、社会和人自身的态度上的基本认识，就是将自然、社会和人既看成是一个客观系统，同时又看成是一个主观系统，是主观可以认识和建构的，是主观可以改造、利用

① 习近平：《在纪念马克思诞辰200周年大会上的讲话》，人民出版社2018年版，第20页。

和修复的。其中客观性是决定因素，主观性是能动因素。在这种世界观的指导下，就会有敬畏自然、顺应社会、尊重自我的文化理念系统，同时又具备利用自然、改造社会和提升自我的思想意识，是客观决定主观基础上的主观对客观的反作用。既不会在自然、社会、自我面前狂妄，陷入主观唯心主义的泥淖，又不会在自然、社会、自我面前消极被动，沉湎于宿命论的困局。在马克思主义世界观之下，就会生长和发展出一套科学、理性、自立的现代文化系统。这套文化系统必须而且只能在马克思主义世界观的基础上产生。中国特色社会主义新时代的文化建设与发展，首先要从理论基础和思想原则上下功夫，对党员干部和人民群众进行坚持不懈的马克思主义世界观教育，用马克思主义世界观占领党员干部和人民群众的精神文化家园。

当前一些党员干部和人民群众的文化观念出现这样和那样的问题，在人生观、价值观上出现一些误区，其关键原因就在于世界观上出现了问题，马克思主义世界观没有确立起来，文化观念的逻辑起点和思维路径产生了差错。无论是“物化”的消费享乐文化观还是“虚无”的唯心迷惘文化观，其根本原因都在于马克思主义辩证唯物论的世界观没有树立起来，而被其他的世界观影响甚至左右了。从外部原因看，就是因为马克思主义大众化还存在一些空白和盲点。所以，要加强新时代的文化建设，强化党员干部和人民群众文化观念体系的科学性和正确性，必须在马克思主义大众化的历史进程中，加强马克思主义世界观的教育和引导。习近平总书记在纪念马克思诞辰200周年大会上的讲话中指出：“学习马克思，就要学习和实践马克思主义关于文化建设的思想。马克思认为，在不同的经济和社会环境中，人们生产不同的思想和文化，思想文化建设虽然决定于经济基础，但又对经济基础发生反作用。先进的思想文化一旦被群众掌握，就会转化为强大的物质力量；反之，落后的、错误的观念如果不破除，就会成为社会发展进步的桎梏。”①

第二，为中国特色社会主义发展提供方法论支持。

世界观是基础，方法论是工具，有了科学先进的世界观，还必须有合理正确的方法论，没有方法论，观察问题、分析问题就会出现依据错误和过程偏离，就不可能得出正确的结论，因而也就不可能形成科学而正确的文化观念体系。马克思主义方法论是以马克思主义认识论为前提、以马克思主义实践论为核心的理论体系。其根本原则就是辩证法。辩证法就是用发展、全面和联系的眼光去观察和分析问题，通过发动和参与人民群众的实践去解决问题。有了这一方法论依据，就不会为复杂的自然、社会和自我精神现象所迷惑，就会始终保持思想清醒和理论自觉，就会既看到生活和工作中的困难，也能发现和感受到生活和工作中的美好希望。在困难中前进，在解决困难的过程中实现自己的愿望。有了马克思主义方法论，就不会在文化观念上骄傲自大，也不会在精神上妄自菲薄。

在中国特色社会主义新时代，加强马克思主义方法论教育，推动马克思主义大众化进程中的方法论宣传，必须与文化生活的现状相结合，应该与党员干部和人民群众的文化需要同步。在利益多元化和思潮复杂的当代社会，党员干部和人民群众在方法论上短缺感与无力感比较突出，一部分人在快速变动的现实面前，看不清本质和规律，找不到方向与趋势，其根本原因就在于没有运用正确的方法，在习惯的形而上学方法左右下进行思考和总结，其文化结论当然会出现偏差。因此，加强马克思主义方法论的教育，应该作为当

---

① 习近平：《在纪念马克思诞辰200周年大会上的讲话》，人民出版社2018年版，第19页。

代马克思主义大众化重要使命的具体任务来落实。习近平总书记强调："坚持和运用马克思主义立场、观点、方法，坚持和运用马克思主义关于世界的物质性及其发展规律，关于人类社会发展的自然性、历史性及其相关规律，关于人的解放和自由全面发展的规律，关于认识的本质及其发展规律等原理，坚持和运用马克思主义的实践观、群众观、阶级观、发展观、矛盾观，真正把马克思主义这个看家本领学精悟透用好。"①

① 习近平：《在纪念马克思诞辰200周年大会上的讲话》，人民出版社2018年版，第25页。

参考文献

《马克思恩格斯选集》第1—4卷，人民出版社2012年版。

《列宁选集》第1—4卷，人民出版社2012年版。

《毛泽东选集》第1—4卷，人民出版社1991年版。

《毛泽东文集》第1—8卷，人民出版社1993—1999年版。

《建国以来毛泽东文稿》第1—13册，中央文献出版社1987—1998年版。

中共中央文献研究室编：《毛泽东年谱（1893—1949）》上中下册，中央文献出版社1993年版。

中共中央文献研究室编：《毛泽东年谱（1949—1976）》第1-6册，中央文献出版社2013年版。

《邓小平文选》第1—3卷，人民出版社1994、1993年版。

中共中央文献研究室编：《邓小平年谱（1975—1997）》上下册，中央文献出版社2004年版。

《江泽民文选》第1—3卷，人民出版社2006年版。

《胡锦涛文选》第1—3卷，人民出版社2016年版。

《习近平谈治国理政》第1、2、3卷，外文出版社2018、2017、2020年版。

中共中央文献研究室编：《建党以来重要文献选编（1921—1949）》第1—26册，中央文献出版社2011年版。

中央档案馆、中共中央文献研究室编：《中共中央文件选集（1949—1966）》第1—50册，人民出版社2013年版。

中共中央文献研究室编：《建国以来重要文献选编》第1—20册，中央文献出版社1992—1998年版。

中共中央文献研究室编：《三中全会以来重要文献选编》上下册，人民出版社1982年版。

中共中央文献研究室编：《十二大以来重要文献选编》上中下册，人民出版社1986、1988年版。

中共中央文献研究室编：《十三大以来重要文献选编》上中下册，人民出版社1991、1993年版。

中共中央文献研究室编：《十四大以来重要文献选编》上中下册，人民出版社1996、1997、1999年版。

中共中央文献研究室编：《十六大以来重要文献选编》上中下册，中央文献出版社2005、2006、2008年版。

中共中央文献研究室编：《十七大以来重要文献选编》上中下册，中央文献出版社2009、2011、2013年版。

中共中央党史研究室：《中国共产党历史》第1、2卷，中共党史出版社2011年版。

当代中国研究所：《新中国70年》，当代中国出版社2019年版。

邵新顺：《马克思主义大众化研究》，人民出版社2019年版。

刘丽琼：《接受理论视阈中的马克思主义大众化研究》，人民出版社2016年版。

谭虎娃：《延安时期马克思主义大众化研究》，人民出版社2014年版。

张巨成：《艾思奇推进马克思主义大众化的历程和经验研究》，

人民出版社 2019 年版。

顾海良主编：《中国特色社会主义理论体系研究》，中国人民大学出版社 2009 年版。

徐崇温：《中国特色社会主义理论体系研究》，重庆出版社 2011 年版。

辛向阳主编：《中国特色社会主义道路研究》，河北人民出版社 2011 年版。

袁秉达等：《中国特色社会主义道路探究》，上海人民出版社 2009 年版。

姜淑兰：《世界视阈中的中国特色社会主义道路研究》，光明日报出版社 2011 年版。

赵剑英、吴波主编：《论中国模式》上下卷，中国社会科学出版社 2010 年版。

江金权：《“中国模式”研究——中国经济发展道路解析》，人民出版社 2007 年版。

张宇：《中国的转型模式：反思与创新》，经济科学出版社 2006 年版。

王民朴等：《中国特色社会主义民主政治发展道路研究》，人民出版社 2011 年版。

［英］马丁·雅克：《当中国统治世界：中国的崛起和西方世界的衰落》，张莉等译，中信出版社 2010 年版。

［美］傅高义：《邓小平时代》，冯克利译，生活·读书·新知三联书店 2013 年版。

后　记

今年是中国共产党建党一百周年。为了呈现中国共产党推进马克思主义中国化、大众化、时代化的历史进程和光辉成就，总结中国共产党理论创新与宣传教育的丰富经验，中共广东省委宣传部指导策划了“中国共产党理论武装一百年”的专题研究，形成了这一主题的学术研究和理论阐释系列成果。本书是系列成果的组成部分，重点研究和阐释马克思主义大众化一百年的历史进程、重大成就和丰富经验。

教育部长江学者特聘教授、华南师范大学马克思主义学院陈金龙院长是本书研究和撰写的直接指导者，提出了本书逻辑框架、核心观点和研究思路。本书由广东外语外贸大学马克思主义学院谢迪斌教授、曾荣教授主持研究和撰写，曾荣教授撰写第三章和第四章，其余章节由谢迪斌教授撰写。广东外语外贸大学马克思主义学院李珠博士参与了课题研究的资料收集、内容研讨和文稿校核工作。

本课题研究和书稿撰写得到了多位党史党建专家的悉心指导和大力支持，中共广东省委党史研究室主任杨建伟教授，中共广东省委党史研究室副主任王涛研究员，原中共中央党史研究室第一研究部主任蒋建农教授、华南理工大学马克思主义学院原院长莫岳云教授，为研究大纲和书稿内容提出了具体意见和建议。

马克思主义大众化是中国共产党理论武装工作的重要内容，是中国共产党领导和动员人民群众推进革命、建设和改革的思想前提。这一过程的内容丰富、成就巨大、经验深刻，研究和阐释中国共产党领导的马克思主义大众化过程与经验，是深化党学习教育的重要环节。本书仅仅是一个起步性的工作，肯定还存在一些不足甚至缺陷，恳请各位专家和广大读者批评指正。

谢迪斌　曾荣

2021 年 6 月